实用游泳训练理论与技术研究

范春兰　著

吉林科学技术出版社

图书在版编目（CIP）数据

实用游泳训练理论与技术研究 / 范春兰著． -- 长春：
吉林科学技术出版社，2023.8
ISBN 978-7-5744-0925-5

Ⅰ．①实… Ⅱ．①范… Ⅲ．①游泳－运动训练－研究
Ⅳ．① G861.102

中国国家版本馆 CIP 数据核字（2023）第 197960 号

实用游泳训练理论与技术研究

著　　　者	范春兰
出 版 人	宛　霞
责任编辑	王凌宇
封面设计	树人教育
制　　版	树人教育
幅面尺寸	185mm×260mm
开　　本	16
字　　数	340 千字
印　　张	15.25
印　　数	1-1500 册
版　　次	2023 年 8 月第 1 版
印　　次	2024 年 2 月第 1 次印刷
出　　版	吉林科学技术出版社
发　　行	吉林科学技术出版社
地　　址	长春市南关区福祉大路 5788 号出版大厦 A 座
邮　　编	130118

发行部电话 / 传真　0431—81629529　　81629530　　81629531
　　　　　　　　　　　　81629532　　81629533　　81629534

储运部电话　0431—86059116

编辑部电话　0431—81629520

印　　刷　三河市嵩川印刷有限公司

书　　号　ISBN 978-7-5744-0925-5

定　　价　95.00 元

前　言

　　游泳是人类生活、生存的重要技能之一，是广大人民群众非常喜爱的体育运动，也是健身、休闲、娱乐的好项目，许多体育院校把游泳作为一门必修课程。游泳是深受人们喜爱的体育运动项目，与其他的体育运动相比，具有更强的健身性、趣味性和娱乐性，而且，参加者不受年龄的限制，是一项老少皆宜的运动，玩水可以愉曳心灵，健体强身，使身心都得到良好的发展。

　　本书根据游泳运动的内在规律，并遵循游泳教学的科学性、实用性和可操作性的原则，在书的内容上突出了"易"和"精"，将书中游泳动作的要点，用通俗易懂的语言进行表述。根据实践的需要，介绍了实用游泳技术和教法，让大家在探求中学，在兴趣中练。

　　本教材除供体育职业技术学院教学使用外，也可作为普及与提高游泳运动水平的参考书。

　　由于水平有限，教材中不足之处在所难免，敬请读者批评指正。

目　录

第一章　实用游泳运动概述

第一节　实用游泳基本概述

一、我国游泳运动的发展

我国是世界文明古国之一，历史悠久，水域辽阔，气候温和。从五千多年前的中国古陶器中，可以看到人们潜入水中猎取水鸟和类似现代爬泳的图案。同时，从旧石器时代的遗址中发现有渔镖之类的工具，这说明当时人们是依山吃山，依水吃水，傍水捕食，以谋求生存的。这就是我国古代游泳运动的起源。

另据历史记载，四千多年以前，就有夏禹治水的功绩。同时，相传人们在与洪水搏斗中发明了不少泅水方法。

约在二千五百年前，我国第一部诗歌集《诗经》中，就有关于游泳活动的记载。《诗经·邶风·谷风》就有："就其深矣，方之舟之；就其浅矣，泳之游之"的诗句。意思是说水深的地方用筏、船渡过去；水浅的地方就在水中游泳或潜水过去。这说明我国古代人就已经掌握了游泳技术。在《淮南子·说林训》中，对游泳的方法作了概括"游者以足蹶，以手拨。"这就说明了，游泳是用足蹬水、用手拍水或划水而游浮，可见那时人们已经掌握了熟练的游泳技能。在魏晋时期中，也有"拍浮"的游泳之说。这些都是关于游泳姿势的最早记载。现今，仍在我国民间流传的"狗爬式"和"扎猛子"，可能就是从这种简单的"足蹶""手拨"动作发展而来的。

《庄子·达生篇》里有一段记载：颜渊对孔子说，他有一次渡过水深流急的河时，看见渡口的船手驾船技术十分高明，颜渊问船夫"这样高明的驾船技术可以学会吗？"船夫回答说："可以。只要善于游泳的人都可学会。"这段对话说明了，随着舟船航行事业的发展，游泳技术也得到了相应的提高。

到春秋战国时期（公元前 770 年～前 221 年），由于争霸和兼并战争频起不断，我国南方诸国相继建立了水师，实行了舟战。这时，游泳便成了训练水兵必不可少的内容之一。从古代绘画雕塑艺术品中，也可以看到不少反映游泳的画面，如保存至今的战国时期的铜壶上绘雕有水陆攻战图的游泳姿势。

隋唐时期，宫廷专门设立了可以跳水、游泳、抛水球的"水殿"。据宋代孟元老所著的《东京梦华录》中介绍，宋徽宗赵佶常常驾车到水殿，观看惊险的"水秋千"表演和争夺锦标的游泳赛。可见在我国古代也出现过许多游泳能手，他们的游泳技术也是非常高超的。

我国的游泳比赛始于汉魏时代，那时已经有端午节举行游泳的民间习俗。每次举行这种游泳比赛时，盛况非凡，参加的人数很多。

我国古代各时期都有游泳的记载，而且在长期发展中，劳动人民在实践中创造了不少泅水方法和游泳技术，至今还在民间流传。

但是在长期的封建王朝统治和生产力低下的情况下，游泳不可能作为一种体育运动来发展，只能停止于流传在民间的"涉"浮""没"及其派生出来的水上漂浮、寒鸭浮水、扎猛子、狗爬式等一些古老而落后的游泳姿势。游泳作为一个体育项目和发展成为竞技运动，那还是近几十年的事。

1912 年，我国首次参加由菲律宾发起组织的有日本等国参加的远东运动会游泳比赛。这是我国第一次参加在国外举行的国际游泳比赛。当时的队员大部分由香港、广东的运动员组成，而且只有男子。我国女子参加国内游泳比赛，则是在1920 年才开始。

旧中国的游泳运动，不仅只限于在沿海城市开展，而且技术水平差，成绩极低，当时的全国游泳纪录只相当于现在的二级运动员水平。

新中国成立以后，在党和政府的关心和支持下，全国城乡群众性游泳活动发展很快，游泳的技术水平有了快速的发展。

解放后首次全国性游泳比赛，于 1952 年 9 月 14 日～9 月 16 口在广州举行。参加比赛的有五大行政区、解放军、铁路工会等 7 个单位。到 1954 年，全国游泳纪录把解放前的全部刷新。

1953 年，在布加勒斯特第一届国际青年友谊运动会上，我国著名的优秀游泳运动员吴传玉以 1′06″的成绩，获得男子 100 米仰泳冠军，新中国的五星红旗第一次飘扬在国际运动场上空。从此，我国游泳运动员开始走向世界泳坛。就在

1957 年至 I960 年间，我国著名泳将戚烈云、穆祥雄和莫国雄 3 人，先后 5 次打破男子蛙泳世界纪录。

从国内游泳比赛情况看，自 1959 年第一届全国运动会至 1987 年第六届全运会，每届都打破全国、亚洲甚至世界纪录。

近几年来，我国游泳运动已居亚洲前列。如：第 9 届亚运会时，日本队夺走了 28 枚金牌中的 21 枚，而中国只获得了 3 枚金牌。第十届亚运会中，中国运动员经过顽强拼搏，获得 10 枚金牌，而日本队获得 17 枚金牌。尤其是中国女子项目有了新的飞跃，她们打破了亚运会上从未夺过金牌的局面，在 14 项游泳比赛中，获得 6 枚金牌。

1988 年，在广州举行的第三届亚洲游泳锦标赛中，我国游泳运动员创造了优异的成绩，获得了 24 枚金牌/15 枚银牌、4 枚铜牌。而日本队只获得 6 枚金牌、13 枚银牌、13 枚铜牌。在亚洲泳坛首次超过日本。1988 年是我国游泳运动员丰收的一年，在汉城举行的第 24 届奥运会上，虽未获金牌，但获得 4 枚银牌和 4 枚铜牌，占总牌数的第 5 位。显示了中国游泳的实力。

1990 年第 11 届亚运会，我国游泳队获得 23 枚金牌、12 枚银牌、6 枚铜牌，总牌数为 41 枚，其中有 10 个项目打破亚洲纪录，大大超过日本队，成为亚洲游泳强国。

1991 年 1 月在澳大利亚举行的第 6 届世界游泳锦标赛上，我国游泳健儿又一举夺得 4 枚金牌、1 枚银牌、1 枚铜牌和短距项目 3 枚金牌 J 枚铜牌。取得金牌总数仅次于美国而居第二位的好成绩，实现了我国游泳健儿在世界大赛中金牌"零的突破"。

1992 年，我国游泳健儿在第 25 届奥运会上取得的成绩，更是令人鼓舞。"五朵金花"齐放异彩，共获得 4 枚金牌、5 枚银牌，以突出的成绩轰动世界体坛。这预示着我国游泳运动进入了一个新的历史阶段。

二、外国游泳运动的发展

在古代欧洲，游泳不仅是锻炼体质的一种民间游乐形式，而且还应用于军事活动上。公元 6 世纪，拜占庭作家马费利基在谈到古斯拉夫的战士时说："斯拉夫的战士们善于迅速渡河，在这个方面他们胜过了一切。他们能沉到芦苇丛生的河底，通过芦苇管呼吸，躲避敌人数小时之久。"

古代希腊人为了使自己的智力和体力得到全面发展，他们创造和发明了许多锻炼身体的运动项目，游泳就是其中的一项。我们从公元前 570 年前的一个希腊古花瓶上，就可以发现有类似今日爬泳姿势的游泳动作。但那时却没有把游泳作为竞赛项目列入古代奥林匹克运动会。

古罗马人把游泳列入了比赛项目，并盛行一时，但遭到了宗教和神权的恶毒攻击和中伤。据传，公元 407 年，罗马教主兹拉托乌斯多，无中生有地说："男女赤身露体游泳，有伤风化，应予以取缔。"接着，宗教信徒们便开始了对游泳者的残酷镇压。他们到处逮捕无辜的游泳者，对其中一些人还施用火刑，把他们活活烧死，真是残忍至极。

俄国教会中心于 15 世纪末和 16 世纪初认为民间进行游泳的人都是异教徒，对他们处以罚款，叫他们悔过，甚至处以更残酷的刑罚。1580 年出版的《家政管理》一书中，对一切游戏和娱乐一律加以反对，认为体育活动是歪门邪道；游泳更是对教会和神权的挑战，违者应受到体罚。17 世纪时，沙皇阿克赛·米海洛维奇亲自出马，禁止民间游戏和运动，对参加游泳者判以死刑。

总之，古代外国的游泳运动也走过了漫长而曲折的道路。

随着现代游泳运动的发展，到 1896 年在希腊举行第一届奥运会时，就把游泳列为竞赛项目之一。但是当时的比赛项目，只有 100 米、500 米和 1200 米自由泳三个项目。那时雅典还没有比赛用的人工游泳池，所以只能在海里进行。起点与终点之间用浮艇拉着缆绳作标志。由于参加比赛的运动员缺乏科学训练，当时 100 米的成绩为 1′ 22″ 2、500 米的成绩为 8′ 2″ 6、200 米的成绩为 18′ 22″ 2，和现在的游泳成绩相比差距实在太悬殊。

在那次奥运会的游泳比赛中，还临时增加了 100 米水兵赛的项目（这是因为当时停泊在比鲁士港军舰上的水兵要求参加比赛而设的项目）。报名参加比赛只有 14 人（但实际参加比赛的只有 3 人），比赛结果是日·马洛金尼斯 2′ 20″ 4 游完了 100 米，这是奥运史上唯一的一次别开生面的游泳比赛。

1904 年，第三届奥运会上，增设了蛙泳比赛的项目。1908 年，第四届奥运会上，成立了国际业余游泳联合会，审定了各项游泳世界纪录，并制定了国际游泳比赛规则。1912 年，举行第五届奥运会时，把女子游泳列入了比赛项目。当时只有 100 米自由泳和 4×100 米自由泳接力赛。

在第一~五届奥运会上，匈牙利、英国、德国、美国、澳大利亚均获得过游泳冠军，这些国家成绩较为突出。但在第七~九届奥运会上，日本男子出现了几个优秀游泳运动员，在世界泳坛上轰动一时。女子游泳则是美国、荷兰比较突出。在第十四、十五届奥运会上，美国取得比赛优势。在第十六届奥运会上，澳大利亚运动员威震全球，获得男女 13 个游泳项目的 8 项冠军，一跃成为游泳强国。20世纪 60 年代，美国男女运动员在所有游泳项目中占绝对优势。但进入 70 年代，民主德国女子游泳运动崛起，在 1973 年第一届世界游泳锦标赛上，以 10∶3 的冠军数之比，第一次超过美国女队。从此，民主德国女队在世界上一直以绝对优势保持 11 项游泳世界纪录。美国一直保持男子项目的优势地位。

随着科学的不断发展，游泳的技术、教学和训练水平也不断地提高。除奥运会的游泳比赛外，各大洲都有游泳竞赛的组织和制度，还有世界游泳锦标赛。比赛的项目，从第一届奥运会的 3 个增加到现在的男女各 17 个。游泳的成绩也飞快提高，例如 100 米自由泳从第一届奥运会的 1′22″2，提高到目前的 48″42。

总之，目前世界游泳运动的开展越来越广泛，特别是竞技游泳，由于运用科学理论指导训练，所以游泳技术水平不断提高，世界纪录不断被刷新。

二、游泳的内容和分类

游泳的内容和分类也随着游泳的发展而不断变化。过去游泳运动包括游泳、跳水和水球。现在，它们都已分开，成为独立的运动项目。在国际上，花样游泳也有发展成为独立比赛项目的趋势。

游泳的内容和分类大致如下：

1. 竞技游泳

是指竞赛规则所规定采用的游泳技术和比赛项目。这些规定也因比赛规程、规模和性质任务的不同而有所不同。例如：国内外许多比赛中，有男子 800 米和女子 1500 m 自由泳项目，但奥运会还没有；国际规则承认女子 4×200 米自由泳接力的纪录，但一般比赛中，没有出现这个项目；在军队和某些基层比赛中，常有侧泳、潜泳等项目，但许多大型的比赛中却已经不再有这类项目了。过去的游泳比赛，有 25 米池的成绩或以码为距离单位的比赛，现在的竞赛规则只承认 50 米池创造的纪录。

通常采用的技术和比赛项目大体如下：

爬泳（自由泳），比赛项目包括 100 米、200 米、400 米、800 米、1500 m、4×100 米接力和 4×200 米接力，男、女子各七项。有些比赛还设有 50 米项目。

仰泳、海豚泳（蝶泳）和蛙泳，男、女子比赛项目都包括 100 米和 200 米距离。三种游泳姿势，男、女子各六项。

个人混合式游泳（蝶泳—仰泳—蛙泳—自由泳），男、女子比赛项目都包括 200 米和 400 米距离。男、女子各两项。

混合式接力（仰泳—蛙泳—蝶泳—自由泳），男、女子比赛项目都是 4×100 米接力。男、女子各一项。

混合式游泳中，自由泳是指除仰、蝶、蛙泳以外的任何姿势。

根据 1976~1980 年国际游泳竞赛规则，可承认为世界纪录的比赛项目就包括上述男、女子各 16 项，共 32 项。

2. 实用游泳

是指生活、生产和军事上使用的游泳技术。通常包括竞技游泳中的爬泳和蛙泳，以及侧泳、反蛙泳、潜泳、踩水和水中救护的各种技术。

3. 花样游泳

包括比赛的和表演的；个人的和集体的；规定动作和自选动作等。

三、游泳时应注意事项

（一）加强宣传教育

游泳是一项很好的运动，应当提倡。在游泳教学中，首先应该使学生明确学生游泳的目的、意义，树立为革命刻苦锻炼的思想。

同时，应使学生明确游泳教学的任务，考试、考查或测验的标准和要求；以及游泳的一般常识和注意事项。

在教学中应把游泳的安全教育放在首要地位，教师应有高度的责任感，时时不忘安全教育，使学生明确和遵守安全规则，树立安全观念。

（二）搞好组织工作

加强游泳的组织工作，是开展群众性游泳活动、落实安全措施和提高游泳教学质量的重要保证。群众性游泳活动场合，应给不同的对象规定不同的活动时间和活动范围，例如：儿童池与成年池分开；初学者与会游者分开等。

集体教学时，各班都应配备一定的骨干力量，建立安全小组和清点人数的制度，这样在教学中便于指挥，有利于互教互学，又能保证安全。凡群众游泳的池（场）均应配备专职的救生员，备有专门的安全设施和安全制度。

（三）下列情况下不可游泳

（1）凡患有精神病、癫痫、严重心脏病、皮肤病、腹泻、中耳炎、肝炎、鼻窦炎、急性结膜炎，以及其他传染病者，不宜游泳。发热和其他急性病也不宜游泳。女生月经期不应游泳。

（2）饭后，酒后或激烈运动之后，不宜立即下水游泳。

（3）暴风雨期间、旋涡、瀑布或长满缠藤植物的环境中，不宜游泳。

（四）游泳卫生事项

（1）进行身体检查，经医生同意，方可游泳。

（2）下水游泳前，要做准备运动，使身体各器官各系统做好游泳的准备。

（3）游泳池应建立保证池水卫生的制度，及时进行池水的消毒和净化。游泳者要注意公共卫生；沐浴后再下水，不在水中吐痰或小便。

（4）激烈游泳后，应在水中放松，调节好呼吸后，再出水。

（5）出现头晕、恶心、冷颤等异常情况时，应及时出水。

（6）出水后，应淋浴，马上擦干身体、穿衣保暖。

（7）在天然浴场游泳，必须选择水质干净的地方。要注意水的深度、流速，不要在有污泥、乱石、乱礁、树桩、急流、旋涡、杂草丛生和船只来往频繁的水域游泳。有鲨鱼的海域、被污染的江河都不应去游泳。

四、游泳时人体运动的基本概念

（一）运动方向

游泳运动员是平卧在水面上游动的，因此，运动方向、运动轴和运动平面等，这些概念和我们平时在地面上的运动都有所不同。

在游泳中，向前是指游进的方向，向后是指游进的反方向，侧面是游进方向的左方或右方，向下是重力的方向，向上是浮力的方向。

（二）运动轴和运动平面

人体在运动时，可以设想有三个相互垂直的轴和三个相互垂直的平面。在游泳时，纵轴是顺着身体，通过胸部和臀部中心点的轴。横轴是横着通过身体，左右方向的轴。垂直轴度是上下通过身体的轴。

（三）动作周期

游泳时主要是靠臂和腿的划水动作和准备动作来游动的。一个动作周期是指划水动作和准备动作的完整过程，或者说是指做一次臂或腿的完整动作所需要的时间。通常以秒／次来表示。一个动作周期的开始，在爬泳、仰泳和蝶泳中，一般是从臂入水开始的。而在蛙泳中，是从两臂向前伸出，向两侧分开时开始。蛙泳腿的动作周期，则从两腿蹬水结束后，向前收腿时开始。

（四）动作节奏

动作节奏是指游泳时第一个动作周期内部速度的比例，它基本上是有规律的。如蛙泳臂的一个周期，其准备阶段相对地比划水阶段要慢。优秀的蛙泳运动员，划水阶段所用的时间约为一个周期的三分之一。又如爬泳臂的一个周期，慢动作与快动作手的路线长短之比约为1：6，即臂入水后到用力拉水的阶段，约占整个动作的七分之一左右。而这阶段所用的时间，要占一个周期的四分之一。这种相对稳定的内部速度的比例，就形成了游泳技术的动作节奏。

动作节奏是技术合理与否的标志之一。初学者往往动作节奏紊乱。例如，初学者学习爬泳时，在入水后和划水的开始部分往往用力压水，而在划水中间的有效阶段，动作却缓慢无力。这种该慢时用力过猛，该快时又用不上力的现象是错误的。优秀运动员则无论在快游或慢游时都能够保持相对稳定的动作节奏。

（五）动作频率和划水效果

动作频率是指单位时间内的划水次数，在游泳中经常以次／秒或次／分表示。划水效果是指每次划水动作（包括蹬水动作）后身体游进的距离，它标志着动作的质量，经常以米／次表示。

动作频率＝动作次数／成绩（不包括出发转身的时间）

划水效果＝比赛距离（不包括出发转身的距离）/动作次数

从公式中可以看出：如果两个运动员比赛的成绩相同，那么动作次数多的运动员显得频率高，划水效果相对要差一些；如果两个运动员动作次数相同，则成绩好的运动员频率高，而成绩差的运动员不但频率低，而且反映出他的划水效果不好。因此，动作频率和划水效果是互有联系的。单纯追求动作次数或单纯追求划水效果，都是不全面的。

我们分析游泳技术和训练水平时，要在各具体阶段上，根据具体情况，进行具体分析，在实践和对比中寻求各运动员适宜的动作频率和划水效果。因为有时动作频率是提高成绩的主要矛盾，有时划水效果又成为提高成绩的主要矛盾。

在加快动作频率时，首先要加快划水的有效阶段，同时相应地加快准备动作，以缩短动作周期。对一些动作频率较快、划水效果较差的运动员，则要从技术上加以改进，提高划水的质量。对于初学者和少年儿童的技术训练，尤应重视划水效果，在保证划水效果的基础上，加快动作频率。

五、重力和浮力

地球上的一切物体，都受地球的引力作用。重力就是地球对物体的吸引力。其大小可用重量来表示，方向向下。物体的重心即物体重量的合力中心。

当我们站立在齐胸深的水中，吸满气后闭气并慢慢下蹲时，会感觉到水里有一股力量阻止我们向下，甚至会把我们向上托起，这就是浮力的作用。根据阿基米德定律：浸在液体里的物体受到向上的浮力，浮力的大小等于物体排开的液体的重量。也就是说，人到了水里就要排开一部分水，这部分被排开的水的重量，就是人体受到的浮力。浮力的方向是向上作用于物体的。而浮心就是物体所受到的浮力的合力作用点。

物体在水中的浮或沉要取决于物体密度的大小。密度是物体的质量与体积之比：

$$\rho（密度）=W（质量）/V（体积）$$

表1-1　一些常见材料的密度

材料名	空气	木材	汽油	冰	水（4℃）	人	钢铁	水银
密度（g/cm³）	0.00129	0.4-0.8	0.7	0.9	1	0.96-1.05	7.85	13.6

由于密度是物体的质量与其体积之比，因此同一种物体改变了体积之后，其表观密度也随之改变。例如一艘万吨巨轮，大部分材料是密度为 7.85g/ cm³ 的钢铁，在水中应该是下沉的。但是因为巨轮的体积庞大，船仓中有许多空隙，所以即使船体、轮机、货物等物体重量的总和，也没有这艘巨轮在水中能够排开的那些水的重量重。因此，钢铁制成的万吨巨轮能够浮在海面上航行。

人体的密度在 0.96~1.05g/ cm³ 之间。其大小取决于骨骼、肌肉和内脏器官的密度及组成的比例。例如，女子的肌肉占体重的 32%~35%，男子为 40%~45%。而女子的皮下脂肪占体重的 28%，男子为 18%。因此，女子的密度比男子要小些。和巨轮的例子相似，人体的密度还与肺容气量的大小有关。充分吸气后，人体密度可减至 0.96-0.99 g/cm³，充分呼气则密度可增加到 1.02~1.05 g/cm³。

由于胸腔的原因，人体下肢的密度比上身大.浮心靠近上身，重心靠近下肢，在飘浮时容易出现下肢下沉的现象。要使身体成水平姿势，并保持平衡，可以改变身体的姿势来调整浮心和重心的位置，如将两臂伸到头前时，重心和浮心就接近于一条垂线，身体也就能保持水平和平衡了。

为了使身体保持水平和平衡，初学游泳时一般先学习腿的动作（因为两腿的动作在向后用力中还有向下的作用力），掌握腿的动作以便使下肢上浮。

根据水具有浮力这一特性，我们在游泳时应尽量减少身体各部分失去水的浮力作用的时间。例如，在空中向前移臂时，路线要近，时间要短；吸气时，头部不应抬得过高或转动过大，吸气的时间也不宜太长，应该快而充分。

六、阻 力

当物体在水中运动时，要受到一个与物体运动方向相反的力的作用，这个力就是阻力。同一物体在同样的速度下运动，水的阻力比空气的阻力要大 800 多倍。游泳运动员在水中的前进速度，实际上是好几种力同时作用的结果，其中主要的是阻力和推进力。

要想游得快些，一方面要注意水有阻力，身体在前进中要尽可能地减少阻力；另一方面要利用水有阻力的这一特性，用四肢划水，使水对手和脚产生反作用力，造成尽可能大的推进力来推动身体前进。

游泳时所受到的阻力主要有三种，即摩擦阻力、形状阻力和波浪阻力。

（一）摩擦阻力

水是具有粘滞性的液体，人在水中，就有一部分水粘附在身上，运动时，人体的周围就产生摩擦阻力。摩擦阻力对飞机、快艇等高速运动的物体关系很大，对提高游泳速度亦有影响。在当前游泳速度达到每秒 2 米的情况下，为了尽可能地提高成绩，在减少摩擦阻力方面，人们想了许多办法，例如采用薄而光滑的衣料做游泳衣，并使游泳衣紧贴身体（因为物体表面越不平滑，摩擦阻力就越大）。

二、形状阻力（旋涡阻力）

物体的形状阻力是在运动物体的迎风面同物体后的旋涡区产生的压力差引起的。其大小与物体的投影截面和物体前后的压力差成正比。

投影截面是在游进方向垂直的平面上身体所成的投影面积。身体越是成水平姿势，其投影截面就越小，因而阻力也就越小。如果身体纵轴倾斜度很大，投影截面就很大，阻力也就增大。

在游泳时，要减小身体前进时的形状阻力，应尽量使身体在水中成水平姿势，做有效划水的准备动作时，要尽可能缩小投影截面。例如蛙泳收腿时小腿跟在大腿投影的后面，向前伸臂时以手指领先等，都可以减小投影截面，从而减小形状阻力。

如果物体的截面相等、运动速度相等，则阻力最小的物体是流线型体，阻力最大的是凹形体。如果流线型体的阻力系数为 1，其他形状物体的阻力要大许多倍甚至达 30~100 倍。

为了说明形状阻力的形成，我们假定这些截面相同的物体在水中不动，而水流以一定的速度向物体流动，则水流至前面是平面或凹形面的物体时，必须突然改变方向，而四周流动着的水又阻碍其突然改变方向的流动，在这种情况下，前面的压力是最大的；水流至前面是锥形或圆形体时，其正面压力中有一部分向后分力，水流就比较容易向后流去。

但是形状阻力的形成，更重要的是物体后面的形状。如果物体的后面是平面，由于物体周围水流的惯性和突然改变体后的水流方向（填人体后的空间），形成了转速很快的旋涡。旋涡的动能是消耗了水的流动（或消耗了物体的前进）能量而来的。旋涡的快速转动，降低了体后的压力。这样，物体前后的压力差，就形成了形状阻力。因为形状阻力在很大程度上取决于体后旋涡的形成,所以形状阻力也称为旋涡阻力。

由此可见,物体前面的形状越不好(非流线型),压力就越大。物体后面的形状越不好,旋涡就越多,压力就越小。物体前后的压力差越大,所受到的形状阻力也就越大。

水不充分,自由泳和海豚泳时大腿伸得不够或勾着脚,在游泳中,运动员还应该防止身体的侧向摆动。有的运动员在比赛时,身体不是直线游进,而是左右摆动。这种蛇形游进,不仅无效地增加了游距,而且也增加了体侧后方的旋涡,因而增加了形状阻力。

(三)波浪阻力

运动员在水下潜泳或滑行时,水从身体四周流过,由于左右上下水流外的水压基本上是均等的,所以运动员很少受波浪阻力的影响。如果运动员在水面游泳,则是另一种情况,被运动员排开的水高出水平面而形成波浪,由于重力作用,波浪又要恢复水平状态,这样,运动员就好像举着一定量的水在游泳。这种破坏了水的平衡状态而形成的阻力,叫波浪阻力。形成波浪和形成旋涡一样,要消耗运动员的能量。

一些优秀运动员很注意避免形成大的波浪,而设法利用波浪使自己游得更快一些。例如,有的蛙泳运动员在游进时,使自己的头部始终"靠"在面前的小波浪上;当第二次出现小波浪时,使两个波浪在某一时间汇合到一起,从而降低了波浪阻力。有的运动员利用同游者所造成的浪峰,让自己游在同游者的浪峰前,使波浪"帮助"自己提高游泳速度。不过这种作用是很微小的。

(四)阻力与速度的平方成正比

物体在水中运动,受阻力的大小与物体的投影截面、物体运动的速度、物体形状的阻力系数和水环境的阻力系数等因素有关。水的阻力简化公式为:

$$F=Sv2C \cdot Re$$

S——物体的投影截面;

v——物体运动的速度;

C——物体形状和表面性质的阻力系数;

Re——水环境的阻力系数。

从这个公式中可以看得很清楚，阻力与速度的平方成正比，速度增加至原来的两倍，阻力就增加至原来的倍；速度增加至原来的三倍，阻力就增加至原来的九倍。

游泳运动员用比较慢的速度游进，或者用较慢的速度来拖曳运动员时，水流绕着人体运动，在体前和体后形成的水流差不多，阻力并不大。但速度一增快，运动员的身后就会出现旋涡，阻力就成倍地增加。可见，在游泳中提高前进速度时，必须克服成倍增加的阻力。

我们知道，各种游泳姿势由于动作结构的原因，在一个动作周期中，确实存在速度变化的现象，即使是优秀运动员，在自由泳的一个周期中，也会有 0.5~0.8 米/秒的速度变化，蛙泳的速度变化就更大，近 1.5 米/秒。这就是说运动员在游进时每一次的划水都要克服相当大的阻力。如果运动员能够比较匀速地前进，阻力就相对小些。这就要求动作配合得紧凑而连贯。例如目前在蛙泳技术里基本上已经没有滑行阶段，蹬腿的结束部分与划臂的开始部分紧密地连接在一起。

在水中运动的物体后面，还有一个"伴流"现象。伴流是由波浪阻力和形状阻力一起形成的。物体运动速度越快，伴流就越多。

形成这种伴流，同样会消耗运动物体的能量。游泳时，距离游泳运动员 40~60 厘米内的水层，都有这种伴流，当运动员靠近池边、池底或在浅水中游泳时，常常会因伴流同池底或池边摩擦而影响游泳速度。

但是伴流也可以利用。例如游蛙泳时，两臂做准备动作向前移，臂后的伴流基本上是与运动员的游进方向一致的。有的蛙泳运动员在伴流旁收腿，使伴流从侧向前流过大腿，这样就等于降低了快收腿的速度，相对减小了快收腿引起的阻力，提高了游进速度。

七、推进力

推进力是一种推动身体前进的力，是由划臂或打腿动作产生对水的作用力，利用水对身体的反作用力，把身体推向前进。

根据牛顿第三运动定律，作用力和反作用力的大小相等，方向相反。例如，我们划船时，桨向后推水，水以相反的方向推桨，这个力通过桨和人作用到船上，使船前进。桨推水是作用力，水推桨是反作用力。划桨越用力，水推浆的反作用力也就越大，船前进得就越快。这说明作用力越大，反作用力也越大。那么在游泳中怎样才能获得较大的推进力呢？

（一）充分利用手和脚在有效动作中的作用

游泳主要是臂和腿围绕着肩和跪关节沿着复杂的弧形做曲线运动。根据圆周运动中角速度相同时，半径越长，线速度越大的原理，距离关节最远的手和脚，速度最快。臂划水的主要作用面是手掌和前臂。同样道理，腿打水的作用面是脚背和小腿前侧。而腿蹬水的作用面是脚和小腿的内侧。从解剖学的观点看，这些部位的截面大，形状好，有利于形成有力的划水面。

（二）屈臂划水

划臂是绕肩轴旋转的曲线运动，如果手臂从入水到出水整个动作过程中用力相等，但由于手处于不同位置，获得的推进力是不同的。当手臂从入水划到30°时，其向前的分力只有运动员用力的50%，只有在60°～120°部位时，才是划臂最有效的阶段。

因此，运动员一定要合理地、适当地使用和分配自己的力量，使划臂和蹬水取得最大的向前支撑反作用力。在不同的划水阶段，改变自己屈腕和屈肘的程度，使手掌和前臂形成最有效的划水面，加长有效的划水路线，从而取得最大的推进力。

（三）曲线划水

从作用力和反作用力大小相等、方向相反这一定律看，游泳运动员要向前游进，手就应该完全向后划水，但事实上几乎找不到一个完全直来直去划水的优秀运动员，即使运动员本身感觉是"沿着直线划水"，但只要看一看他水下的录像，也就可以知道，各种姿势的实际划水路线仍然是曲线的。

实验证明，在船艇两侧装置履带式的桨叶，想使桨叶对后方直线推水，使船艇前进得快些，实际效果远不如装在船尾的螺旋桨。

这是因为履带式的桨叶向后推水时，水虽然能对桨叶产生反作用力使船前进，但是水是流动的液体，是可以移动的支撑物。水对桨叶产生反作用力的同时也向后流动，当这些桨叶沿着直线继续向后推动这股还在向后流动的水时，效果就越来越差，到最后的桨叶几乎不起什么作用了。而螺旋桨在水中转动，其桨面斜向，不停地对着相对静止的"新水"给以作用力。这样，虽然桨面没有完全正对后方作用，但是相对静止的水能给以有力的支撑反作用力，使船艇快速前进。如果仔细观察一下民间的摇橹船，同样可以发现，橹在船后以斜面成曲线地拨水，船却能很快地前进。

游泳运动员在划臂时，要想得到有力的支撑反作用力，也要在划水过程中，不断地寻找相对静止的"新水"。因此，手在水下改变方向，能使自己的手经常划到大量的水，得到较大的支撑反作用力。可见，曲线划水虽然会有分力，但比起"划空"，推进力还是要大得多。

曲线划水不仅是由于能够使手有力地撑住水，而且也是人体某些解剖特点的需要。划臂时主要用力的肌肉，如背阔肌和胸大肌等，收缩方向的合力是由外向内的斜线。因此，S形的划水路线能充分发挥大肌肉群的力量，提高划水效果。要注意的是，这种弯曲的S形的划水路线，并不是弯曲得越大越好，应该是为了使手找到有力的支撑和使肌肉力量能够充分发挥而自然形成的弯曲。

有人采用运动轨迹光点照相的办法研究各种姿势中手的划水路线。照片说明，尽管由于运动员的个人特点略有差异，但手的划水轨迹基本上都是曲线的，而且手的入水点和出水点，除了蛙泳以外，差不多都在同一个地方。

（四）合适的手型

早在20世纪50年代，我国就研究过各种不同手型的划水效果，证明：划水时，手指应处于自然伸直，既不用力并拢，也不用力分开（自然分开在2~5毫米）。60年代，又有人对划水时的手型进一步作了研究，并把五种不同的手型放在风道中测定它们阻力的大小，这可以相应地测出它们推进力的大小。

第一种手型手指自然伸直、并拢，第二种手型手指用力并拢，第三种手型手指用力分开，第四种手型手指弯曲成勺形，第五种手型手指并拢内收。其中第四、五两种手型迎风面与旋涡区形成的压力差减小，说明水对手的支撑反作用力小，因此不应采取这种手型来划水。

第一种手型较好，第二种手型从划水面来看，与第一种手型相差不大，但是手指用力地并拢，导致手腕肌肉过分紧张，消耗能量，会很快疲劳，最后必然会降低划水效果。

第三种手型是手指的形状是圆柱形的，五指并拢可以形成平板形，如果分开相当于水流流过五个圆柱体，圆柱体在风道中的阻力比同样截面的板形要小，这说明支撑反作用力差，给人体的推进力也就差。另外，手指分开，则屈腕肌和手指屈肌过分紧张，也会很快地出现疲劳。

因此，理论和实践都证明，划水时手指自然伸直，指间距离 2~5 毫米最好。手指不要用力并紧，因为水流拥挤在指缝处，指缝间流过去的水流不足以填入由于快速划水而在手指后面形成的旋涡区，因而不会降低划水的效果。另外，这样划水也有利于手腕肌肉持久地工作。

第二节　实用游泳运动的方式方法

实用游泳，游泳运动的一类，是指为了生产、斗争、国防建设和生活需要进行的游泳活动，同时，它也是现代人游泳与休闲的手段之一。现在人们通常讲的实用游泳，是指踩水、侧泳、反蛙泳、潜泳、着装泅渡和水上救护等。掌握实用的游泳技术，就是掌握一门实用的求生技能。

一、实用游泳的方式

（一）个人游泳

个人游泳就是一个人根据自己的时间安排游泳与休闲。个人单独游泳在练习时间和内容上相对自由空间较大，但也应该有计划地进行。根据自己的时间以及自身的身体状况，有计划、有目的地进行游泳与休闲。个人单独游泳与休闲应该要注意个人安全，应在有安全保障的游泳区内进行，严禁在非游泳区内游泳。如果是小孩、老年人和患病者，最好不要单独进行游泳与休闲，更不能个人单独去其他天然水域。

（二）结伴游泳

结伴游泳就是两个或多个有着共同游泳爱好的人一起参加游泳。相对于个人游泳来说，结伴游泳会使游泳活动增加更多的乐趣。在游泳过程中，大家通过相互交流，促进相互间的感情，建立友谊。结伴游泳还可以提高相互间的游泳技术，同伴之间相互交流、相互鼓励，能更好地提高健身休闲的质量。结伴游泳的安全性比单独个人游泳的安全性高，两个人或多个人一起游泳，可起到相互照应、相互监督的作用，如遇到突发事件时，同伴之间可以相互帮助。时于小孩、老年人、残疾人及游泳技术不太好的人，如要游泳一定要结伴出行，这样才有可能更好地应对突如其来的事故。

（三）家庭游泳

家庭游泳是家庭体育活动的一项重要内容。家庭对孩子的教育和培养，主要是由父母来完成的，大部分家庭组成趋于简单，大多数家庭是以父母和子女两代人同住组成的核心家庭。父母利用余暇时间和孩子一起参加游泳或其他体育活动，可很好地培养亲情，让家庭营造一种和谐、温馨的家庭气氛。同时可以进行锻炼身体，又可以尽享天伦之乐。学龄儿童游泳锻炼不但强身健体，同时还可开发智力，家长经常陪同小孩进行家庭游泳活动，有利于培养小孩坚强的意志品质和良好的心理素质。

总之，经常组织开展家庭游泳与休闲活动，可以使孩子们的身体、智力、情感和行为习惯得到提高，并且可以促进全家人的身心健康发展，陶冶情操，增加生活情趣。

（四）社区游泳

社区是若干社会群体或社会组织聚集在某一个领域里，所形成的一个生活上相互关联的大集体，是社会有机体最基本的内容，是宏观社会的缩影。居民之间有共同的意识和利益，有着较密切的社会交往。一个社区通常是有着一定数量的人口、一定范围的地域、一定规模的设施、一定特征的文化、一定类型的组织。现在全国各地，特别是大、中城市每一个社区都有游泳池，因此也方便了社区的居民进行游泳与休闲。社区的人群结构复杂，居民素质不一，参加游泳与休闲可增加社区人群的相互交流与沟通，这时营造和谐的社区的环境起到积极的作用。

（五）学校游泳

学校游泳主要是指学校开展的游泳训练课程，以及学生利用课余时间进行游泳的游泳活动。由于游泳运动的特殊性，只有学会游泳，才能进行健身锻炼，只有不断提高游泳技术和运动能力，才能掌握保护自我和拯救溺水者的本领。因此，中、小学应该把游泳课程列入体育课堂，高等学校更应该让每一位大学生都能学会游泳，且不断提高运动水平和能力，使之终身受益。学校应该多组织各种水上游泳运动，如水上游戏、水中健身操、游泳比赛等，以更好地促进学生身心素质的发展，培养学生坚强的意志品质，以及不怕苦不怕累的精神。

高等学校、中学、小学组织开展各种游泳活动务必要把安全放在首位，做好安全教育宣传工作，并且要明确领导责任，严格管理，切实加强相关安全措施的落实，杜绝安全事故的发生。学生入水游泳前要充分做好准备活动，睡眠不足、身体过于疲劳或情绪激动，均不适宜游泳。有不适宜游泳的疾病患者不能参加游泳，以免出现突发事件，或导致某些疾病的相互传染。

（六）游泳俱乐部

随着中国游泳改革的进一步进行，这几年来中国已出现了一些游泳俱乐部。虽然俱乐部的数量还不多，但是这些游泳俱乐部的出现是中国游泳事业发展中的一个新事物。充分利用社会资金进行游泳事业的投入，对于更好地开展游泳普及活动和青少年后备力量的培养是十分有益的。目前国内的游泳俱乐部主要是以开展全民健身游泳活动为主，而以培养游泳运动员的游泳俱乐部较少。

一些比较有规模的游泳俱乐部有着较完善的组织结构，以及一流的游泳场馆和设施器材。俱乐部的教练员大部分都是运动队的退役运动员，他们有着专业技术水平，在教学质量方面有一定的保障，到俱乐部进行游泳与休闲是一个不错的选择。

二、实用游泳的方法

水中游戏是一种以促进身体健康、帮助加快熟悉水性、提高水感、有组织的水中体育活动。其内容丰富多彩，生动活泼。具有趣味性、娱乐性和竞争性，容易激发广大游泳爱好者的积极性。水中游戏简单易行，受场地器材的限制较小，因此，它是一项深受广大游泳爱好者喜爱的休闲体育项目。

（一）充分准备

在开始游泳之前，需要进行充分的准备。包括穿上适合的泳衣，戴上泳镜和泳帽等装备。此外，还需要进行热身运动，以避免受伤。

（二）保持姿势正确

正确的姿势是游泳的基础。在游泳时，应该保持身体水平，头部平放水面，注意颈部和腰部的协调。

（三）保持呼吸顺畅

在游泳时，应该保持呼吸顺畅。一般情况下，每游一到两个拍脚，就应该抬头呼吸一次，以保持呼吸的稳定。

（四）使用正确的手臂动作

在游泳时，手臂动作非常重要。一般情况下，手臂应该前后摆动，用手掌推动水面，以增加游泳的速度。

（五）使用正确的腿部动作

除了手臂动作，腿部动作也非常重要。一般情况下，腿应该连续踢动，用力向后，以推动身体向前。

（六）控制游泳速度

在游泳时，应该控制游泳速度。游泳速度过快容易导致疲劳，游泳速度过慢则会影响游泳的效果。

（七）保持游泳方向

在游泳时，应该保持游泳方向。一般情况下，游泳方向应该是直线，以提高游泳的效率。

（八）注意水质和环境

在游泳时，需要注意水质和环境。如果水质不佳或者环境危险，应该暂停游泳，以保证安全。

（九）调整自己的心态

在游泳时，应该保持积极乐观的心态。如果出现紧张或者恐惧的情绪，可以通过深呼吸和自我安慰来调整心态。

（十）接受正确的指导

最后，接受正确的指导非常重要。如果小朋友在游泳时出现问题，可以向教练或者其他有经验的游泳者寻求帮助，以得到正确的指导和帮助。

水中游戏

开展水中游戏活动首先要考虑到安全因素。游戏内容的设计与选择应该根据游戏者的性别、年龄、生理、心理及职业的特点进行合理统筹。同时，游戏应该围绕活动的目的进行，如果是为了提高技术水平，则可以选择具有一定竞争性的游戏项目；如果是为了恢复体力和促进友谊，就可以选择趣味性比较高的游戏项目。

1. 水中游戏案例

（1）双人短池拉车游

一组两人，要求一前一后，后者至少双手要保持和前者连接，不限游泳方式，不得蹬壁出发，最先到达者为胜者。中途脱离连接一次扣除 1 秒，并须在原地重新连接再出发。

（2）短池接力跑

四人一组，不限男女，根据实际人数可分成两组或三组，各组同时进行比赛对决，取游泳池浅水区横向距离，在水中跑步接力，并要求跑步者手持充气道具，道具不得沾水，一人跑到终点递给下一人继续跑，但不可空中抛给下一人，以用时最短的队为胜。

（3）顶球接力

每组四人，不限泳姿，要求在水中顶球到 50 米终点交给下一队员，在水中不得以手或者脚推球，出现一次违例加时 5 秒，不跳发。先到为胜。

（4）紧急下潜

先准备被打捞物（可能是玻璃球），放置在深水区，每组四人，参赛者在水中下潜（不得跳水）打捞沉底物体，将所有物体完全打捞完毕，所用时间最短的队为胜。

（5）猪八戒拖媳妇

男士拖女士，女士坐在救生圈上。掉下来就座上去原地再来，先到为胜。

（6）水中拔河

每组两人，在游泳池深水区池边，将绳索系在救生圈两头，救生圈所在位置在池边做标记，两组分别向两个方向拉，以踩水或游动的方式进行，在单位时间内，以救生圈偏靠的一方为胜。

2.水中游戏注意事项

（1）设计与选择水中游戏务必要有针对性。为了使健身者既可在游戏中达到健身的目的，又能陶冶情操，设计游戏的强度、难度要针对不同游戏者的性别、年龄、身体健康状况、游泳技术水平等而进行合理统筹。

（2）进行水中游戏前，指挥员要对游戏的方法、规则、要求及安全注意事项务必讲清楚，以确保游戏的顺利进行。

（3）做好后勤保障工作，游戏前要把器材布置好，安排好裁判员。

（4）游戏要公平、公正，在游戏过程中必须严格执行规则。以健身娱乐为目的，做到"友谊第一，比赛第二"，加强相互间的沟通。

第三节　实用游泳运动的作用

游泳是一项男女老幼皆宜，在水环境中进行的运动项目，也是人类生活中有价值的一种技能。1987年，有100多名记者在洛桑奥林匹克运动总部，把游泳运动推选为"21世纪最受欢迎的体育运动项目"。学会游泳并经常进行游泳锻炼具有非常重要的作用。

一、保障生命安全

人们在生活中不可避免地要与水打交道，不论是主动地下水还是被动地失足落水或发生意外，如果会游泳，生命就有保障，不但可以自救，还可以救人；假如不会游泳，生命安全就会受到威胁。因此，会不会游泳成了保证生命的重要手段之一。世界上不少国家将游泳列为青少年学生必修的运动项目，要求其从小掌握游泳技能。

二、强身健体

长期地坚持游泳锻炼，第一，能有效地提高和改善人的心血管系统的机能，可以促进心血管系统的发育，这一点是其它运动项目不可替代的。尤其是长游，能有效地增加心容积，使安静时心率减少（一个优秀运动员的晨脉可达到 40 次 / 分左右，在完成定量工作时出现机能节省化现象。游泳还可以使血管壁的弹性增加，毛细血管数量增加，明显地提高循环系统的机能，使血压状况良好，脉压差明显加大；第二，能增加呼吸系统的机能，使胸肌、膈肌和肋间肌等呼吸肌得到锻炼，改善肺的通气功能，提高呼吸效率，同时可以使呼吸深度增加，肺活量提高。优秀游泳运动员的肺活量可达 5 000~7 000 毫升 / 分钟，而一般健康男子在 3 500 毫升 / 分钟左右；第三，游泳还能有效地消耗体内脂肪，尤其是长时间地游泳，会加速人体热量的散发，加大消耗。同时，游泳还有美容护肤的功效。第四，长期坚持游泳锻炼，能提高肌肉力量、速度、耐力和关节的灵活性，使身体得到协调全面的发展，使体型匀称，肌肉有弹性。

三、锻炼意志，培养勇敢顽强的精神

初学游泳时，要克服怕水心理，要长期坚持游泳，就要克服怕苦、怕累、怕冷心理，没有勇敢顽强的精神和坚强的意志是坚持不下去的。因此，长期坚持游泳既可以锻炼意志，又可以培养勇敢顽强、吃苦耐劳、不怕困难等优秀品质。

四、游泳是调节情绪的好手段

游泳时，由于水流和波浪对身体的摩擦和冲击形成了对人体的特殊"按摩"，可使全身肌肉放松，使紧张的神经得到休息，把那些消极的，对身体产生副作用的心理因素排泄散发出去，恢复积极、健康的心理状态。经常游泳对有失眠、健忘、忧郁症、神经衰弱症状的人也有很大的益处。

第二章 实用游泳运动的原理

第一节 游泳技术的力学基础

游泳是一项人在水环境中运动的体育项目。水具有压力、密度、黏滞性、难以压缩性和流动性，人游动时推动的是水，不是固体物质，获得的推进力也比陆上小，身体在水中运动时所受的阻力比空气阻力大，所以游泳的运动效率比陆上运动要低得多。因此，在游泳时，要充分利用水的自然特性来提高运动效率。

一、人体在水中平浮的条件

（一）人体在水中平浮现象的分析

人体的比重为 0.96~1.05。根据人体不同的比重，可分为天然漂浮体、受呼吸制约的漂浮体和天然的下沉体。天然漂浮体指无论是吸气、呼气、胸廓是否扩张均不影响其在水面的漂浮；受呼吸制约的漂浮体则指在吸气时胸廓扩张身体才能漂浮，而呼气时则下沉；天然的下沉体指不管是否呼吸均下沉。人体浮力对游泳速度影响较大。

影响人体浮力的因素主要是身体密度、浸水面积和呼吸。身体密度决定于体脂百分比，体脂百分比高则浮力好，反之则浮力差。女子和肥胖者体脂百分比高，身体密度小于水，故浮力较好，而肌肉骨骼发达的青年男性则浮力较差。

人体自身的浮力可以通过呼吸和增减浸水面积进行调节。在深吸气时，胸腔体积扩大，排开的水量增加，所受落水浮力增大；在呼气时，胸腔体积缩小，排开的水量减少，所受静水浮力减小。浸水面积对浮力的影响是游泳中的一个技术问题。从严格意义上讲，人体浮力大小是人体完全浸泡在水中的结果，但实际上在游泳过程中，身体不可能完全浸泡在水中，甚至约 1/15 的身体表面是在水面上的，再加上必要的技术动作（如移臂），使身体的部分肢体露出水面，因而更加减小了身体的浸水面积。身体质量不变而浸水面积变化，浮力也会发生变化，且浸水面积减小则浮力减小。优秀的游泳选手在游进时身体位置高，除了因为自身浮力好之外，游泳技术好也是另一个原因。且通过让身体纵轴与水面构成适宜的迎角可使身体位置升高。正确的游泳技术还包括掌握正确的呼吸节奏（快吸、暂憋、慢呼）和呼吸动作；尽可能地避免身体在游进过程中离开水的支撑（如抬头呼吸等），即使是移臂动作也应尽量减少空中滞留时间，这样既可防止过分减小静水浮力，又有利于提高手臂动作频率；加快移臂动作必须做到手臂动作放松，以免造成身体其他部位的紧张和身体摆动。另外，在游泳教学与训练中，可利用增加或减小浮力设计练习手段，调节练习难度，提高练习效果。

（二）人体在水中平衡的条件

人体在水中的平衡取决于重心和浮心是否在一条直线上。由于身体结构的原因，身体各部分的密度分布不匀，身体的质量中心和浮力中心并不在同一点上，这就很难使人体在水中保持水平姿势。当人体成自然姿势平躺于水中时，由于下肢的密度大于上体，下肢就会下沉，直到人体的重心和浮心处在同一条直线上为止。而下肢下沉的速度取决于浮心与重心之间的水平距离，不同的人浮心和重心之间的水平距离不同，下肢下沉的速度也不同。

为了使身体在水中保持水平姿势，游泳选手可以将手臂置于头前，从而使重心向浮心靠近，以达到身体在水中平衡的目的。而对于重心和浮心水平距离较大的人来说，通过调整手臂位置还不足以保持身体的平衡，此时，就必须依靠打腿动作保持身体的水平姿势。因此，浮力差的游泳选手更需要加强打腿练习。另外，使上体保持较低的姿势，也能提高腿部位置，从而确保身体的重心和浮心在同一直线上。

综上所述：充分利用水的自然特性是提高游泳技术效率的关键着手点。游泳时，要顺应水的流体规律性，如水的压力、密度、黏滞性、难以压缩性和流动性。只有充分认识它们，才能从容地驾驭它们。而浮力是影响游泳速度的重要因素之一，通过呼吸和增、减人体浸水面积对浮力进行调节，从而争取游进合理性的最大化。优秀的游泳选手在游进时身体位置高，除了因为自身浮力好之外，更重要的是因为他们能较好地认识和利用水的各项自然特性，且掌握正确的呼吸节奏（快吸、暂憋、慢呼）和呼吸动作（口吸鼻呼）；同时在游进过程中能尽量地避免身体离开水的支撑（如抬头呼吸等），从而保持较高的身体位置。身体平衡是指身体的重心和浮心在一条直线上，它是游泳技术好坏的一个重要评判标准，通过手臂前伸、打腿以及保持较低的上体姿势可实现这一目标。

二、游泳时的阻力

游泳选手在向前游进时必须排开水流并从水中穿过，其结果是破坏了水的层流，从而导致能产生游进阻力的湍流。虽然在游泳中无法避免湍流的产生，但可通过改进技术减少湍流的形成。游泳选手在向前游进时，能使所获得的推进力大于游进时所遇到的阻力，所以其游进速度在不同动作周期里的变化，取决于推进力和阻力的相对值关系。而游进速度越高，水的阻力对运动的影响就越大，因此增大推进力和减小阻力成为了游泳技术的核心。

（一）游泳时的阻力分析

水阻力产生的原因是水流过物体时，其会从层流变成湍流。而现实中水分子通常以平滑完整的水流形式存在，平滑的水流被称为层流（片流），被扰乱的水流被称为湍流。

在水中，运动物体后面水分子盘旋流动的现象，被称为涡流。湍流区越大，涡流区也越大，涡流消失的时间也越慢，对物体运动速度的影响也越大；反之，湍流区越小，涡流消失越快，对运动物体的影响也越小。

游泳运动员在游进中所受阻力的大小，在一定程度上取决于产生湍流的大小，而影响湍流大小的因素是身体形状、运动姿势和游进速度。

游泳阻力主要有三类，即形状阻力、波浪阻力和摩擦阻力。

1. 形状阻力

形状阻力也称为压差阻力或旋涡阻力，是指物体在水中运动时引起物体前、后水流的改变（即物体前侧是层流，而物体尾部是湍流或涡流），当流体的流速增加时，流体内部的压强减小（伯努利定律），物体前面压力高于后面的压力，从而形成前、后压力差。

由于运动物体形状和运动姿势与阻力的大小存在着对应关系，所以其也被称为外形姿态阻力。

形状阻力的大小受物体的外形轮廓、运动姿态和运动速度的影响。

1）外形轮廓：物体外形轮廓决定了物体在水中所占的空间，其阻力大小受物体纵轴迎面相对水流所冲击面积的影响，即迎水截面；也受水流经物体表面所形成的水流速度非衡定变化并产生湍流程度的影响。减小形状阻力首先应减小迎水截面。由于每个人身体的迎水面都有衡定的值，所以减小迎面阻力的关键在于游进过程中，能否保持这个值或尽可能不要增加太大（关于这个问题将在运动姿态中详细讨论）。经研究证明，迎水截面面积相同而外形轮廓不同的物体，运动时所受水的阻力是不同的，其中，流线型所受阻力最小。

由此可见，阻力小的形状（亦称流线型）所具备的基本特征是：两头尖的形体，其阻力系数取决于长径与横径之比。在横径恒定的前提下，长径越长阻力越小，因其能使水流平稳地流向运动物体后面。值得注意的是：运动物体尾部的形状与运动物体局部形成的涡流大小有极密切的关系。

手臂位置和姿势对身体形状的影响也很大，不同的手臂位置对应不同的身体形状，其阻力值也会发生相应的变化。而手臂前伸姿势的不同也同样影响阻力的大小。实验表明，人体最好的流线姿势是身体伸展，脚尖绷直，手臂充分前伸，一只手压在另一只手上，两臂紧靠耳朵的滑行姿势。因为流线型的身体姿势会使身体前部水分子的运动方向逐渐改变.而这些逐渐改变方向的水分子只对临近数量不多的水流造成影响，所以产生的湍流不多，且水流经尾部时水分子能马上复原，使有限的涡流区立即消散。

2）运动姿态：即使是流线型物体，如果其在水中不能保持水平的运动姿势，也会导致物体在水中的迎水截面增大，从而使受到的阻力也增大。由此可见，运动物体只有好的外形轮廓是不够的，还应考虑物体运动时的姿态。不同的运动姿态其迎水截面不同，迎水截面小则阻力小。因此，物体运动姿势一定要保持尽可能小的迎水面，这样运动时的形状阻力才能减小。

经研究表明，当身体俯卧姿势与水平面构成不同的角度时，所受阻力的大小也不一样，身体某部分变化也会增大形状阻力，如头露出水比头不露出水的阻力增大约36%。

当运动员身体在水中不能保持水平姿势，或身体在水中左右摆动幅度过大时，阻力会急剧加大。其原因是身体迎水面积增大，占据了较大的空间，扰乱了较多的水流。

为了减小形状阻力，在游泳时应调节相应的身体姿势，使身体形状和身体运动姿态处于最佳状态，即保持以尽量小的迎水截面对水，占据尽量小的空间的流线型身体姿势。具体要求是：

（1）在出发和转身后的滑行阶段，身体应成两头尖的流线型体，运动姿势平直，以保持滑行速度和增加滑行距离；在游进过程中，防止手臂在体侧停留而使肩部暴露，进而导致形状阻力增大；当进行蛙泳收腿和向前伸臂时，要尽可能减小动作过程中的迎水面，在伸臂和蹬腿动作结束时，手臂和腿要伸直并拢；在进行爬泳、仰泳和蝶泳时，手臂入水的动作和打腿动作都要控制在肩宽以内，腿部上、下打水动作，应采用小幅度的技术，避免增大形状阻力。

（2）在不影响推进力的前提下，尽量使身体保持水平姿势。

（3）尽管身体牵引试验证明俯卧姿势受到的形状阻力小，但实际上运动员在游进中，很难保持俯卧的身体姿势。

由于游泳过程中对推进力的需要，在每个动作周期中，身体姿势需要不断变化，从而使水流的形状也不断变化，这都会使潜在的对抗阻力增加，为了在减小阻力和增大推进力之间寻求平衡，爬泳和仰泳通过身体的滚动，而蛙泳和蝶泳则通过身体的小波浪动作，降低身体因臂、腿动作在产生推进力的过程中形成的阻力，而正确的臂、腿动作，在产生推进力的同时也能使着身体直线游进。

3）运动速度：物体在水中静止时，只受到重力与浮力的平衡影响，因为此时四周水流没有改变，一旦物体运动，即破坏了层流而产生湍流和旋涡，则阻力随之成比例增大，宜阻力与运动速度的平方成正比。虽然游进速度越快阻力越大，但实际过程中，不能为了降低阻力而降低速度，因为不论是健身游泳还是竞技游泳，都是通过速度保持锻炼强度或夺取比赛胜利的。因此，游泳只能是在不断提高速度的前提下，尽可能地实现技术最优化而减小阻力。

2. 波浪阻力

物体在水与空气的共界面上运动时，由于两种流体密度不同，物体在运动时破坏了水的平衡，并使水向空中涌起，使其形成波浪（水面湍流工人体在游进时也同样会产生波浪，即当肩、臀部以及头和躯干做水平和垂直运动时，就产生波浪。波浪是身体做功的结果，因此，在产生波浪的过程中就消耗了能量，消耗的能量又以波浪产生表现出来，称其为波浪因力。波浪因力在人游进速度不快时，阻力的作用不大，但在高速游进时，运动员头部和肩部前面的波浪就会变得很大，从而形成弓形波或梯形扩散波，这是运动员在快速游进时的最大阻力。

波浪的大小与运动速度、身体姿势和技术动作有着密切的关系。因此，可把游进过程中波浪形成的大小，作为鉴别游泳技术优劣的一项重要指标。在游泳时，最常见的是头前浪，在游进时头部向侧摆动或身体上下起伏都可使头前浪增大。因此，这就要求游泳选手在游进中保持身体呈流线型姿势，速度均匀，身体平稳；移臂动作放松，向前性好，在手臂入水时应以手掌侧先入水，减小手掌入水时的挡水面；出发转身后的滑行宜在水下 30 cm 深处进行，从而可有效减小波浪阻力的形成。

在训练、比赛中，尾随另一运动员游进可节省体力，因为在前一运动员的涡流中游进，无须付出很多体力就可保持一定的游速。

3. 摩擦阻力

物体在水中运动时，由于水具有黏滞性，则有一部分水会黏附在物体表面随物体游进，并且这些水会与其相邻层流产生摩擦，这种状况在层层水流之间持续不断地发生，直到物体离开水流一定距离后，摩擦作用约束力才消失。物体所受摩擦制动力的总和.称为摩擦阻力。紧贴物体表面，并与其一同游进的水流称为边界层。

影响体表摩擦阻力大小的主要因素有体表面积、体表的光滑程度和运动速度。尽管摩擦阻力对游泳速度的影响较小，但在激烈的游泳竞赛中，往往百分之一秒便决定了胜负。因此，摩擦阻力的存在仍然不可忽视。为了尽可能减小摩擦阻力的影响，目前主要从两个方面着手解决这一问题：一是游泳服装（泳帽）的革新，主要体现在游泳服装的面料和设计上，选择薄而光滑的面料制作紧身、舒服的泳装。在 2000 年悉尼奥运会游泳比赛中出现的鲨鱼皮游泳服装，便是这两者结合的高科技成果，其为运动员创造优异成绩提供了保证。二是剃光头、刮体毛和涂减阻油，这些也在一定程度上减小了摩擦阻力。

4. 游进时的流体总阻力

理论上认为，人体在游进时的流体总阻力是摩擦、波浪和形状阻力之和。

$$F_{总}=F_{摩擦}+F_{波浪}+F_{形状}$$

经研究证明，三大阻力与游速的比例关系是不同的，摩擦阻力与游速呈线性关系，形状阻力与游速的平方成比例关系，而波浪阻力则随游速的 3 次方变化。由于人体不是完美的流体力学体系，在不同的拖速下三大阻力值对总阻力的贡献率是不同的。摩擦阻力是沿着人体表面分布的，在层流时它的总阻力贡献率较大。随着速度的提高，沿人体表面的层流转变为湍流，摩擦阻力对总阻力作用减小。而波浪阻力，则随游速的增加而增大。在游速为 2.0 m/s 或以上时，波浪阻力可能达到最大值，其增幅也最大。由于波浪阻力随游速的 3 次方变化，所以，其也是影响流体总阻力不可忽略的成分。但绝大多数研究发现，游体总阻力与游速的平方成正比，说明在游泳中形状阻力仍然是最大的阻力。

在游进过程中的每一个动作周期里，游进阻力与推进力的相互制衡始终都在起作用。这表现在游泳者每个动作的实际速度上，这些速度都是由起动—加速下降速这种非匀速的位移构成的。而身体的重力与浮力的差异对形状阻力和波浪阻力的影响也以隐蔽的方式，参与了游进阻力与推进力相互作用和相互制衡的全过程。

在游泳中，人体运动受阻力影响的形式有两种，即静态阻力和动态阻力。静态阻力指采用固定的速度牵引人体时所受的阻力，也称为被动阻力；动态阻力指人体在水中游进时所产生的阻力，也称为主动阻力。要使静态阻力减小应保持身体的流线型，而要使动态阻力减小则要复杂得多。经研究证明：身体形状对动态阻力没有影响，动态阻力主要受身体运动的生物力学系统的影响，即受运动速度和动作的内部结构、节奏等因素的影响。人体在水中运动时是不可能完全匀速的，实际上是时快时慢。速度变化越大，动态阻力就越大；体重越大，动态阻力也越大。在用同一速度游泳时，增加或减小动态阻力的位置改变与游泳技术有关，合理的技术体现在游进阻力小、推进力大和能量消耗节省化三个方面。如蛙泳的收腿是蹬腿的准备动作，没有收腿动作就蹬不了腿，收腿时所产生的阻力即动态阻力，为了不使动态阻力过分增大，对蛙泳收腿动作就有较多的技术要求；用爬泳和仰泳游进时常出现左、右摆动的身体姿势，这也是动态阻力增加的一种现象，用这种身体姿势游进比用身体滚动的直线游进的阻力要大得多。前者说明正确技术也会产生动态阻力，但这种动态阻力是为了获得推进力而伴随产生的，在处理推进力与阻力两者关系时，应着眼于追求净推进力的最大化；后者是由于错误动作而导致动态阻力的增大，应依靠技术的不断改进、提高技术质量、增强技术控制能力加以克服和避免，从而将动态阻力降低到最小。由此可知，用力大并不一定会提高速度。游泳速度的提高在于增大推进力、减小阻力，其关键是提高技术效率，而不是追求最大功率值。如蝶泳与蛙泳动作周期中，最大速度与最小速度之差的大小是形成动态阻力的主要因素，所以蝶泳和蛙泳速度的提高应着眼于在一个动作周期中尽可能地降低速度下降值，而不是单纯追求最大速度。

在研究优秀游泳选手之间游进速度时发现，浮力和力量之间的差异很小，其对成绩的影响也小。而导致他们之间游泳速度差异的主要因素是游进时所受阻力大小的不同，即他们在减小阻力方面的能力存在差异。游泳速度的提高取决于技术和体能两个方面，而改进技术、提高动作效率是提高游泳速度最经济的途径。

（二）游泳时水阻知识要点小结

综上所述：（a）不论是健身游泳还是竞技游泳，它们都是通过速度来保持锻炼强度或夺取比赛胜利的。（b）游泳只能是在不断提高速度的前提下，尽可能地实现技术最优化，从而减小阻力。（c）人体在游进过程中，应保持好两头尖的流线型姿态，具体做法是身体平直伸展，脚尖绷直，手臂充分前伸，一只手压在另一只手上，且两臂紧靠耳朵。（d）在游进过程中，爬泳和仰泳可通过身体滚动，蛙泳和蝶泳可通过身体的小波浪动作减小阻力、增大推进力。（e）改进技术、提高动作效率是提高游泳速度最经济的途径。

三、游泳的推进力

（一）游泳推进力的理论

关于游泳推进力最初的观点是：推动人体游进的动力是牛顿第三定律，即作用力与反作用力。为了获得水的反作用力，手臂应直线向后划水以产生推进力。然而通过水下摄影发现：当运动员手臂划水时，手并不是在身体中线下直接向后划水，而是采用屈臂和伸臂交替，划水路线呈"S"形，曲线划水是为了划到相对静止的水或流速较慢的水，这比直线向后划流动的水更省力、更有效。这一理论直到1971年，美国康西尔曼博士通过在黑暗游泳池拍摄运动员在水下划水时的手指光点轨迹才得以证明，拍摄时发现运动员的划水路线与以前所看到的完全不同，运动员在水平和垂直方向上所做的曲线划水运动要比向后运动多。游泳选手在水下的划水动作是由水平和垂直方向的运动构成的，这就使得人们对牛顿的作用力与反作用力定律是人类游泳推进力的主要机制产生怀疑。在解释曲线划水产生推进力的过程中，康西尔曼提出了升力推进理论。他认为：人体手的形状与机翼近似，所以手掌能以类似机翼产生推进力的方式产生升力，游泳的推进力也许来自伯努利定律的应用。根据伯努利定律，在游泳划手时，手背部的水流速快，这样在手背和手掌间就形成了压力差，从而产生了一个升力。这个升力与手受到的阻力形成推动身体前进的合力。

在 20 世纪 90 年代初，人们在游泳实践中逐渐发现，关于游泳推进力的解释存在着偏重伯努利定律而忽略牛顿第三定律的现象。其中，人们忽略了通过手臂对水方向的变化进行斜向的划水和打（蹬）腿动作，通过在对角线方向用力，同样可使水转向后流，获得有效的反作用力。为进一步解答游泳推进力中升力推进与阻力推进的关系，研究者进行了多项实验研究，根据实验结果提出了以下观点：

根据伯努利定律，攻角（由手掌与其运动方向所形成的倾斜角度）对增加手上、下方的压差（产生升力）起着重要的作用。然而近十几年的一些实验研究发现：手掌的形状并不像描述的那样是一个升力面。水从手的上方经过时，水流湍急以至于水的边界层无法维持原始状态而产生分离。边界层分离现象的存在说明游泳选手的手不能像机翼那样产生升力，而手掌表面更容易产生阻力推进；手掌在 40°~90° 的攻角下，产生的阻力系数和阻力值都远大于升力系数和升力值，且只有在 10°~30° 时，升力系数和升力值大于阻力系数和阻力值，而游泳选手在实际划水过程中攻角的变化一般为 40°~70°。这些研究使人们更加深信：牛顿第三定律是人类游泳推进力的可靠依据。

美国游泳专家马格利索博士也认为：牛顿第三定律在解释游泳推进力方面的作用比伯努利定律更大一些。以曲线运动使水向后移动并推进身体前进的概念相对来说比较容易理解，而且更加准确地描述了推进力的产生机制与划桨推动船只的方式相似。游泳选手在划水过程中仅靠尽力划水是不够的。相反，在整个划水过程中，手臂必须灵活地改变其运动方向，以使得"流体反作用力"的矢量尽可能地接近游泳方向。在划水过程中改变划水方向的另一个目的是为了划动相对静止的水或流动速度较慢的水，从而获得更大的"流体反作用力"。一旦运动员将水推到后面，他就获得了动量，此时应加快手的划水动作，使手能够继续推住水。运动员在一段划水中获得足够的推进力后，就会改变手臂的方向，去推动另外一些尚未被扰动的是相对静止的水；二是可以延长推进力阶段。

当前，关于游泳推进理论还存在争论，除了"阻力推进理论"和"升力推进理论"

以外，还有"涡流推进理论"，这说明人们对游泳技术力学问题的认识，仍受到科学技术发展水平的限制，随着科学技术的进步，人们对游泳技术原理的探索和认识会更加深入。

（二）增大游泳推进力的途径

阻力与推进力是两个方向不同、性质一样的力，增大游泳推进力应增加手臂划水和打（蹬）腿的阻力（作用力），从而获得水给予的"流体反作用力"。由于水不能像土地那样给予人体运动固定的支撑，所以在讨论推进力时，就必须研究水的自然特性，提高游泳技术效率。

1. 动作对水面

根据阻力公式，挡水面大产生的阻力就大。游泳选手为了尽可能地最大化阻力对推进力的贡献，在手掌划水和打（蹬）腿过程中，就以尽可能大的对水面向后推水来实现。因此，增大四肢划水面积是产生推进力的基本前提，而手臂划水（以肩关节为转动轴做复杂的弧形曲线运动）对推进力的贡献是最大的。由于手掌距肩关节最远，且形状的阻力系数大，根据圆周运动中线速度的公式（$v=r \times w$）和阻力与速度的平方成正比原理（$F=kv^2$），手臂划水时反作用力的合力中心在高于手腕 5~7 cm 处。游泳选手在划水过程中，不仅仅是手掌在划水，而是整个手臂都在划水。有关研究认为：尽管人的前臂在划水中的运动速度比手慢，但它对手臂划水推进力的贡献为 15%~38%。由此可见，手掌和前臂所产生的推进力是最主要的，其次是上臂。但要保证这一点，还取决于肘关节的位置，只有保持肘关节高于手掌位置才能最大限度地使手臂挡水面增大。高肘屈臂动作（仰泳时是低肘）是手和前臂以肘关节为轴的划水动作，它是游泳手臂划水动作的核心技术。高肘屈臂划水不仅增大了手·臂划水面积，更重要的是延长了有效划水路线。因此，要增大手臂划水面积必须充分发挥手掌和前臂的作用。有关研究发现：近 20 年来，游泳运动成绩大幅度的提高与游泳技术的不断改进有着必然联系，其中一个因素是游泳选手手臂（包括手掌和前臂的对水面，以及上臂做内划时的对水面）划水时的对水面明显地增加。

手臂在整个划水过程中，其对水面是有变化的，在肩前划水是逐渐增大对水面，通过屈腕、屈肘动作使手掌和前臂依次对水，划至肩下时屈肘最大，且对水面也最大。眉后的推水则是逐渐减小对水面的过程，通过伸肩、伸肘，最后伸手腕完成向后推水动作。在整个划水过程中，手臂各环节的协调运动能使各环节依次达到最大速度。这样也可使手臂肌肉避免过多的负荷，而以更经济的方式做功，尤其是肘关节屈、伸变化的划水方式会使手臂划水过程的"流体反作用力"逐渐增加。

2. 动作方向

手臂划水动作的轨迹分为动作轨迹和运动轨迹。动作轨迹是手臂动作相对身体的运动路线，其主要是作为陆上示范动作，向学生展示不同泳式的划水路线。运动轨迹是游泳时手臂划水动作的实际路线，它真实地反映了手臂划水的动作方向。

研究表明，游泳时手臂划水的运动轨迹远没有传统理论所描述的划水运动轨迹弯曲，其原因是：首先，传统理论所描述的手臂划水时的运动轨迹是手指尖的运动轨迹，而手臂划水的压力中心在前臂中段高于手腕 5~7 cm 处，此处所获得的推进力比手的推进力更大。以手臂划水压力中心点的运动路线作为手臂划水的运动轨迹就没有手指划水轨迹弯曲。其次，在游泳时游泳选手随着身体转动控制着手臂划水路线，从而尽量减小侧向运动，使其向后划水，这有利于前臂的对水面积增大从而产生更大的阻力推进力。正是对手臂划水运动轨迹的研究，促使人们重新认识了游泳推进力。

水具有流动性的特点。因此，人在水中运动时难以获得固定的支撑，这就需要通过改变动作方向以求得相对静止或流速较慢的水的支撑，以提高推进效果。

在对游泳选手的划水动作进行分析后发现，游泳时手臂会像船桨一样向斜后方划水。游泳选手通过斜向划水可以以较小的力在每个划水点上，使手臂和腿与流速较慢的水相互作用。因此，游泳选手可以在较慢的频率下，通过推动一些缓慢的水，以较少的肌肉消耗获得更长的划步。虽然斜向划水会产生分力，但与直接后划相比，其在划水阶段会使大量的水向后流，而使肌肉消耗较少。实验证明，斜向划水在每一个划水周期，其推进力比直接后划所产生的推进力只降低了很少一部分。然而斜向划水通过增加划步和降低频率保存了相当数量的能量，这足够补充损失的推进力。由于手臂在做斜向划水的过程中，身体在手臂的上方并向前运动，所以手臂向后划水的轨迹就不明显了。

游泳选手通过逐步改变运动方向来克服四肢的惯性，减少肌肉的消耗。根据惯性定律，在较长一段距离里逐渐改变运动方向所需的力较小，而在一小段距离内迅速改变运动方向，则要施加额外的肌肉力量，这种突然改变划水方向的行为，极易在身体上产生扭矩，从而导致身体摆动，破坏身体的流线型，增加游进阻力。

游泳时所用肢体的动作轨迹呈三维曲线，不同泳式的肢体水下动作运动轨迹不同。同时手臂划水的动作轨迹也存在个体差异，即不同的人手臂划水的动作轨迹是不同的，这取决于每个人的水感和技术风格。

3. 划水攻角

游泳推进力是以阻力为主导的，为了使划水过程中的阻力最大化，游泳选手本能地选择了合适的划水攻角，同时手臂会如船桨般向后划水。对优秀游泳选手手臂划水动作与速度的关系研究发现，在手臂划水产生推进力阶段，手的攻角较大（大多数游泳选手为 50°~70°）产生的阻力推进力也较大。

划水时手臂倾斜和向后划水的攻角与推力的生成有着必然关系。试验证实，当手臂向后划水的攻角接近 90° 时可获得最大推进力，游泳选手也认为划水时手总是与划水方向垂直，但从划水的运动轨迹来看，手划水的真实攻角要小于 90°。在产生推进力阶段，手臂划水攻角实际为 50°~70°，因为在这个范围划水能很好地利用阻力推进。斜向划水的适宜攻角是为了把水尽量向后推，以便减少分力的影响。由于手臂划水路线是三维曲线，所以需要运动员在每次改变动作方向的同时调整手臂的动作，从而使划水的每个阶段都能形成最有效的角度。

4. 动作速度

由于阻力与速度的平方成正比的关系，所以在游进时臂、腿的动作速度就成为决定游泳推进力极为重要的因素之一。为了保证在每一个划水点都能获得推进力，在不影响合理的划水方向和角度的前提下，必须加速划水，并使划水动作速度超过被划的水和身体游进的速度。手臂划水动作不是一个匀加速过程，运动员划水的动作速度从头到尾都不稳定，且在划水的不同阶段和不同方向上都是变化的（见图而加速划水是对划水动作的总要求。动作速度的变化反映了手臂划水和打（蹬）腿动作的内部节奏的规律，在不同的划水阶段，由于手臂的对水面、角度不同，所遇到的阻力也不同，划水的动作速度也会相应变化。

动作速度是动作频率的保证，加快动作速度必然会提高动作频率。从近几年对游泳成绩的分析来看，竞技游泳成绩的提高主要是因为划水效果的改善和比赛各阶段技术的改进（如出发、转身等），而动作频率对成绩提高的贡献不高。这种现象在一定程度上说明，动作速度的提高必须建立在不影响划水质量的前提下，而划水效果是提高游泳运动成绩的核心。

5. 躯干和腿部动作产生推进力的机理

躯干和腿部动作产生推进力的方式主要体现在两个方面：

（1）躯干和腿的动作直接产生推进力。

蝶泳、仰泳和爬泳都是采用上、下打腿的动作。向下打腿时虽然运动方向是向下（仰泳则是向上踢水）的，但膝关节由于受大腿的反向运动和水压力的双重作用而弯曲，从而使小腿与水面形成一个攻角，小腿前部的对水面在向下打腿时，能够将水推到后面，从而获得向前运动的推进力。蝶泳打腿时除了腿部的作用外，躯干的波浪动作也能够产生推进力，这一动作实质上是人类模仿鱼类的摆动动作。蝶泳打腿时躯干动作沿身体纵轴由前向后传递的力使躯干和腿形成波浪式摆动，在摆动过程中像鱼在水中的波浪动作一样能够使水后流，从而获得向后流水的反作用力使身体向前游进）。由于膝关节的结构限制，向上打腿是直腿打水，这样就限制了打腿的推进作用，所以要想通过游泳打腿动作产生向前的作用只能向下打腿（仰泳是向上踢腿）。有关研究发现，蝶、仰、爬泳打腿产生推进力的阶段是向下（仰泳向上）打腿的前半段，此时身体前行较快，因此，打腿时应避免动作幅度过大，以免增大身体的形状阻力。而踝关节的柔韧性和打腿时的肌肉放松程度也影响打腿效果，踝关节的柔韧性好则容易形成良好的对水面，提高腿打水的效果。所以，应尽量利用流体与柔软物体之间作用的这一特性，提高踝关节的柔韧性，并使肌肉最大限度地放松，从而获得尽可能大的推进力。

蛙泳腿部动作是以蹬腿动作产生推进力的。由于收腿产生阻力，蹬腿产生推进力，必须处理好两者的矛盾，才能获得尽可能大的净推进力。

（2）躯干在游泳中起固定肢体划水和打腿动作的作用，从而保证手臂划水和打腿所产生的力能有效地推进身体游进。游泳选手在游进时，由于对推进力的需要，身体并不是完全的俯卧姿势，而是通过躯干的配合来提高臂、腿动作的效果，如波浪式蛙泳重视游进时的躯干动作，旨在提高划臂和蹬腿的力量；再如爬泳、仰泳游进时身体通过绕纵轴左右滚动以维持身体的流线型，从而使手臂划水能处在一个有利的位置，并方便移臂。身体滚动时，所产生的阻力对保持交替运动中身体姿势的稳定有重要作用。

打腿动作对游泳的推进作用因人们观念的改变而越来越受到重视。经研究发现，在完整配合泳中游泳选手臂、腿动作对推进力的贡献各不相同。一些游泳选手在完整配合泳中，打（蹬）腿对推进力的贡献约占12%，而另一些游泳选手在游进时，腿部动作实际上不产生推进力。

综上所述：（a）正确的游泳划水动作是屈臂和伸臂交替，划水路线呈 S 形，且一定要划静止或水流速度相对较慢的水，这样才能有效地节省体力，同时延长划水路线。（b）最佳手臂划水功角是 40°～70°，划水过程中，手臂必须灵活地改变运动方向，划动相对静止或流动速度较慢的水，才能使得"流体反作用力"的矢量尽可能地接近游泳方向，但 S 形的划水路线要和身体滚动动作相结合才能实现。（c）手臂划水的压力中心在前臂中段高于手腕 5~7 cm 处，在此处所获得的推进力比手的推进力大。（d）在不影响合理的划水方向和角度的前提下，必须加速划水，并使划水速度超过被划的水和身体游进的速度。（e）动作速度的提高必须建立在不影响划水质量的前提下，而划水效果是提高游泳运动成绩的核心。

四、流体力学理论对游泳实践、实训的指导

（一）水中平浮理论对教学的启示

（1）最大化地增大浮力和最大化地维持身体的平衡是游泳初学过程中最根本的教学目标和任务。

（2）实现这一目标和任务的三个途径是：（a）正确的呼吸技术和节奏。（b）良好的平衡漂浮。（c）身体协调放松。这三个要求是整个游泳教学的基石，并将贯穿游泳教学与训练的始终。

（3）让学生务必掌握正确的呼吸节奏(快吸、暂憋、慢呼)和正确的呼吸动作(口吸、鼻呼)；也务必掌握正确的打腿动作，高度重视打腿练习，这是因为打腿是维持身体平衡的重要条件。同时，加强学生的身体平衡练习，在练习时要尽量拉长、拉平身体。另外，也要让学生学习、掌握拉高身体位置的方法，（身体纵轴与水面构成适宜的迎角会使身体位置升高）。

（4）拉高身体位置，不是通过抬头来实现的，因此，头部一定要平放在水面下，且后脑发际接近水面或稍露出水面。

（5）让学生养成加快移臂动作的习惯，且在加快移臂动作时，必须做到手臂动作放松，以免造成身体其他部位的紧张和摆动。

（6）在游泳教学与训练中，可利用增加或减小浮力的练习手段，调节练习难度，提高练习效果，且在实训过程中要注意各项技术的规范和正确性。

（二）游泳的阻力理论对教学的启示

游泳教学与训练的中心、重点和方向是培养学员正确的、良好的游泳姿态（良好的身体流线型）和向前意识，并通过规范和改进技术来提高动作效率，同时不断强化学员对水自然特性（规律）的认识水平。在教学上，可以采用充分调动学员各感觉器官主观能动性的手段——感觉教学与训练法。所谓感觉教学与训练法就是通过教师或教练生动形象的语言提示和描述，以及正确的规范动作示范或高品质的影像资料等对学员的听觉和视觉器官予以刺激，让学员初步建立动作概念，再通过陆上相关的练习手段使其建立正确的肌肉感觉。

（三）游泳的推进力理论对教学的启示

在实际教学过程中，对初学者尤其是儿童，教师不必讲得太专业和太详尽，要尽量做到精讲多练。同时，不论是儿童、成人还是业余休闲健身、专业竞技人士，都要紧紧抓住保持"流线型身体姿态"这个重点。认真学习并掌握正确的划水角度及方向，爬泳、仰泳时沿身体纵轴的滚动技术和 S 形划水方式，且这些技术可以通过各种辅助练习手段，在初学时加以培养，以便在流进时最大限度地增大游进阻力推进力，并规避负面阻力。

第二节　游泳运动的生物学基础

一、游泳时肌肉的工作特点

人体骨骼肌包括两种肌纤维，即快肌纤维（FT）和慢肌纤维（ST），快肌纤维又分为 FTa、FTb 和 FTc 三种。这两种肌纤维在人体骨骼肌中的百分比受遗传的影响较大（遗传度为 96.5%）。慢肌纤维收缩慢，有较强的有氧供能能力，且一般在低强度负荷中被集中使用，所以慢肌纤维比例高的运动员比较适合长距离游泳项目；而快肌纤维收缩快，容易疲劳，因此，快肌纤维比例高的运动员适合短距离游泳项目。运动员通过训练、改进技术和提高比赛能力也可以改变这一现状。

不同类型肌纤维的使用，取决于动作的用力大小，而不是动作的速度。中枢神经系统根据游速的要求会发出不同的冲动频率，并动员相应类型的肌纤维参与工作。如对于中等和中等以下强度的动作，只需慢肌纤维参与工作，维持运动，此时快肌纤维不参与做功，当强度继续加大时快肌纤维参与工作的数量逐步增加。在接近极限负荷前（相当于最大摄氧量负荷的 80%~85% 或极限负荷的 70%~75%），主要由 FTa 参与工作，随后 FTb 参与工作，到极限负荷时，所有类型肌纤维参与工作（不是所有肌纤维）。游泳没有达到最大摄氧量之前，FTb 型肌纤维不会全面参与工作。

虽然研究证明训练能使相应的肌纤维增粗，酶活性增强，如：短冲训练可提高慢肌纤维的收缩速度及收缩力量，长距离训练可提高快肌纤维的有氧能力，但这只是肌纤维自身能力的适应性提高，而不能增加其数量或使其转变成另一类肌纤维。也有报道表明，训练能够使肌纤维类型进行转变，但这多限于在耐力训练后 FTb 转变为 FTa，而想通过训练使慢肌纤维转变为快肌纤维是不可能的。

游泳通常是由几块肌肉协作直接产生力量，而其他肌肉主要对固定身体起间接作用。神经系统在此起协调作用，且神经调节的改善是决定肌肉力量大小的生理因素，它不仅使参与工作的肌群更加协调，还能够动员更多的肌纤维参与工作。游泳是上肢用力，下肢在打（蹬）腿、出发蹬台和转身蹬壁时用力。参与游泳划水动作的肌肉进行的是克制性的动力工作，且划水各阶段肌肉用力大小相差不大，动作速度的变化也不明显。根据游泳过程中肌肉的力在强度和速度上所表现出的特点，可确定游泳属于等动性肌肉动作。

在游泳时，由于人体在一个流动的环境里运动，利用腰腹力量能够使运动员在水中保持较好的流线型姿势，从而减小阻力，一方面有利于技术更为有效地发挥，另一方面也有利于防止伤病。

虽然力量是决定游泳成绩的重要因素，但力量并不意味着较快的游泳速度，肌肉力量必须有效地应用在水中才能产生推进力。因此，在游泳专项力量训练中，应紧密结合专项技术特征和运动选择，并设计练习手段与方法，提高力量的转化效率，只有这样力量才能成为决定游泳成绩的关键因素。

二、游泳的供能特点

ATP（三磷酸腺苷）是肌肉工作的直接能源，由于肌肉中储存的 ATP 不多，且仅能维持十余秒的运动时间，而对于游泳运动员来说，供全力也只能游 25 m 左右。因此，仅靠肌肉中的 ATP 是不能维持持续运动的，这就需要重新合成 ATP 供给肌肉运动。合成 ATP 的系统有两个，即有氧供能系统和无氧供能系统，其中无氧供能系统又分为糖酵解供能和磷酸肌酸供能。运动时动用哪个供能系统取决于运动强度，不同运动强度（或运动距离）所依赖的主要供能途径不同。短距离游泳时肌肉消耗的能量接近安静时的 200 倍，运动的维持主要依赖乳酸，其明显的标志就是乳酸急剧升高。通常，血液中乳酸急剧增多时的运动强度称为无氧阈，而最新研究认为，无氧阈前后氧供应都是充足的。因此，氧缺乏并不是乳酸增多的唯一原因，且有观点认为糖酵解过程中葡萄糖转变为 ATP 的限速步骤更为重要。当 ATP 需求增多而储备耗渴时，生成乳酸是产生更多 ATP 的一个较为快捷的方式，虽然这一过程中，氧气没有直接参与，但如果没有氧的参与，乳酸的形成、糖酵解就会受到限制。

由于乳酸可以自由转换而不需要消耗能量，并且大量的乳酸被认为可以在训练或训练之后被氧化，所以，有观点认为运动能力的下降并不是乳酸堆积所造成的，而是与 H^+ 堆积造成的酸中毒有关。训练可以提高血液和组织内的碱储备（无氧能力的训练更有效），通过碱对酸的缓冲作用，可以提高机体在乳酸和自由基存在下的工作能力。

有关研究发现，训练后人体内肌糖原的含量明显低于训练前水平，而这正是运动员训练后产生疲劳的关键原因，在训练开始尽早获取葡萄糖，可有效地促进训练过程中肌糖原的再合成。

耐力项目最主要的供能系统是有氧供能系统，其需要机体有较强的向肌肉运送氧的能力。由于机体几乎不能储氧，且血液流经肺脏时吸收的氧可以看作有氧代谢所消耗氧的直接反映，通常最大摄氧量的值是测量心肺耐力和有氧能力的最佳指标，因为它表示心血管系统的最大能力和有氧系统供能潜力，同时，可以通过测定摄氧量来精确估计有氧代谢的速率。

通常肌纤维内的糖原不足以提供数分钟或数小时的 ATP，因此，这就必须依赖肝糖原分解成葡萄糖供肌肉运动用。随着运动持续时间的延长，脂肪代谢供能的比重随之加大，脂肪可以为长时间训练或中、长距离游泳比赛提供能量。在以低于最大有氧强度的强度游泳时，脂肪可以提供 30%~50% 的能量。由于脂肪代谢释放能量的速度很慢，不能使运动员达到较快的游泳速度，所以在 1 500 m 比赛中，运动员主要依靠糖原供能，脂肪代谢比例很小。但脂肪供能的意义是：脂肪代谢在游泳训练和锻炼中可提供再合成的 ATP 能量，给中等速度、长距离的游泳活动供能，并减小肌糖原的使用比例。训练可以提高脂肪代谢产生的能量，从而减小对肌糖原供能的需求。这一过程意味着经长时间游泳后，运动员仍然保留着可供快速游使用的肌糖原；脂肪代谢能力的提高，还可以逐渐减少肌糖原的消耗，使运动员能够保持连续几天的高强度训练。

蛋白质是机体的主要构成部分，并且有助于组织的修复，在较高无氧强度运动中还能够起到缓冲酸性物质的作用，从而控制肌纤维内的酸度。蛋白质也可提供能量以合成 ATP，但像脂肪一样，蛋白质供能的速度很慢。事实上，蛋白质供能是最慢、最不经济的一种供能方式。

通过游泳技能的提高来减少能量的消耗，主要的方式是利用减小阻力、提高技术效率，所以游泳运动员的成绩受技术的影响程度超过受摄氧量的影响。经研究发现，相同速度的四种泳式，其能量消耗不同，蛙泳的耗能量最大，爬泳最小。这一特征是各泳式训练的基础，也是设计训练中各泳式训练分量等的重要依据。

心血管系统功能增强的一个明显特征是定量运动中的心率降低。呼吸功能的增强加大了气体交换率，而运动时的需氧量可以通过流经肌肉的血液量来满足。同时氧的运输和摄取量取决于血液的氧含量、血流量和局部肌肉的环境，在以最大强度游泳时，这三个因素都可能影响氧的运输，从而使肌肉难以达到有氧代谢的条件。

游泳与跑、速度滑冰等陆上运动相比，相同距离的能耗要比陆上的大 4 倍左右，但无氧供能的比例却远低于陆上运动，这说明游泳运动更加依赖有氧供能，因此，提高运动员的有氧供能能力，在游泳训练中具有重要意义。

三、运动生理学理论对游泳实践、实训的指导

在游泳实习、实训的过程中，要注意学员或运动员神经调节机能的改善，加强腰腹力量的练习，重点提高其对整个身体良好流线型的控制能力。游泳竞赛更加依赖有氧供能，提高运动员的有氧供能能力在游泳训练中具有重要意义。

第三节　合理游泳技术的基本要求

游泳技术是转换体能为运动效率的唯一途径，所以有人认为游泳是一项以技术驱动为主的运动项目。游泳技术的明显特点是：既要符合人的生理和解剖特点，又要遵循水中运动的规律，充分发挥和利用人体的运动潜力，而后者更是游泳技术的核心。

一、游泳技术术语

游泳技术术语是专业名称，是评定技术的标准术语。游泳技术术语标准化，有利于教学训练和科研规范与标准的统一，也有利于它们之间的相互比较和评价。

（一）动作周期

动作周期是指一次完整的臂、腿配合动作的全过程，也指完整做一次臂或一次腿的动作所需要的时间。不断重复一个动作周期内的运动称为周期性运动，游泳就属于周期性运动项目。

（二）动作频率

动作频率是指单位时间内所完成的动作周期次数，也称划频。根据教学训练和科研需要，也可选择划水、打（蹬）腿动作的次数作为单个动作的频率，常用 次 /min 表示。计算公式如下：

动作频率 = 动作次数 / 成绩（不包括出发和转身时间）

在游泳训练中，为了测量某游距段的频率或推测全程的动作频率，也采用以 5次动作（爬泳和仰泳以单臂计算）时间表示动作频率的方式，具体公式如下：

动作频率 =5 次动作 /5 个完整动作的时间（s）

（三）动作节奏

动作节奏是指在游泳时，每一个动作周期内各技术组成部分的动作速度与时间的比例关系。动作节奏是评定技术的重要指标，也是运动员个人技术风格的具体体现。

（四）动作次数

动作次数是指游完一定的距离所用的动作周期次数，也称为划水动作次数或划步。一定的划水次数反映了划水的效果，其与划水距离直接相关。如 50 m 距离用了 20 个动作周期，则每进行一次划水的身体位移为 2.5 m（划步、划距），划水距离的计算公式如下：

划水距离 = 游进距离（不包括出发和转身距离）/ 动作次数

注意：陆上周期性运动的动作幅度与移动距离是一致的，可水上运动则不同，实际上，在大多数情况下，划水的动作幅度与身体的游进距离不等同。

（五）出发时间

出发时间指出发信号发出后，运动员游到 15 m（也有采用 10 m）处所用的时间。其包括出发反应、出发动作、腾空和水下滑行时间。出发时间是游泳比赛成绩的组成部分，也是比赛全程技术的重要环节，其重要程度与比赛距离成反比，即距离越短其越重要，距离变长时其重要性降低，它是评定运动员比赛技术的重要指标之一。

（六）转身时间

转身时间是指运动员从转身前 7.5 m（也有采用 5 m）到转身后 7.5 m 处所用的时间，其包括游近池壁和转身后的滑行时间。转身时间对短池比赛和中、长距离项目比赛的成绩影响较大。

二、游泳技术要素

游泳技术最根本的问题是减小阻力、增大推进力。因此，合理的游泳技术必须符合流体力学原理，利用水的自然特性；也必须符合人体生理和解剖学特征，发挥机体潜能；同时，还必须符合游泳比赛规则的要求，只有这样才能提高游泳技术效率和游进速度。

（一）高而平的流线型身体姿势

躯干是形成游进阻力的主要部位，不同的身体姿势其阻力值不同。为了减小阻力，在游进时保持高而平的流线型身体姿势极为重要。良好的身体姿势取决于运动员在游进中保持身体姿势的能力，它受两方面因素的影响：其一是控制身体姿势的能力，如，在爬泳和仰泳中身体绕纵轴滚动和移臂时都应防止身体的侧向摆动，在爬泳时眼看池底，仰泳时目视正上方有利于保持高、平、直的身体姿势和位置；蝶泳时的小波浪动作、波浪式或平式蛙泳的技术都是为了减小游进阻力。其二是浮力和速度，浮力好则身体位置高，速度快也能使身体位置升高，所以在游进过程中，应尽量减小因技术动作而造成的浮力损失，减小游进阻力，从而增大推进力。

（二）协调而有节奏的动作

不同泳式在动作周期内，其速度有相应的自身规律，这在一定程度上体现了运动员个人的技术风格。

协调且有节奏的游泳动作是运动员协调能力和节奏感的具体表现，它综合地反映了运动员个体对技术动作的理解和控制能力，这种能力不仅体现在各部分技术配合的细节上，也体现在运动员身体各部分动作协调一致的整体效果上。如爬泳和仰泳时的两臂动作与身体滚动和打腿动作自然连贯的配合，蛙泳和蝶泳时的臂与腿和躯干动作的配合等。以上这些说明，身体整体动作的协调是提高游泳技术效率的保障。

（三）高肘屈臂划水

手臂划水是游泳产生推进力最主要的来源，在手臂划水过程中，手掌处于重要的位置，因此，手掌的形状影响划水效果。研究表明，在不同的手掌形状中，手指自然并拢或稍分开所受阻力最大。而高肘屈臂划水技术已为游泳界所共识，高肘屈臂动作是手臂在入水后，通过屈肘、屈腕逐步形成的，其中前臂内旋和肘关节前顶动作对手臂形成高肘姿势尤为重要。高肘屈臂划水不仅增加了手臂划水的挡水面，并动员更多的肩带肌群参与划水，同时延长了有效划水路线，增加了划水动量。在整个划水过程中，手臂各环节的协调运动能使各环节依次达到最大速度，同时相应地降低手臂划水过程中的负荷，以更经济的方式划水。

（四）曲线划水

曲线划水是现代游泳技术的特点之一。由于运动介质——水具有难以压缩和流动性的特性，所以，游泳推进力的产生与陆上运动有较大的区别，游泳推进力的大小取决于其与划水轨迹的倾斜度及手的水平运动速度。为了获得有效的"流体反作用力"，手臂划水动作就必须不断改变方向、调整划水角度，以吻合肩带肌群的肌拉力线方向，让更多的肌群参与手臂划水，提高划水的肌肉力量，而且这一过程也使身体获得向前冲量的持续时间增加，从而能把更多的水向后推，并提高划水效果。有关研究发现，在水下的推进力阶段，优秀运动员多采用沿对角线方向划水，并以50°~70°的攻角保持手臂向后的最大对水面，使阻力推进力的效果最大化。因此，有关专家认为，曲线划水轨迹是运动员手臂在划水过程中屈臂、伸臂、入水、出水和身体滚动等一系列动作整体的结果。由于运动员个体身体形态、技术风格和水感上的差异造成其划水轨迹和划水角度不完全相同。然而，从整个划水周期看，划水路线的变化应满足两个条件：一是尽可能获得最大的"流体反作用力"，即在划水过程中，通过手臂改变划水方向以支撑住更多的水，并将其向后推；二是必须避免使获得的流体反作用力所产生的有效力明显偏离游进方向，从而提高有效推进力。

（五）加速划水

从阻力与速度的平方成正比关系来看，划水应该是加速进行才有利于增大推进力，但在实际划水过程中，手臂划水并不是逐渐加速的，这主要是受划水方向和攻角变化的影响。由于手臂划水路线呈三维曲线，所以划水速度不仅体现在向后、向侧、向上、向下的方向上，而且还反映在划水角度变化上，每当划水方向和角度变化时，划水速度也有节奏地加快或减慢。在实际测量中，游泳运动员手掌是有节奏地加速、减速，然后再加速划水，最后阶段的划水速度最快，所以划水速度从整个划水过程上看呈加速趋势。划水速度快慢与身体游进速度快慢的关系十分密切，在以最大速度游泳时，手相对于水流的绝对速度可达到3~4 m/s，但身体游进的最快速度却只有2 m左右，这说明划水速度的快慢应建立在有效推进力的基础上。如果划水速度的快慢与身体游进速度的快慢不规律变化，则说明划水效果不好，此时，划水速度也就没有实际意义。缩小划水速度与身体游进速度的差距，其根本的途径是不断改进技术、提高技术效率。

（六）适宜的划频与划步

对游泳而言，游速取决于划频和划步，且划水效果是关键。每一位运动员都应寻求两者的最优化比率。从理论上分析，划频和划步的比率不同都也获得相同的游速，但过高的划频会导致划步的损失，且易使肌肉疲劳，而低划频、高划步的比率，会使手臂在每次划水中过度用力而降低工作能力。运动员应通过训练，并根据个体神经系统和肌纤维的组成特征，建立适合的且相对稳定的划频，这也为不断提高划步奠定了基础。而划步的提高主要依赖于技术、体能和个体的水感。因此，每位运动员都有其最合适的划频，而这恰恰是建立在各自最有效的划水效果上的。

综上所述：（a）动作频率是指单位时间内所完成的动作周期次数，也称划频。（b）动作节奏是指游泳时，每一个动作周期内各技术组成部分的动作速度与时间的比例关系，它是评定技术（技术是转换体能为运动效率的唯一途径）的重要指标，也是运动员个人技术风格的具体体现。（c）身体整体动作的协调能实现游泳技术的效率。（d）在不同的手掌形状中，手指自然并拢或稍分开所受阻力最大。（e）高肘屈臂动作是手臂在入水后，通过屈腕、屈肘逐步形成的，其中前臂内旋和肘关节前顶动作，对手臂形成高肘姿势尤为重要。（f）在水下的推进力阶段，优秀运动员多采用沿对角线方向划水，并以50°~70°的攻角保持手臂向后的最大对水面，使阻力推进力的效果最大化。（g）划水应该是加速进行才有利于增大推进力，但在实际划水过程中，手臂划水并不是逐渐加速的，这主要是受划水方向和攻角变化的影响的。（h）缩小划水速度与身体游进速度的差距，其根本的途径是不断改进技术、提高技术效率。

三、合理游泳技术理论对实践、实训的指导

良好的流线型身体姿态是合理技术的重要特征之一，良好的动作节奏是合理技术的又一个重要特征。而缩小划水速度与身体游进速度的差距，其根本的途径是不断改进技术、提高技术效率。因此，这些正确的技术是游泳教学的重点。

第三章　实用游泳的意义和价值

第一节　实用游泳的意义

我们伟大的祖国幅员辽阔，海岸线长，江河纵横，湖泊水库星罗棋布，为开展群众性游泳活动提供了有利的条件。

游泳是水浴、空气浴、日光浴三者结合的运动，它不仅是广大青少年喜爱的运动项目，也是适合男女老幼进行锻炼、简单易行的一项体育活动。

从健康意义上说，经常从事游泳锻炼，可以增强内脏器官的功能。人在水中游泳时，要承受水的一定压力，特别是吸气时，扩大胸廓就必须对抗水产生的压力，因此吸气时必须用力，这就锻炼了吸气肌。游泳呼气时，由于水的密度大而产生了阻力，因而锻炼了呼气肌。通过游泳呼吸，呼吸肌变得强壮有力。

由于游泳时人体所有的肌肉群都参加活动，需要血液把氧气和营养物质不断地输送给各肌肉群，这就加大了心脏的工作量而使之锻炼得更有力，并促使血管壁增厚，弹性加大，从而使心血管的机能得到加强。所以游泳运动员平时的心脏跳动比一般人慢而有力，大约每分钟40~60次，个别人甚至更少。长期从事游泳锻炼的人，能使心肌适应异常快速地收缩。

游泳是在水这样一种特殊的环境里进行，人在水里运动比在陆地上消耗的热量大得多，这就必须尽快补充散发的热量，以满足抵抗冷水刺激的需要，从而促进体内新陈代谢，使体温调节机能得到改善，以适应外界气温变化的需要。

此外，坚持游泳锻炼，能使神经系统功能增强，肌肉发达，在力量、速度、耐力、柔韧等身体素质方面，都会有明显的提高。

从战备意义来说，游泳是军事训练的项目之一，也是民兵训练的主要内容。经常进行游泳训练，能锻炼意志，加强组织纪律性，培养勇敢顽强和吃苦耐劳的精神。广大军民学会游泳，掌握这项实用技能，练就一套水上杀敌的本领，在战时就能战胜水的障碍，在河流和水网地区，可以强渡江河，进行水上操作，使水上通讯和运输畅通无阻，取得水中机动自由，有助于杀敌制胜。

从生产建设来说，许多水上作业的内容，如：水利工程建设、水上运输、水下的地质勘探、桥梁建筑、渔业生产，以及防洪抢险、打捞救护等等，只有掌握了游泳的技能，才能克服水的障碍，更好地完成生产建设的任务。

总之，游泳运动不仅能促进人体的全面发展，增强体质，培养勇敢顽强的战斗意志，而且对国防和生产建设都有很大的实用价值。

游泳是一项非常吸引人的运动项目，江河湖海又给人们提供了绝妙的大自然环境，使人们渴望尽情地投入其中去享受、嬉戏，通过游泳这项运动能够把人和水更紧密地联系在一起。

第二节　实用游泳的价值

游泳是一项水浴、空气浴、日光浴三者合一而对人体十分有益的体育运动项目，也是生活、生产、军事中不可缺少的一项运动，具有多种功能和实用价值。

一、强身健体

游泳是人体在水中利用四肢和躯干，对水的作用产生运动的一项体育健身活动。它充分享受日光、空气、冷水给人体带来的愉悦，促使身体得到全面发展。运动量可大可小，程度可强可弱，完全可以在活动中自我调节。它不仅适合广大的青少年，而且也适合于其他年龄人群的健身需求。

由于游泳的运动强度可以很大，再加上水温度较低，因此在游泳时，人体的新陈代谢很旺盛，能量消耗很多，这就需要补充更多的氧气物质，需要吸吮养分、排除代谢废物，因此对内脏机能的要求很高，使中枢神经、心血管、呼吸、消化和排泄等机能都能得到改善和提高。

人体是由担负不同分工任务的各器官系统组成的有机体。人们在游泳时，出发起跳、各种姿势的途中游、转身、到边等一系列动作，是靠肌肉收缩、放松牵动骨骼实现的。然而肌肉收缩需要氧气及养料，同时要排出代谢物，那就需要人体的各器官工作指挥部——大脑皮层根据感觉器官对内外环境变化的反应，通过周围神经及内分泌器官进行统一协调指挥。可见，游泳锻炼能增强各器官系统的结构和功能，能改善与提高大脑皮层及神经系统的协调能力，从而使人体的体质不断增强。

游泳可以使心血管机能得到加强。游泳时肌肉群都参与运动，需要血液把营养物质和氧气源源不断地输送到各个肌肉群。这就要求心脏的每搏输出血液量大大增加。通过游泳可以使血管壁增厚，弹性加大，容血量增大，心肌搏动的力量增强，心脏的重量增加。同时，由于水的压力影响，以及冷水刺激肌肉收缩导致血管收缩，也要求心脏有较大的收缩力，以保证运动能量的需要，这些都使心血管机能得到改善与提高。

游泳能使呼吸机能得到全面改善。因为水对人的胸廓有很大压力，水的密度比空气大（820 多倍），所以呼吸机必须额外克服这些阻力才能正常地进行呼吸。因此，经常练习游泳，呼吸肌就会得到很好的锻炼，从而改善和发展呼吸机能。实践证明，经常参加游泳的人比一般人肺活量要大得多。不少著名游泳运动员的肺活量都在 5000~7500 毫升之间。

游泳可以使肢体得到充分的锻炼。由于是全身性运动，首先使四肢肌肉得到锻炼。人体在水中所获得的前进动力，主要来自于手臂和腿对水的作用，这就要求手臂和腿要有足够的力量来完成此项任务。经过游泳锻炼可以明显使其肌纤维增粗，肌肉体积增大，耐力增强，肌肉的毛细血管开放增多，躯干部、髋关节、膝关节、踝关节、肘关节、腕关节等都参与了运动，这些使肢体的各个部位都得到了锻炼。

游泳不仅可以使人体在以上几个方面得到锻炼和提高，而且还可以在其他许多方面也能得到锻炼和提高。例如：人体的协调能力，关节的灵活性，韧带的柔性，同时还可以培养人的顽强的意志等。

从保健、增强体力的观点来看，在所有体育运动中游泳可以说是最适宜的。

这是因为游泳与田径、武术、球类相比更是一种全身运动，而且是在水中，因水的浮力作用，不会给脚、踝、膝、腰等下肢增加过多的负担，不易受伤，事故发生少。可以说，从婴幼儿到老年人都可以广泛参加的游泳才是深受群众欢迎的保健运动项目的代表。

游泳是一种快乐的运动。世界体育记者曾在 1985 年进行一次"2000 年最受群众欢迎的体育项目"的民意测验，结果有 95% 的体育行家都把游泳放在了首位，难怪人们会把游泳称之为"快乐的运动"。

游泳是水浴、空气浴和日光浴三者结合的运动。游泳时身体成水平姿势前进，不受重力的影响，所以脊柱、关节、胸肌、臂和双腿都能在没有负荷的状态下，得到全面锻炼，水的阻力、压力或浮力对皮肤血管的压打拍击作用对身体又起到了良好的"按摩"作用。

从健身的意义上来讲，经常进行游泳锻炼可以明显增强人的身体素质，提高人们的健康水平。

游泳是老少皆宜的一项活动，对于初学者，明白了游泳强身健体的重要意义后，便应以百折不挠、坚韧不拔的精神进行练习。

二、塑型健美

爱美是人的天性。但单靠衣着打扮，并不能给人带来真正的美感。诗人马雅可夫斯基说过：世界上没有任何一种衣衫能够比健康的皮肤和发达的肌肉更美丽工健美的体形以先天遗传和后天生活条件为基础，但主要是通过长期的全面锻炼而逐渐形成和保持的。经常从事游泳的人都具有令人羡慕的体形：宽宽的肩膀，结实的胸脯，富于弹性的肌肉，给人以健康、朝气、充满青春活力的感受。在体育运动中，游泳运动员的形体是较为健美的。这是由于有得天独厚的水的环境及全身运动、水的按摩、游泳时用力程度等各种因素起作用的缘故。

（一）发达肌肉

游泳时，腿、臂并用，全身肌肉都对称地参与运动.特别是肩带、胸、背、腿部等大小肌肉群都参与工作，使肩、胸、腿部肌肉匀称、结实，周身肌肉得到充分锻炼。根据流体力学阻力与速度平方成正比的定律，人体在水中运动，游速越快，阻力越大，越能反向性地引起大脑皮层动员更多的肌纤维参加运动。另外，游泳是一种周期性运动方式，每次臂、腿的划水和打水都是紧张和放松相交替的，长时间锻炼能使肌肉变得柔软而富于弹性。

（二）健美皮肤

皮肤美是人体美的一个重要表征。拜伦是英国著名诗人（青少年时代的诗人尽管跛着一条腿），诗人又是一位出色的游泳选手，他曾一人横渡黑列斯波海峡。

为此普希金曾赞誉他为最勇敢的海鹰。在诗人自己认为"肌肉是件漂亮的外衣，肤色是'外衣'色彩"。只有身体健康，情绪饱满，精神愉快，皮肤才能健康。光洁柔润、色泽鲜明、黑里透红的皮肤，给人一种美感。所以，凡爱美的人无不爱护自己的皮肤。那么怎样才能使自己的皮肤在游泳中美容呢？皮肤保湿的问题已逐渐引起人们的注意和重视。人体中皮脂腺分泌的皮脂，能赋予皮肤一定的光泽，防止体内水分的蒸发，防御细菌的侵袭，会起到保护皮肤的作用。

经常保持皮肤表面适度的水分含量，是避免皮肤干燥，防止皱纹产生的重要措施。皮肤最外层为角质层，角质层可以从体内供给水分，还可以从外部吸收水分，使皮肤保持适度的水分含水量。如果水分含量低于10%，皮肤呈干燥状态，皮肤即变得粗糙。为了避免皮肤水分的过多散失，现在美容院都开设了"皮肤增湿法"护理。化妆品中也相继推出了抗皱美容霜和保湿剂等系列产品。当人们只知道不断地寻求美容护肤品时，可知道游泳其实是一种最好的"水中按摩护肤法，这种水中按摩护肤法，具体功能如下：

（1）促进皮肤新陈代谢

游泳时，人体在水中运动的过程中，水的黏滞性对皮肤的摩擦力、压力和水的起伏激荡，对肌肤起到了很好的按摩作用；人体与水的温差对皮肤的冷刺激，使毛细血管收缩，促进了皮肤的血液循环，加强了皮下组织的营养供应，使皮脂腺分泌增加，从而提高了皮肤的各种功能和抵抗力，使皮肤红润健康。

（2）使皮肤滋润、有光泽、具有弹性

皮肤之所以有弹性，是因为皮肤真皮上层有弹性纤维的关系。一旦弹性纤维受到损伤或破坏，断裂或变性，弹性减低或消失了／皮肤就会出现皱纹。特别是女性游泳时，激素会顺畅地从血液输送到皮肤部位，因而肌肉白皙，皮下脂肪均匀。由于人体中含有各种成分，体内（含有盐分）的渗透压比水高，皮肤呈半透明状，水通过皮肤由低的部分向高的部分游离，因此人的皮肤就达到了增湿保鲜的作用，出水后，肌体格外水灵。

所以，长年坚持游泳锻炼，不但能滋润皮肤达到美容的作经常游泳的人，由于身体在水中受到水流轻轻地摩擦，又加水中含有一些矿物质和游泳池水的漂白作用，促进了皮肤毛细血管中的血液循环和表皮细胞的代谢，如果游泳后抹上一些防晒霜或的弹性。

（三）减肥降脂

随着，年龄的增长，如果不爱运动，摄取的营养超过了消耗，多余的"油水"在体内（主要是腰腹部）积存起来，就会渐渐发胖，肥胖者由于脂肪过多，不仅增加身体的负担，影响动作的敏捷性，而且对身体健康也有很大的妨碍。脂肪过多可能产生肾脏炎，特别是糖尿病、胆结石、中风、气喘、血管硬化和心脏病等，从而缩短寿命。

诚然，适当的皮下脂肪对身体，特别是对内脏器官能起防寒和防震的作用。但是，我们知道脂肪没有收缩性，因此不能产生能量。所以脂肪过多，就会对身体的行动产生一定的妨碍。腹部脂肪过多，会压迫心脏，特别是使呼吸系统以及毛细血管受到压迫，以致不能很好地发挥它们的功能。而且身体脂肪过多，消耗更多的氧，也会增加循环系统的负担。

游泳对人体所发生的生理变化和陆地上有所不同。水的环境对人体有着特殊的影响。水的密度，导热性和空气均不同。人体　在水中散热比在陆地上散热要多，水的温度越低，人体散热也越多，能量消耗就越大，对减脂能起到良好的作用。

游泳的速度越快，水中浪大或逆流而行，人体所受到的阻力就越大，消耗的能量也就越多。但游泳的技能越高，消耗则相对减少。由此可见，在同样的时间、强度下进行运动，游泳要比陆地上消耗的能量多得多。这些能量的供应要靠消耗体内糖和脂肪来补充。在进行短时间强度不大的游泳时，主要靠糖来供应能量，而如果进行较长时间的游泳运动，能量的供应就靠消耗脂肪了。所以，经常进行游泳运动，就可以逐渐去掉体内过多的脂肪，而不会长得肥胖。因此，游泳是减轻体重的有效方法，对于稍胖的人尤为合适。研究表明，为了减少0.5千克体重，除消耗正常饮食供给的热量外，还需多消耗体内贮存的14 600千焦能量，如果肥胖人每天坚持游泳30分钟，而不增加饮食，将会很快失去体内大网膜和皮下堆积的脂肪。

据研究证明，肥胖的原因就是嘴馋、腿懒，既然管住嘴可以让你痛不欲生，那就迈开腿吧，迈向游泳池是一个非常智慧的选择。

（四）塑造体型

人体的形态健美与否，肩宽与骼宽（即骨盆）之间的比例是重要的标志。器宽很大程度取决于遗传因素，肩部则可以通过适当的锻炼来增加其宽度。游泳时，各种游泳姿势都要求脊柱充分伸展，以便加长划水路线，使身体在水中尽可能呈流线型，最大限度地减少水的迎面阻力，动作更符合力学原理。而脊柱伸展对矫正和防止驼背及其他职业性脊柱侧弯是有益的。因此，青少年经常游泳，可以促进他们骨骼有效增宽和肌肉正常发育，纠正不良姿势。因为水的密度比空气的密度大820倍，游泳时胸廓所承受的压力大大增加，因此，游泳对人的呼吸肌提出了更高的要求，喜欢游泳的人，一般都胸部肌肉丰满，肩部宽阔。一个人形态上肩宽超过髋宽就显得上体雄壮，下体相对窄小，呈倒三角形，重心高，再加上富有弹性的肌肉覆盖骨骼，给人以健壮、匀称的自然美。

近年来，一些研究人体形体和形态的专家指出：游泳可以帮助人矫正某些不正常的体型。正如上面阐述的原因，在游泳时，人总是要尽量伸展脊椎，加长划水动作路线，这对矫正驼背、脊椎侧弯和预防驼背和脊椎弯曲都大有好处。同时，游泳时人靠水的浮力托起，身体各部位特别放松，非常舒展。在这种情况下活动，可以使身体各部位机体和肌肉得到均匀的和全面的发展。所以经常参加游泳锻炼能够使人体塑造一个健美的体型。

在美国的好莱坞群星中，有80%的人喜爱游泳，其中有不少是由运动员加入电影圈的。

在众多明星中，知名度最高、艺龄最长的，当推游泳名将伊漱·蕙莲丝，她在《出水芙蓉》中精彩的表演，让许多人认识了她，记住了她，并且喜欢上了她。

伊漱·蕙莲丝原是一名游泳名将，她从小就是游泳爱好者，15岁荣获全美游泳冠军，后来进入洛杉矶一所大学读书，后又当上了职业游泳选手。

1942年，米高梅影片公司准备拍摄以游泳女将为题材的娱乐片《鸳鸯戏水》，主演必须即健美，又有一套水上功夫。伊漱·蕙莲丝这位擅长游泳、身材质长、面容姣好、富有魅力的女孩，经过试片，导演十分满意，不负众望，卖座率打破纪录。

米高梅影片公司于是把她当作一棵摇钱树，连续让她主演了《比翼鸟》《碧水良缘》《水莲公主》以及《华清水暖》等。所拍摄的影片对白不多，情节雷同，几乎都是以精湛的游泳表演取胜，终于把她的两大爱好——游泳与拍电影，如愿地融合起来了。"美人鱼""芙蓉仙子""浴美人"等一项项桂冠都戴到了她的头上，成为名扬全球的大明星。

《出水芙蓉》是她从影后的第三部影片，也是她的代表作，影片中绚丽壮观的场面，悦耳动听的音乐以及众多健美泳手，伴舞于碧波粼粼之中，加上喷泉中夹杂火焰，成群女泳高手在水面上构成荷花图形的舞姿，令人目不暇接。

人们在看了这部以水上芭蕾为主的影片后，常常夸她，并问她如何才能保持最美的体态、最美的长腿。这位被选为健美皇后的女星，回答得即干脆又利落"游泳"她说："游泳是我惟一爱好的健身运动，也是我最好的健美方法。"是啊，酷爱游泳，形成了她特有活泼、好动的性格。即使是坐着，她的那双健美的长腿也时时在摆动。正由于她酷爱游泳，她在家中特辟有一个游泳池，虽然不大，也不豪华，但对保持体态美特别有效。因为，不管拍戏任务多重，她每天必游3次，从不间断，伊漱·蕙莲丝即使在花甲之年仍不显老。她步伐矫健，丰姿不减当年。人们问她如何能青春常驻，她仍干脆地回答"游泳"。游泳使她一举成名；游泳使她如愿以偿；游泳使她永葆青春。

三、延年益寿

水是人体生命的源泉，一时也不能离开。水更是人生命的重要物质。水能对人体吸收的各类物质起着分离和溶解的作用，还能促成各种物质对人体发挥更好的积极作用。经常用水来进行沐浴和摩擦，还可以促进人体的新陈代谢功能，而在水中游泳，则更可以由水的浮力、压力、阻力作用于人体各部分器官，来提高它们的功能。

因此，游泳能享受三浴，能延年益寿，能充分发挥空气、日光和水对人的生存和生活的作用，我们应该充分加以利用，使自己的身体强壮起来。

（一）增强心脏功能

经常参加游泳的人，能使心脏得到很好的锻炼，使心肌逐渐发达．收缩能力增强，促进机体的新陈代谢。经常参加游泳锻炼的人，心脏跳动要比一般人慢而有力。一般人的脉搏，安静时为每分钟70~80次，而经常参加游泳锻炼的人只有42~60次／分，个别甚至会减少到36次／分。健康人心脏之所以能正常地跳动，全靠每次收缩后有一个舒张期使心肌获得休息，下一次收缩才同样均匀有力。心跳越快，心肌获得的休息时间就越短，就越容易产生疲劳。而且当心跳太快时，舒张期太短，会使回流的血液来不及充满心腔，结果使心脏跳动时排出的血反而减少，只有提高心肌的收缩力，从而提高每次心跳排出的血量才行。而心肌的收缩力只有通过长期的锻炼才能得到提高。经过一段时期的锻炼后，人的心脏形态和功能均会发生一系列有利的变化，如心肌发达了，搏动就缓慢有力。心肌张力良好，心腔血容量也比一般人增加。有的游泳运动员平时心跳仅只有 40-50 次 / 分，而跳动时排出的血量却等于一般人 70~80 次 / 分心跳排出的血量。这说明经过体育锻炼的心脏不仅每次心脏排出的血量多，而且为从事体力劳动和其他剧烈运动时提供了较大的储备力量。例如当参加重体力劳动或有某种特殊需要时，在身体各器官的配合下，还能在短时间内耐受每分钟 200 次快速心跳的承受力。

（二）增加肺活量

游泳运动是所有运动型目中，对呼吸系统影响最大的一个项目。这与水中呼吸的条件要比陆上呼吸困难，以及游泳的姿势、水的压力等因素有关。

增大呼吸深度的方法，使每次呼吸都能吸进大量的氧和呼出二氧化碳；经过长期的游泳锻炼，首先可使呼吸肌逐渐发达和强壮有力。在游泳的过程中，由于呼吸肌的力量增加，在吸气时就能把胸腔扩张得更大。实验证明：一般人的肺活量只能达到 3 000~4 000 毫升，呼吸差为 6~8 厘米；而游泳运动员的肺活量可达 5 000~7 500 毫升，呼吸差可达 14~16 厘米。所以经常游泳的人，安静时的呼吸显得深而慢，这样就和安静时心跳一样，每次呼吸后能有较长的休息时间，不易产生疲劳，又能满足机体的需要量。

（三）延缓衰老

游泳也是一项非常适合于中老年人的运动，因为呼吸与心血管系统的疾病在中老年中较为普遍，而游泳可以改善与提高肺的通气功能。由于水的压力，在水中呼吸，要求快吸慢呼，且吸深吸足。如能持之以恒坚持游泳，呼吸的深度可以不断增强，呼吸道的畅通得到保证，其抵抗力得到增强，从而延缓呼吸机能的衰退。同时，游泳能减缓肌纤维的萎缩，而且由于肌肉运动能使微血管到大动脉的曲张加大，使血管弹性增强，又促进了血液循环的加快，对防止与减轻中老年人因动脉硬化而造成的心脏病、高血压等疾病都有良好的作用。例如：法国文学巨匠雨果 40 岁时，曾因心脏病严重而病危。当病情有所稳定时，在医生的监护下，进行了游泳训练，每天下水游泳 2 次，一年四季从不间断。之后，雨果不仅心脏功能有了明显恢复，肺活量也有增大，体质全面好转，直至 84 岁逝世。正是有了较好的体质，期间，雨果写出了诸如《悲惨世界》等名著。

游泳对保持与提高关节、韧带、肌肉的灵活性与弹性有很大的帮助，尤其有利于老年人的生活起居，提高身体对四季气候变化的适应能力。总之，游泳不仅能增进健康，延缓衰老，而且能增强抵抗疾病的能力，延年益寿。

（四）增强抵抗力

游泳是在水中运动的体育项目，水的导热能力比空气的导热能力大 25 倍，在 18 ℃ 的水中，人体每分钟散失大量热量。由于散热快，人体必须很快补充热量，以抵抗冷水的刺激。所以，经常进行游泳锻炼，能改善体温调节的能力。

据测定，空气的密度为 1 293 克 / 升，水的密度为 1 000 克 / 升，水的密度比空气大 820 倍。人体浸入水中静止不动，水深每增加 1 米，人体表面每平方米受水的压力要增大一个大气压。人站在齐胸深的水中，会感到呼吸紧迫，这是因为胸腔受到了高达 12~15 千克的压力，迫使呼吸肌用更大的力量来完成呼吸动作。所以经常参加游泳锻炼，不仅能增大呼吸肌的力量，而且能扩大胸部活动的幅度，增大肺的容量，提高呼吸系统的机能。如游泳运动员的呼吸差可达到 14~16 厘米，而一般人只有 6~8 厘米；游泳运动员的肺活量可达到 5 000~7 500 毫升，而一般人只能达到 3 000~4 000 毫升。

游泳时人体处于平卧姿势，加上水的压力作用，肢体血液易回流到心脏，运动过程中心率加快，所以，心脏输出量大大增力量。

长期进行游泳锻炼，心脏体积呈现明显的增大，收缩更加有力，脉搏输出量增多。游泳练习还能刺激血液中血红蛋白数量的增加，从而提高人体摄氧能力，如经常参加游泳锻炼可以使 100 毫升血液中血红蛋白含量达 16 克以上，而一般人只有 11-14 克。

坚持游泳锻炼不仅能使呼吸系统和血液循环系统机能得到改善，而且对神经系统的机能，提高肌肉的力量、速度、耐心和全身各关节的灵活性也有显著的作用，从而有效地增强了体质。

游泳还是有效的体育医疗手段，对体弱者其健身的效果尤为显著，对儿童和老人的健身更为适宜。

自然界的空气、日光和水是人体生命的源泉，一时也不能离开。人们无论到江河湖海，还是到室外游泳池游泳，都能享受到空气浴、日光浴和水浴的三浴之乐。

空气是人生命的物质。大自然里空气中带有负电的阴离子，是空气中的维生素，它能增强气管纤毛的功能，提高吸入空气的清洁度，促进机体的氧化还原过程，使红血球和血红蛋白增加，促进骨骼的生长，所以它有益于人体的健康。人到野外江河湖海去游泳，可以吸收丰富的阴离子新鲜空气，对机体的新陈代谢起着积极的作用，使得精力旺盛，身心更加愉快而延年益寿。

日光的重要性，我国有句俗语可以说明："常晒太阳光，身体健康如钢。"人常受太阳光的照晒，是预防软骨病的最好方法。皮肤里的胆固醇，经阳光中紫外线的照射，能转变成丁种维生素，而丁种维生素对佝偻病疗效较高。经常在室外游泳，则可以使身体各部位暴露在阳光之下，任其照射，接受日光的洗浴，从而吸收日光，给机体带来好处。

水更是人生命的重要物质。水能对人体吸收的各类物质起着分离和溶解的作用，还能促成各种物质对人体发挥更好的积极作用。经常用水来进行沐浴和摩擦，还可以促进人体的新陈代谢功能，而在水中游泳，则更可以由水的浮力、压力、阻力作用于人体各部分器官来提高它们的功能。

因此，游泳能享受三浴，能延年益寿，能充分发挥空气、日光和水对人的生存和生活的作用，我们应该充分加以利用，使自己的身体强壮起来。

四、提高体温调节的功能

游泳时，人在水中热量消耗大，实验证明：在 12 ℃水中停留 4 分钟，要消耗 100 大卡热量，而在同样温度的空气中，则需要 1 小时才能消耗这么多的热量。因此许多人在游泳后出现饥饿现象，这说明游泳消耗了大量能量，需要补充。从生理角度来讲，游泳时热量消耗大，新陈代谢就加快。所以经常游泳的人，皮下脂肪增长快，在水中比一般人耐寒。这也是由于提高了体温调节系统的功能。

五、防病治病

游泳时，由于人体在水里受到冷水的刺激，长期锻炼能增强机体适应外界环境变化的能力，抵御寒冷，预防疾病，所以经常参加游泳锻炼的人不易感冒。如与医疗体育配合，还可以治疗一些慢性疾病，像高血压、慢性肠胃病、关节炎、神经衰弱、轻度脊柱侧弯、哮喘、习惯性便秘等。

六、培养勇敢顽强的精神

在大风大浪的江河湖海中游泳，没有勇敢顽强和不怕困难的精神是不行的。在深不见底、远不见边的水域中游达对岸，没有顽强的毅力和坚强的意志是不行的；在寒风暴雨中，下到冰凉刺骨的水中，没有勇敢和坚毅的决心也是不行的。因此经常到江河湖海中游泳，并同风浪作斗争，可以培养不怕艰险、敢于斗争的精神和吃大苦、耐大劳、战胜困难的优秀品质。游泳不仅是一项锻炼身体的体育运动项目，而且也是一项军事训练和民兵训练不可缺少的军事项目。经常参加游泳，不但能锻炼意志，而且还能培养勇敢顽强和吃苦耐劳的精神。掌握了游泳本领，练出一套水上过硬功夫。

七、提高生产效益

去进一步开采纵横交错的江河和辽阔的海域，以及全国各地星罗棋布的水库和水渠，都可以为我们进行航行、养殖、灌溉所用。因此在生产建设中，我们经常要和水打交道，这就要求我们具有健康的体魄和掌握游泳的技能，这样才能在水利建设、防洪抢险、渔业生产、水上运输、水下勘探、水中作业、救护打捞等工作中，克服水的障碍，更好地完成生产任务，提高生产效益。

第四章　实用游泳运动的常识

第一节　游泳的安全卫生常识

一、游泳安全场所的选择

首先尽量选择规范的人工游泳场馆，规范的游泳场馆配备有规定数量的合格救生员和健身救生器材与设施，池水经过定期消毒、排污和过滤，池水清晰度高，有明显的深浅水标志和安全标志，安全系数比较高，能够有效地避免卫生疾病的传播和减少游泳事故的发生。其次选择自然水域游泳时，一定要先清楚地了解水深、水下有无水草、淤泥、漩涡、暗流和暗礁，了解水质是否清洁等情况。选择好自然水域不要单身一人游泳，最好多人结伴或有家人陪同，并佩带救生器材：如救生衣、游泳圈、背浮等安全用具下水，避免意外情况的发生。

二、游泳装备的选择

游泳衣裤、泳帽、泳镜是游泳时的基本装备。泳装须合身，不宜太大或太小，游泳衣裤过大，游泳时阻力太大增加身体负重并容易脱落，影响游泳动作。游泳衣裤太小容易崩裂并使身体包裹太紧增加心血管系统压迫感，影响血液循环而感到身体不适。游泳衣裤应选择高弹性贴身并滤水性高的深色面料为宜。泳帽是游泳时保护头发、保持头部温度及减小游泳时阻力的保护装备，特别是长发游泳者必备的用品，以免游泳时头发遮住眼睛影响视觉和游泳技术动作，并能够很好地保护头发不被池水损伤和弄脏，易于打理。泳帽最好选择硅胶材质，其特点是手感柔软、弹性强并经久耐用。游泳时泳镜能够很好起到保护眼睛的作用，预防眼疾病。佩戴泳镜有利于游泳技术的掌握，提高游泳技术学习速度。泳镜的选择主要应从两方面入手，即防水和防雾，可根据个人喜好选择泳镜品牌，但防水防雾是基本条件。

三、游泳前体检

游泳前，进行身体检查，主要是防止患病者游泳时发生事故或加重病情，同时避免传染疾病的传播。有以下疾病者不宜游泳，患有心脏病、高血压、癫痫、活动性肺结核、传染性肝炎、皮肤病、红眼病、精神病、中耳炎、感冒发烧、开放性创伤、性病者，这些人群游泳时容易发病和导致疾病的传播。因此，为了自身和他人的身体健康不宜参加游泳活动。另外，女性经期不宜游泳，经期游泳容易引起月经失调和阴道感染。

四、游泳前的准备活动

准备活动可提高神经系统的兴奋性，增强心血管系统和呼吸系统的功能，扩大各个关节的活动范围，提高关节的灵活性，降低肌肉的黏滞性，防止肌肉拉伤和抽筋。准备活动可做跑步、广播体操、游泳动作模仿及各种拉伸肌肉和韧带的练习，特别要活动颈、肩、腰、膝、魏、踝各部位的关节。准备活动后，稍事休息，然后用冷水全身淋浴，即可使游泳者在下水前先适应冷水刺激，避免突然下水发生意外，又可保证游泳池水质清洁。

五、禁止游泳注意事项

（1）饮酒后禁止游泳。酒后刺激中枢神经系统，使之处于过度兴奋或抑制状态，游泳时容易发生溺水事故。

（2）饱食后禁止游泳。饱食后游泳会引起消化不良、胃痉挛、腹泻和呕吐现象。

（3）饥饿状态禁止游泳。饥饿时人体血糖低，游泳时易发生头昏或四肢无力现象，甚至晕厥容易发生游泳事故。

（4）过度疲劳禁止游泳。游泳时因水温和水的阻力需要耗费人体大量的体力，身体过度疲劳时游泳易引起抽筋和肌肉拉伤，进而发生游泳事故。

第二节　游泳常见损伤与疾病的预防

一、蛙泳膝关节损伤及预防

膝关节损伤是蛙泳运动员常见的疾病之一，多见于膝关节内侧副韧带的损伤。这种损伤有时还伴有剧烈的疼痛。

（一）损伤产生的原因

（1）蛙泳蹬腿时，为了使小腿的内侧对准水，蹬腿动作必须使膝和胫骨向外扭转，而内侧副韧带的主要功能是防止膝关节外翻和胫骨外旋，当蹬腿用力不当时，内侧副韧带承受不了这一大强度工作，引起损伤。

（2）初学者或游泳运动员，由于局部负担过重，如：单一集中的蛙泳蹬腿教学、蹬腿的训练比例过高或主项蛙泳训练量过多，由局部疲劳而引起的损伤。

（3）动作技术不正确，用力不合理。正确的蛙泳蹬水动作是：腿在蹬水之前，为使小腿对准蹬水方向，要求在收腿结束后，两膝内扣，使踝关节向外翻转，形成脚趾朝外、脚掌朝上、脚弓朝后状态，蹬腿要有节奏。

（二）预防措施

（1）加强下肢力量训练，特别要加强大腿内收肌群的力量（大收肌、长收肌、耻骨肌、肌薄肌等）。训练前，做好充分的准备活动，如多做膝绕环、下蹲、左右侧压腿等练习，还可用手按摩或用水摩擦膝部。

（2）在蛙泳教学中，可把划手和蹬腿交替穿插起来进行练习。蛙泳教学、训练的比重要恰当，不要过分集中单一蹬腿动作，以防局部疲劳而引起损伤。

（3）发现膝伤后，应减量或停止训练，或改变泳式，等伤愈后再训练，严重者就医。

二、游泳性眼结膜炎及其预防

游泳性眼结膜炎，医学上称"急性结膜炎"，俗名"红眼病"，因游泳时感染的，故叫"游泳性眼结膜炎"。症状是眼发红、刺痒、结膜充血持续不消,并有怕光、流泪和眼屎增多等症状。预防措施是加强池水消毒,池水中的余氯含量要控制在规定的指标范围内(余氯含量在 2.4~0.8)。禁止患"红眼病"者游泳,以免感染他人。另外,有条件的可戴游泳眼镜游泳,以免受氯气侵入或细菌感染。游泳后,最好用一些氯霉素眼药水或金霉素眼药膏。

三、耳病及预防

耳病是指耳部所患的疾病。这里指的是因游泳而引起的外耳道感染和中耳炎。其症状是:耳部红肿发烧,疼痛剧烈,严重者流脓血。患中耳炎者,还伴有头痛、发烧、恶心、呕吐等症状。

(一)产生原因

(1)游泳池水不清洁,细菌侵入外耳道或水通过咽管侵入中耳。

(2)游泳时,水灌入耳内未能及时消除,用手指或外物挖损外耳,或耳膜被挖破穿孔,细菌直接侵入外耳和中耳。

(3)上呼吸道发炎、感冒时游泳等。

(二)预防

要到水质经过严格消毒处理后的游泳池或天然游泳场去游泳;凡患有耳膜破裂或穿孔者,停止游泳;要注意正确呼吸,避免呛水。最重要的是,耳内灌水后,不要随便挖,可用"跳空法",即头侧向灌水耳一侧,并用同侧脚连续振跳,使水从耳朵内流出来。还有一种方法是将头偏向进水耳朵一侧,用手掌紧压在该耳的耳廓上,屏住呼吸,然后迅速提起手掌,一压一吸,连续做几次,即可将水吸出。

四、鼻窦炎及其预防

鼻窦是指鼻腔两侧的颅骨和面骨内四对含气空腔的总称,分别依其所在的颅骨命名为上颌窦、筛窦、额窦和蝶窦。因其开口与鼻腔相近,鼻窦的黏膜与鼻腔相近,所以在游泳中,如果呛水,就有可能把水带进鼻窦。其症状是:鼻梁两侧上部疼痛,鼻流清水,严重时流脓鼻涕等黄色分泌物。

（一）产生原因

鼻窦炎产生的主要原因是游泳时呼吸不正确，鼻冲水或口呛水时带有细菌的水侵入鼻内，在身体抵抗力弱的情况下引起此病。

（二）预防措施

鼻窦炎的预防主要是掌握正确的呼吸方法，避免呛水。若发生鼻子进水，不可用力捏鼻子，因为这样会把水从鼻咽腔挤弄到中耳里去，容易引起中耳炎。如果已发生鼻窦炎，则要听从医嘱，抓紧治疗，或在游泳后，用热毛巾放在鼻梁上做热敷，以促进局部血液循环，帮助消炎。

第三节　游泳健身遵循原则

游泳锻炼的目的是增强体质。游泳锻炼的原则是人们长期游泳实践的经验和总结，是游泳锻炼客观规律的反映和进行游泳锻炼必须遵循的基本要求。

一、自觉积极性原则

（1）明确"生命在于运动"的科学道理。人的机体只有在不停地运动，生命才会旺盛。游泳锻炼不仅能增进健康、增强体质、调节精神、调剂和丰富生活，而且对延年益寿也有重要的作用。

（2）培养兴趣、养成习惯。对参加游泳锻炼的人来说，对游泳运动本身的兴趣也是十分重要的。一旦对游泳产生了浓厚的兴趣，就会乐此不疲，挤出时间去参加游泳锻炼。此时，在人体生理机能上也会发生良性变化，如体内的血糖上升，肌力增加，关节活动幅度增大。反之，如果缺乏兴趣，则极易疲劳，机体内出现血糖下降，肌力减退等现象。兴趣能够诱发自觉，但自觉的锻炼还必须形成游泳锻炼的习惯。这是兴趣不断被强化，锻炼行为长期坚持的结果。只有把游泳锻炼纳入个人活动计划，形成制度的一部分，才能形成稳定的游泳锻炼条件反射，机体也会形成新的生物节奏，游泳锻炼才能持之以恒。

（3）检查评价，激发动力。游泳锻炼的效果是逐步取得的，螺旋式发展的，并不与游泳锻炼活动同步。在游泳锻炼实践中，往往通过医务检测、素质和成绩测验、定量负荷测验、自我感觉、参加比赛等多种形式，对游泳锻炼效果加以评价，也可督促游泳锻炼者养成定期接受检测和自我检测的习惯。对各项检测的结果，要运用体育专门知识和科学态度正确地分析，客观地评价。要注意总结个人游泳锻炼中的经验教训，扬长避短，以果求因，摸索适合自身特点的游泳锻炼内容、负荷、手段和方法。

二、全面发展原则

（1）在游泳锻炼过程中，运用多种内容、方法和手段，统筹兼顾，使身体各部位、各器官系统的机能、各种身体素质和活动能力，以及心理品质都得到全面均衡的发展。

（2）身心的全面发展，应从人体的适应能力，抵抗疾病的能力，改善机体形态，提高机能水平，陶冶精神、愉悦情绪，丰富、活跃业余生活等方面考虑，才能得到身心全面和谐的发展。

（3）根据个人的实际情况，从利于增强体质出发，有选择地从事富有实效的游泳锻炼。在游泳锻炼过程中，一般以中等强度为宜，以取得最佳的锻炼效果。

（4）根据不同年龄、不同季节针对自身的薄弱部位、薄弱环节适当地调整游泳锻炼计划，促进身体各个部位与身体素质的全面提高。

三、经常性原则

（1）游泳锻炼必须经常坚持，使之成为日常生活中不可缺少的重要内容。人体对游泳锻炼的适应与变化，是按"用进废退"的规律在不断变化的，只有经常游泳锻炼，体质才能不断增强，而中断游泳锻炼，体质就会下降。

（2）游泳锻炼要持之以恒。只有日复一日、年复一年、持之以恒地进行游泳锻炼，才能收到健身益心、增强体质的显著效果，并在游泳锻炼中提高认识，培养兴趣，从而养成良好的锻炼习惯。

四、从实际出发的原则

（1）游泳锻炼要量力而行。根据自己的实际情况，科学地安排运动负荷和锻炼间隔，并注意自我感觉。如果运动负荷适宜，则自我感觉良好，精力旺盛，活动协调，反应灵敏；如果运动负荷过大，则会感到疲倦无力，有时出现头痛、胸闷、恶心、肌肉抽筋等现象。

（2）一般要求与区别对待相结合。人体有其共同的特征，可有一般的要求。但不同的年龄、性别又有其不同的特点，即使是相同的年龄、性别，人与人之间身体形态、机能、素质和运动能力也存在着个体差异。因此，必须从实际出发，针对其共同特点提出一般要求，根据不同的特点予以区别对待。千万不可千篇一律、绝对统一。

五、循序渐进的原则

（1）游泳锻炼者要按照事先制订的锻炼计划，经常地、持之以恒地从事身体锻炼。切勿急于求成。锻炼的内容、方法和运动负荷，必须根据个人的身体情况，逐步适度地改变或提高。特别是青少年，正在生长发育时期，游泳锻炼必须遵循其生长发育的自然规律，逐渐促进身体的良好发展。不可急于求成，否则会有害于身体健康。

（2）游泳锻炼要遵循人体生理机能与活动能力的变化规律。人体活动一般的规律，总是由相对安静状态逐渐达到小负荷、较大负荷，最后产生一定的疲劳，致使活动能力下降。因此，每次游泳前，必须重视并做好准备活动，使机体逐步适应和进入工作状态。在游泳结束前，要做好放松和整理活动，使身体逐步恢复到相对安静状态，避免和防止不适应所造成的各种损伤和引起不舒服的感觉。

第五章　实用游泳运动技术

第一节　踩水技术

踩水的方法很多，比较常见的是采用直立式蛙泳踩水动作。在日常活动中，踩水技术广泛运用于水中等待救助、调节呼吸、抢救溺者、持物游进、水中观察等。

（一）身体姿势

在踩水时，整个身体几乎垂直于水面，上体稍前倾，头部始终露出水面。微收腹，两腿微屈，勾脚，两臂在胸前平屈，掌心向下，动作类似蛙泳。

（二）腿部动作

腿部动作有两种：一种是两腿同时做蹬夹水动作，几乎和蛙泳腿一样，不同的是收蹬腿的幅度较小，用小腿和脚内侧向侧下方蹬夹水，膝关节向内扣压，两腿尚未伸直时，即开始做第二次收腿动作，动作要连贯；另一种是两腿交替踩水动作，采用这种方式踩水，身体在水中起伏不大，大腿动作幅度较小，做动作时先屈膝，小腿和脚向外翻，然后膝向里扣压，用脚掌和小腿内侧向侧下方蹬夹水，当腿尚未蹬直时，往后上方收小腿，收腿的同时，另一腿开始做蹬夹水的动作，两腿交替进行，脚的蹬水路线及回收路线基本上是椭圆形。

（三）臂部动作

两臂平伸并稍弯曲，手和前臂在胸前做向外、向内的弧形拨压水动作，动作幅度不宜过大。在向外拨水时，掌心稍向外，有分开水的感觉；在向内划水时，掌心稍向内，有挤压水的感觉。两手拨压水的路线呈双形。

（四）腿和臂及呼吸配合动作

腿、臂的配合动作要连贯、协调，一般是两腿同时蹬夹一次或两腿交替蹬夹一次，两手做一次拨压水动作。采用两腿同时蹬夹水的配合时，两腿做蹬夹水动作的同时吸气，两臂向外做拨压水动作，并在收腿时呼气。可以一个动作呼吸一次，也可以几个动作呼吸一次，呼吸跟随腿、臂动作的节奏自然进行。采用两腿交替蹬夹水的配合时，通常是腿和手同时不停地进行。用踩水游进时，可以采用身体的不同侧向及蹬夹和拨压的方向来改变游进的方向，如向前游，身体稍前倾，脚稍向后蹬夹水，两臂稍向后拨水，反之亦然。随着踩水能力的增强，手臂可不参与拨水，而从水中解脱出来，以进行水中托物等。

第二节　反蛙泳技术

反蛙泳即蛙式仰泳，它是游进时身体仰卧在水中，两腿同时向后蹬夹水，两臂在体侧向后划水的一种游泳姿势。在用于水中运物和救生拖带溺者时，两臂托物或托溺者不做划水动作，并依靠腿的动作推进。

（一）身体姿势

身体自然伸直仰卧水中，微收下颌，口、鼻露出水面，两臂置于体侧。

（二）腿部动作

反蛙泳腿的动作类似蛙泳腿，但是由于身体仰卧水中，所以收腿和蹬腿时膝关节不能露出水面。在收腿时，膝关节向两侧边收边分，大腿微收，小腿向前下方收得较多。收腿结束时，两膝距离约宽于肩，脚外翻使脚和小腿内侧向后对准蹬水方向，然后大胆发力，向外、向后、向内做弧形蹬夹水。

（三）臂部动作

两臂自然伸直，由体侧经空中前移在肩前入水，然后屈臂、低肘、掌心向后，使手和前臂对准划水方向，在体侧同时用力向后划水。在划水结束后，两臂停留体侧，使身体向前滑行。然后，两臂自然放松经空中向前移。

（四）完整配合（臂和腿及呼吸配合）

反蛙泳的完整配合技术有两种：一种是臂划水与腿蹬夹水、移臂与收腿同时进行；另一种是臂划水和腿蹬夹水交替进行，臂、腿各做一次动作之后，身体自然伸直滑行。两臂前移的同时，吸气收腹，两臂入水时梢闭气，两腿同时踢夹水，然后用口、鼻均匀地呼气，两腿自然并拢，臂划水，划水结束后身体伸直滑行。

第三节　侧泳技术

侧泳是身体侧卧水中游进的一种姿势。在水中拖运物品、军事侦察、泅渡和救护溺水者时常被采用。侧泳有手出水和手不出水两种，一般掌握了前者，后者就容易掌握了。这里只介绍手出水的侧泳技术。

一、身体姿势

侧泳时身体侧卧水中，头的一侧浸入水中，稍向胸侧倾斜，下臂（水面下一侧的臂称下臂）前伸，上臂（水面上一侧的臂称上臂）置于体侧，两腿并拢伸直，在游进时身体配合划水动作绕纵轴转动，

二、腿的技术

侧泳腿的技术分为收腿、翻脚和蹬剪三个动作过程。靠近水面一侧的腿称为上腿，另一侧的腿称为下腿。

（一）收腿

收腿时，上腿屈膝、提膝、收小腿，使大腿与躯干成90°夹角，小腿与大腿的夹角成45°左右。下腿腕关节伸展，小腿后收，膝关节弯屈成30°~40°角，足跟靠近臀部。

（二）翻脚

当完成收腿动作后，上腿脚尖勾起，脚掌向后对准水。下腿将脚尖绷直，使脚面和小腿前面对准蹬水方向。

（三）蹬剪腿

上腿以偶关节发力，用大腿带动小腿下腿以脚面和小腿对着踢水方向，用力伸膝、剪水。蹬剪时两腿要同时起动，直至两腿伸直并拢，进入滑行阶段。

三、臂的技术

侧泳臂的动作是，上臂经空中移臂，从体前方入水后划水，下臂是在水下前伸后，进行划水，两臂依次交替进行。

（一）上臂

上臂与爬泳臂划水动作相似，也有入水、抱水、划水、推水和空中移臂等过程。所不同的是当上臂前移时，上体绕纵轴略有转动，其转动幅度达 45° 左右。这个转动能使上臂的入水点更远些，从而使划水路线增长，有利于加强臂的划水效果。

（二）下臂

侧泳下臂动作可分抱水、划水、收手、臂前伸四个阶段。

（1）抱水当臂滑下与水平面成 20°~25° 角时，即勾手、屈腕、屈臂，并保持高肘位置，使手和前臂向后对准水，接着过渡到划水阶段。

（2）划水当手掌与前臂对准水进入到划水阶段后，在靠近胸侧斜下方加速向后划水，至腰侧下方结束划水阶段。

（3）收手划水结束后，以手领先带动前臂、大臂，经腹前至胸前做弧形收手动作，掌心朝上。

（4）臂前伸借收手的惯性.以手领先从胸前沿水面将手臂向前伸直，手心逐渐转向下方。

（三）两臂配合

下臂开始划水，上臂空中前移，下臂收手，上臂入水。上臂划水，下臂前伸，两臂在胸前交叉。上臂划水结束，下臂前伸滑行。

四、臂、腿和呼吸的配合技术

（一）臂和腿的配合

上臂入水，下臂收手并同时收腿。上臂划水至腹下开始推手时，下臂向前伸，同时两腿做蹬剪动作。

（二）臂和呼吸配合

上臂开始划水时，逐渐呼气，划至腹下推水时，转头吸气。移臂和入水时，头随着躯干的转动，还原闭气。

侧泳的完整配合，一般是两腿蹬剪水一次，两臂各划水一次，呼吸一次。在两腿蹬剪水和上臂划水结束与下臂前伸时，应有短暂的滑行阶段。

第四节　潜泳技术

潜泳是在水下游进的一种游泳技术。打捞水中沉物，进行水下作业、探索海底秘密和抢救溺者都要采用潜泳。由于它能在水下隐蔽行动，在军事上也有较大的实用价值，潜泳技术分为潜远技术与潜深技术。

一、潜远

潜远的方法主要有蛙式潜泳，长划臂潜泳和利用爬泳、海豚泳打腿技术的爬式潜泳。

（一）蛙式潜泳

蛙式潜泳就是在水下用蛙泳方式游进的一种技术，它的动作与水面蛙泳基本相同。在潜泳中，为了控制潜泳方向，保持潜泳的深度和避免身体上浮，头的位置应稍低于蛙泳，头和躯干成一直线；臂划水的幅度要比蛙泳稍大，而且向前伸臂时，要贴近下颌直接前伸、收腿时屈髋较小，腿向侧分开的角度也比蛙泳小，蹬腿的方向要尽量向后方。手臂和腿的配合与蛙泳相同，但要适当延长滑行时间，动作频率要慢些。

（二）长划臂潜泳

长划臂潜泳腿的技术与蛙式潜泳相同，臂划水的路线加长，两臂推水至大腿两侧伸直。臂和腿的配合技术是：臂划水结束时，两臂伸直紧贴体侧，掌心朝上，两腿伸直并拢，进入滑行阶段。收手同时收腿，再向前伸臂，蹬夹水之后，紧接着做长划臂划水动作，再进入滑行阶段。

长划臂潜泳比蛙式潜泳速度快。在同等条件下，潜游的距离也比蛙式潜泳长。但在混浊水中和水下情况复杂的时候，采用这种技术时要谨慎，以防意外，此时最好改用蛙式潜泳。

（三）爬式潜泳

爬式潜泳要求两臂向前伸直，手掌并拢，头在两臂之间，以臂和头的动作控制潜进方向和深度，用爬泳打腿或海豚泳打腿动作向前游进。

二、潜深

潜深的技术和潜远的技术一样，主要是控制潜入的角度和方向。由于潜深时水下光线微弱，水下情况难测，因而在潜到一定深度时，应改为手在前的蛙式潜泳，以防头部碰伤。

潜深的潜入方法一般是在两种情况下入水。一种是在陆地上采用出发跳水跃入水中，立即潜入，另一种是从水面上潜入。出发跳水方法见第三章，这里介绍的是从水面潜入的方法。

（一）脚朝下的潜入

从踩水开始，潜深前两腿用力蹬夹水，同时两臂向下压水，使上体至腰部跃出水面，同时深吸一口气，两腿并拢伸直，两臂贴近体侧，利用身体的重力作用，使身体下沉水中。为了达到预定的深度和保持下潜速度，身体入水后，两手（掌心向上）从下向上拨水。在沉到一定深度时，立即低头团身，转向预定的目标潜进。

（二）头朝下的潜入

从踩水开始，深吸一口气后，低头、提臀、屈腿团身，同时两臂向上拨水，使头朝下。头入水后，两臂继续划水，两腿向后上方做蛙泳蹬夹动作，使身体斜行潜入深水，逐渐转向预定的目标潜进。

第五节　着装游泳

着装游泳是指身体在着装的情况下意外落入水中，所采用的自救、互救或救他人的游泳技术。

着装游泳技术有蛙泳、仰泳、侧泳和爬泳等姿势，据资料显示，着装游泳最适宜的姿势为蛙泳和仰泳，也可交替使用两种姿势。

一、着装游泳的基本要求

（一）技术要求

（1）蛙泳：与正常蛙泳有所不同，因着装游泳在水中所受的阻力较大，容易下沉，手、腿动作受到衣裤的限制，动作幅度较小，所以整个动作应缓慢进行，不可快速游进。

（2）仰泳：身体仰浮水中，微收下颌，使口、鼻露出水面，呼吸自然，手臂最好在水中划水，但划水幅度不宜过大，两腿蹬反蛙泳腿较为省力而轻松，最好能够利用身边的浮具（双手扶浮具）游进。

（二）着装要求

（1）解开领扣，使呼吸畅通自然。

（2）翻出衣裤口袋，如果有时间，应尽可能把衣袖和裤筒卷到上臂和大腿的适当位置，并脱掉鞋袜，以减轻游进的阻力和负担。

（三）多人着装游泳的要求

（1）按游泳技术的好坏均匀搭配，利用或借助可靠的浮具游进。

（2）着装游泳的人员间隔距离不宜过近或过远，并以能互相照顾和不妨碍个人动作为准则。

二、着装游泳的技巧与注意事项

（1）当着装落水时，首先要判断离岸距离远近，如果离岸较远，则可以在水中脱掉衣服，以减轻身体负荷。

（2）当着装落入正常水温的水中时，凡限制动作的衣服均应脱掉。一般来说，应先脱外衣，其次为鞋袜，最后脱长裤和内衣。切记不要胡乱撕扯身上衣物，以免造成麻烦。

（3）当着装落入水温较低的水中时，最好着装保暖。为减少体温下降，身体应保持屈体团身姿势进行保暖。

（4）如果有能力，也可以利用脱下来的衣裤将衣袖或裤筒打上结，使空气流入筒中作为浮具辅助游进，这样既能节省体力又能增大浮力。

（5）在练习着装游泳或者在抗洪抢险之前允许做准备的情况下，应首先把领扣解开，将衣裤的口袋翻过来，然后把衣袖和裤筒平整地卷到上臂和大腿活动舒适的位置，同时将内衣的下缘固定在裤子的外边。其次将脱下的鞋、袜绑在自己的腰上，以减轻在水中游进时的阻力和负担。

第六节　抬头爬泳技术

抬头爬泳是头部始终露在水面上爬泳游进的一种姿势，抬头爬泳有助于救生员在接近溺水者时准确捕捉目标。

一、抬头爬泳的身体姿势

身体俯卧水中，头部露出水面，身体尽量保持水平（身体姿势比爬泳身体姿势稍高），并成较好的流线型，身体可围绕纵轴有节奏地转动，两眼注视前方目标，以保持身体平稳向前。

二、抬头爬泳的腿部技术

两腿自然伸直，两脚稍向内扣，以增大打水面积，踝关节放松。打水时能关节（腰部）先发力，以大腿带动小腿做鞭状上下交替打水动作，打水幅度以两脚跟的垂直距离 30~40 厘米为宜。脚不要打出水面，打水效果取决于鞭状发力大小和踝关节的灵活性，两腿要用力打水，才能保持较高的身体位置，发挥抬头爬泳技术的特长。良好的腿部动作可以维持身体平衡，保持流线型的身体姿势，与两臂划水动作紧密配合，并能起到一定的推进作用。

三、抬头爬泳的臂部技术

臂划水是推动身体前进的主要力量，臂的技术由入水、抱水、划水、出水和空中移臂 5 个环节组成。由于头部要露出水面，手臂入水点就要近些，划水路线也就短了。要注意手臂入水后，肘部不能下沉，臂的动作不能停顿，要保持臂划水内部循环动作有节奏地进行，即要尽快地划水和推水。由于两臂所处的位置不同，两臂配合技术有"前交叉""中交叉"和"后交叉"之分。一般常采用"前交叉"配合游进。

四、抬头爬泳的完整配合技术

抬头爬泳的完整配合技术由 6 次打腿、2 次划臂和 1 次呼吸组成，这种配合能保持腿、臂协调配合，并使身体保持在较高的位置，以保证整个配合动作的稳定性。

第六章　实用游泳的运用

　　水能载舟亦能覆舟。水既能让人享受海阔凭鱼跃的感觉，也会给人带来各种意外和危险。学会游泳技能固然是应对水上意外事故最有效的一种求生手段。但更多的时候，我们需要在体力透支等无法及时得到别人帮助和救援的情况下，学会"尽可能保持体力，以最少的体力消耗，在水上维持最长时间"的实用漂浮技术；掌握实用游泳和水上救护的基本知识和技术，提高水中自救、他人救护、现场急救的技能。

第一节　水上救护

　　水上救护是实用性极强的一项生活技能。它是指发生水上事故时，对于溺水者所采取的救护方法。夏天，在我国广阔的水域中，包括在室内外游泳池里，时常都会看到溺水者或听到游水者发出的求救信号。因此，水上救护的一般常识和本领，是每个人都应该了解的知识、技能。掌握它们，对于拯救自己和救援他人，都具有终身受益的效用。

　　水上救护的指导思想是：以防为主，以救为辅，防救结合，有备无患。水上救护内容包括自我救护、间接救护、直接救护等。

一、溺水事故的原因

产生溺水事故的主要原因通常有以下几种：

　　（1）技术因素：指不会游泳或刚学会但技术掌握尚不熟练，以致在体力不支、受水情变化影响或受人冲撞等情况下发生溺水。

　　（2）生理、病理因素：指患有不宜游泳的疾病（如心脏病等）和在饥饿、过饱、过冷和过度疲劳等情况下游泳，从而引起病理性并发症和生理性低血糖、中暑、抽搐症等，从而导致溺水。

（3）环境因素：指对游泳场所的情况（如水深、水底和天然游泳场的水流、水草、旋涡等）不清楚，盲目游泳而导致溺水。

（4）伤害因素：指违反游泳场所对游泳者的规定（如浅水区不准跳水、深水区定向游等），以及在江河中被鱼、船、物致伤而导致溺水。

（5）缺乏知识因素：指对安全和救生知识（如抽筋、呛水等常规知识）不了解，最后导致溺水。

（6）心理因素：指怕水、心情紧张，若稍有意外，就惊慌失措而导致溺水。

（7）组织管理因素：指游泳场所的组织管理不当（如体检、救牛力量配备、场地管理中的防范措施等不合规定）而导致溺水。

二、赴救

赴救是发现溺水情况后，及时将溺者救离水域并运送到安全区或现场急救室（或地点）的专门技术。

赴救方法有间接赴救、池边赴救和游泳赴救三种。在选择合适赴救方法时，必须遵循的原则是：能间接赴救的，力求间接赴救；不能间接赴救或无法间接赴救的如溺者已昏迷或距离太远应果断采用游泳赴救。间接赴救有利于救护者自身安全。

1.间接赴救

间接赴救是救护者利用救生器材，对较清醒的溺者施救的一种技术。游泳场所一般都应备有救生圈、竹竿、木板、泡沫块、轮胎、绳子等。下面介绍几种常用的救护器材及其使用方法：

（1）救生圈：最好在救生圈上系一条绳子，当发现溺者时，可将救生圈掷给溺者。如在江河里，应向溺者的上游掷去，溺者得到救生圈后，将其拖至岸边。

（2）竹竿：溺者离岸、船较近时，可将竹竿伸给溺者，切勿捅戳。待溺者抓住后将其拖至岸或船边。

（3）绳子：在绳索的一头系一漂浮物，将绳子盘成圆形，救护者握住绳子的一端，然后将盘起来的绳子掷在溺者的前方，使溺者握住绳子上岸。

（4）木板（包括一切可浮物）：在没有其他救护器材的情况下、木板也可作为救护器材。将木板掷给溺者，亦可扶木板游向溺者然后将溺者拖带上岸。

2. 池岸赴救

救护者在池岸俯卧或仰卧，直接将手或脚伸出给溺者攀抓，然后将其拖回池岸。

3. 游泳赴救（直接赴救）

游泳赴救是指救护者不借助任何救生器材，徒手对溺者施救的一种技术。游泳赴救技术大致可分为入水前的观察、入水、游近溺者、水中解脱、拖运、上岸、肩背运送、岸上急救等过程。

（1）入水前的观察

当发现溺水者，立刻迅速扫视水域，判断溺者与自己的距离方位。在江河湖海中还要注意水面宽窄、水底性质等因素。救护者要遵循入水后可尽快游近溺者进行施救的原则，迅速选择入水地点。

（2）入水

入水指救护者在发现溺水情况后，由岸（船）边跳入水中准备赴救的过程。入水要迅速、注意目标。入水方法大致分两种。

①在熟悉的水域或游泳池，可用鱼跃式（头先入水）的出发动作。其优点是速度快。

②在不熟悉的水域可用跨步式（脚先入水）的动作（图动作要领是：起跳后，两臂侧前举，一腿前伸微屈，一腿稍向后屈。当身体接近水面时，两腿夹水，手臂迅速压水。这种入水方法的优点是不会使身体下沉过多，并能防止碰到石头或暗桩，而且基本使头部不入水，以便看清目标。

③游近溺者

游近溺者指救护者在入水后迅速靠拢和控制溺水者做好拖带准备的过程。一般采用速度较快的抬头爬泳，亦可采用头不入水的蛙泳，以便观察溺者。

当游到离溺者 2~3 米处，深吸口气，以保证自身体力，并做进 -- 步观察。如溺者面向自己，则潜入水中，游到溺者身旁，两手扶住其髋部，将其转至背向自己，然后进行拖运；另一种方法是正面游近溺者后，用左（右）手握住溺者的左（右）手，用力向左（右）边拉，借助惯性使溺者身体转 180° 背向自己，然后进行拖运；如溺者背向自己，可在游近溺者后，一手托腋，使其口露出水面，一手夹胸做好拖带准备，并有效控制对方。

在水质混浊的游泳场所，则应有意识地由正面转向溺者的一侧，看清并及时抓住溺者在水面上挣扎的近侧手，边拉边做夹胸动作控制对方。

④水中解脱

水中解脱指救护者在接近或寻找溺者时，被溺者抱住后施行解脱，并进行有效控制溺者的一项专门技术。由于水中挣扎的溺者只要抓住任何东西就不会轻易松手，所以救护人员需要掌握一定的解脱方法，以防万一。解脱时一般应利用反关节和杠杆的原理，动作要迅速、熟练、突然。

下面介绍几种常见的水中解脱方法：

a.虎口解脱法：虎口是指溺者拇指与食指之间的部位。当救护者的臂部（单臂或双臂）任何部位被抓住时，都可用这种方法进行解脱。

• 当溺者两手从上抓住救护者的两手腕时，救护者可采用握紧双拳向溺者的拇指方向外旋，同时肘内收的方法解脱；如果溺者从下抓住救护者的两手腕，则紧握拳向溺者虎口方向内旋，肘关节向外展，即能解脱。

• 单手臂被溺者双手抓住的解脱方法：当溺者两手从下抓住救护者的一只手腕时，救护者被抓手可握紧拳头，另一手从溺者的两臂中间穿出，握住自己拳头突然往虎口下拉，即可解脱。

b.托肘解脱法：救护者被溺者从前或后面抱住颈部时所采用的一种解脱方法。

当被溺者从后面抱住颈部时：救护者首先握住溺者靠近自己胸前的一只手腕，另一手从下向上托溺者同一臂的肘关节，臂向下拉，托肘的臂用力上推，低头从溺者腋下钻出；的手腕拉至背后，另一手夹胸控制溺者，然后进行拖运（左）肘关节，右（左）手握住溺者的同一手腕并向下拉；低头从溺者的两臂中间钻出来（图这时握住溺者的手腕，并将其从他腋下向后扭转拉到背后，同时另一手放开溺者肘关节，夹胸控制溺者，然后进行拖运。

c.推扭解脱法：即救护者推扭溺者头部以求解脱的一种方法。被溺者从前方拦腰抱住时救护者一手按住溺者的后脑勺，另一手托住溺者的下须，向外推扭其头，并顺势把溺者转至背向自己，然后进行拖运。

d.扳指解脱法：即救护者通过扳动溺者手指而获得解脱的一种解脱方法С当被溺者从后方拦腰抱住时，救护者用右手抓住溺者右手的一指，用左手抓住溺者左手的一指，分别向左右用力拉开，吸口气，然后突然下沉，同时用两臂突然用力外撑进行解脱；随后转到溺者背后进行拖运。

⑤拖运

拖运是指救护者在水上采用侧泳或反蛙泳运送溺者的一项专门技术。

拖运时为防止溺者因不明被救而强行挣扎，一般均采用夹胸拖带贴近溺者的喉部。拖运分侧泳拖运法和反蛙泳拖运两种。

a.侧泳拖运法：是指救护者侧卧水中，一手扶住溺者，一手在体侧划水，两腿做侧泳蹬剪水的动作前进的一种拖运技术。侧泳拖运法又分两种，一种是一臂伸直托住溺者的后脑，一手在体侧划水，两腿做侧泳蹬剪水的动作（图H-8）；另一种是一手夹胸抄腋，同侧魏部紧贴溺者的背部，另一手在体侧划水，两腿做侧泳蹬剪水动作。

b.反蛙泳拖运法：是指救护者仰卧水中用一手或两手扶住溺者，两腿做反蛙泳蹬腿动作的一种拖运技术，分两种：一种是仰卧水面，两臂伸直，两手扶住溺者的两颊，两腿做反蛙泳蹬动作，使身体前进（图11-10）；另一种是仰卧水面，双臂伸直，以两手的四指挟着溺者的两腋窝，大拇指放在肩胛骨上，腿做反蛙泳动作，使身体前进。

⑥上岸

遇到处于昏迷状态的溺者，可先将其拖运到岸边，然后再将其搬运上岸，以便抢救。这在浅滩或斜坡的河岸比较方便，如果在游泳池或陡坡的河岸，上岸就比较困难。下面介绍在游泳池上岸的方法。

a.浅水无阶梯上岸法（水深与救护者齐胸或以下，以右手抄挡为例）：救护者与溺者面对面，双手托其两腋，将溺者上身托起；然后左手抓溺者右上臂，上身右前倾，右手抄进溺者两大腿间，两腿同时下蹲，将溺者横卧在自己的肩上；右臂紧夹溺者右大腿，右手紧抓溺者右上臂，将溺者的右肩"锁"在自己的左肩前；接着用右手控制溺者，左手撑在自己的左膝上，用力站起，站起后左手上举保护溺者头部；将溺者肩背至池边，转体180°成背对池边；左手垫在溺者头部下，身体后仰，用右手将溺者向后推出，使溺者仰卧在池岸边。

b.深水无阶梯上岸法：救护者先用右手握住溺者的右臂，将其右手先放到岸边，随后再用左手将溺者的右手压在岸边，同时用右手和两腿的力量支撑上岸，然后迅速用左右手拉住溺者的左右手腕，使溺者180。转身（溺者背靠池边）；把他提拉上岸，并立即进行抢救。

⑦抢救过程中的注意事项

a.力争他人的协助。当发现溺水事故后，抢救者应一边迅速准备抢救，一边大声呼救，力争他人也赶来参加抢救或得到他人的协助。

b.救护者应冷静地分析、判断周围情况，准确地判断溺者的位置、水的环境、有无协助者和可利用的救生器械，做出果断的行动。

c.迅速整理服装，如，至少脱下上衣和鞋子，而衬衫和裤子可作为救助浮具使用。

d.救护者的视线不能离开溺者。若看不见溺者，则抢救起来就费时间，且易导致抢救失败。如果溺者已沉入水下时，则必须确认好下沉的地点。

e.抢救者对自身的行动应具有自信心和责任感。

三、现场急救

溺水者被救上岸后，如已昏迷、呼吸停止、心跳停止，则应立即进行现场急救。急救内容包括运送、排除腹水、做人工心肺复苏及转送医院进行抢救。岸上急救是水上救生的重要环节。

（一）运送（肩背运送）

肩背运送，即救护者将严重溺水、已昏迷的溺者，由池边运送到平坦处或现场急救室的一项专门技术。

肩背运送对现场急救心肺复苏有至关重要作用。

肩背运送的技术动作，因是救生员一肩顶在溺者的胸部，一肩顶在溺者的腹部，能使溺者的头部低于其胸腹部，加上运送过程中的上下颠簸，所以在客观上起到了"倒水"（包括倒出呕吐物）、"挤压心胸区，有利于心肺复苏"作用。

经无数实践证明，凡是出现严重溺水，溺者已昏迷，在进行心肺复苏现场急救或直接移送医院急救中，没有采用肩背运送的，几乎百分之百抢救失败。即使个别的一度自主心跳恢复，但最后还是因呼吸道不畅通，自主呼吸难以恢复而导致死亡。

由于肩背运送在客观上形成"运送""倒水（有利呼吸道畅通）""挤压心胸区，有利心肺复苏"三大作用，为此，千万记住，只要出现严重溺水、溺者已昏迷情况，赴救上岸后，首先不要忘记"肩背运送"。滨海赴救时，将溺者上提上船后，也应先将溺者俯卧，用膝或船沿等其他物体将其腹部顶起，做短时间"倒水"（及呕吐物）处理，清理口腔后及时给其吹两口气，紧急补氧，并开始现场急救。

1.上肩（以救生员肩背上肩时右手抄裆为例）

动作一：救生员半蹲在溺者臀部右侧，以左手、臂在溺者颈背部插入（注意保护头部），右手握持溺者右手腕，将溺者上身扶起（溺者由卧地到"坐"）。

动作二：腾出右手，拉起溺者右大腿，并左转90°，成面对溺者状；将右脚插入溺者两腿间臀下，右手由溺者左腋下穿过至溺者背后，将溺者扶抱保护，腾出左手穿过溺者右腋下，至溺者背后，左右两手手指交叉锁紧，双臂夹住溺者。

动作三：两臂用力将溺者托起，左脚后退一步成右弓步，便溺者"坐"于右大腿上（由"坐地"到"坐"在救生员腿上）。

动作四：以右手、臂（在溺者背部）将溺者贴靠在救生员胸前，腾出左手紧握溺者的右手腕部，然后头部由溺者右腋下钻过，以颈背部将溺者挂靠保护，腾出右手。

动作五：右手抄裆（插入溺者两腿间），并下蹲降低救护者自己的重心，以抄裆的右手臂将原"坐"在大腿上的溺者上托，左手将溺者左拉，使溺者俯卧在救生员的肩背上（右肩顶在溺者的腹部，左肩顶在溺者的心胸区）。

动作六：右臂将溺者右腿紧夹在右胸前，右手紧抓溺者的右上臂（将溺者的右肩"锁"在救生员的左肩前）。左手扶撑在救护者自己的左膝，用力站起；然后，左手后上举，保护溺者的头部以免与障碍物、墙等碰撞（千万注意不要把左手压在溺者的头上）。肩背完成，溺者的头部必须低于其胸、腹部，以利肩背运送过程中，能兼顾到"倒水"、畅通呼吸道要求。

2.双人配合上肩

肩背运送时，如有人在旁接应配合，则一人按以上"上肩"动作操作，另一人在"上托坐腿""抄裆上肩""肩背起立"需用力时，给予帮助。

3.肩背接力

肩背运送时，如溺者有下滑可能，或直接运送邻近医院途中，肩背的救护者体力不支，如有陪伴的救生员在旁，则不必放下溺者换人，陪伴的救生员可直接接力运送。具体技术动作如下：

动作一：两救护者背靠背，各抓、抱溺者的一臂一腿。

动作二：接背的救护者，发出"预备，送"的口令时，交者（原肩背的救护者）后仰送出，接者同时前拉紧背，接过溺者。

4.肩背下放

将溺者运送至急救室（或邻近的医院）时，必须在溺者呕吐物相对流净，并清理净，口腔后才能将其放下。如溺者呕吐物仍在流出，则应继续肩背，至相对流净才放下。特别是饭后溺者更应注意，以防堵塞呼吸道。

动作一（以救护者右手抄裆肩背为例）：救护者左手抓握溺者的右上臂，上身右倾，右臂托在溺者裆下，使溺者"坐"在救生员的右大腿上（如有急救床，则"坐"在急救床上）。

动作二：左手仍紧抓溺者右臂，将溺者挂靠在颈背部保护好，抽出右手，插入溺者的左腋下，至溺者的背后将溺者紧抱保护；然后，头部由溺者的右腋下抽出，脱出左手，插入溺者右腋下至溺者的背后，双手手指交叉锁紧，双臂夹抱溺者。

动作三：左脚上前，双臂将溺者托起，缓缓放下，使溺者"坐"于地面。

动作四：抽出左手，放在溺者颈后托溺者头部（右手仍在溺者背后扶抱保护）；然后，将溺者缓缓放平，卧于地面（或急救板上）。

（二）心肺复苏术

通常人体停止呼吸 40~60 秒时，出现意识不清醒；当再延到 2~3 分钟时，就会引起脑细胞损伤，死亡率较高。而且当呼吸停止后，若不采取任何复苏急救措施，则一般会在 7~8 分钟内导致死亡。因此，施救者应当争分夺秒，运用正确的复苏技术对溺者施救，切莫错过宝贵的可能复苏的时间。

心肺复苏术操作的基本顺序为：畅通呼吸道—人工呼吸—胸外心脏按压。在进行操作之前，必须首先检查溺者的意识、脉搏和呼吸，认清溺者的状态。

1.检查有无意识的方法
（1）大声叫溺者或拍其肩（幼儿则拍其脚心）。
（2）若溺者有意识，应保持安静，立即送往医院。
（3）若溺者没有意识，则应立即进行畅通呼吸道的操作。

2.畅通呼吸道的方法与异物排除
当人体失去意识时，下颌、颈部及舌部均失去控制力，易出现因舌根陷入喉底部或因呕吐物堵塞呼吸道而无法呼吸的情况。因此，对于无意识的溺者，应立即进行畅通呼吸道的操作。如果呼吸道未畅通，那么无论怎样做人工呼吸均无济于事。

（1）头部后屈法：一只手扶在溺者的额前，另一只手扶住溺者的颈后部，轻轻地边上抬颈部，边后屈头部，使堵塞的喉部畅通，口自然张开。

（2）头部后屈和颌尖上抬法：一只手扶在溺者的前额，另一手的手指轻轻放置于溺者颌尖处，使下颌上顶，头部向后屈，这样可畅通呼吸道。注意扶颌尖的手指不能压迫到颌下柔软处。

（3）头部后屈及下颌上抬法：双手分别放置在溺者颌下两角处，使其头部后屈，下颌向前方顶出。如果怀疑溺者颈椎有损伤（如由跳水不当等原因造成）时，则不可做头部后屈动作，只做下颌上抬动作。

（4）呼吸道内异物排除法：若异物堵塞喉部，可用双手敲击肩胛骨处，或双手放置溺者胸廓下部，向内下方用力挤压。另外，如果呕吐物堆积在溺者口腔里时，可用手绢缠绕手指掏出异物，并擦净口腔。

3. 检查有无脉搏

现代医用仪器发展较快。医院急救室，甚至在急救救护车上均备有心跳、呼吸检测仪、心电图仪器。对季节性开放的游泳池（场）来讲，在目前经济条件下，一时还不可能具备这种条件，更不可能普及。又鉴于现场急救对救生人员、医务人员有直接责任问题，故施救人员心理可能较为紧张。如使用医用听诊器或耳贴心区检测心跳情况，就难以分清是溺者的心跳还是施救人员自己的心跳。所以，在游泳池（场）现场急救，确诊是否有心跳时，均采用手触颈动脉方法，十分简便、有效。

4. 确诊是否有呼吸

用面部在溺者鼻孔下去感受其是否有呼吸。在夏季，用镜片放在溺者鼻孔下，如有雾气则有呼吸，应即送医院；如没雾气，说明溺者已停止呼吸，应立刻进行人工呼吸。如已确诊心跳停止，则没必要再检测是否有呼吸，因为对游泳者来讲，是先停止呼吸，后停止心跳。

5. 人工呼吸法

（1）口对口人工呼吸法

与其他人工呼吸法相比较，口对口人工呼吸法具有通气量大、便于及时与胸外心脏按压法配合进行心肺复苏术、有利医生诊断和注射等优点，所以，口对口人工呼吸法是游泳池（场）现场急救的首选人工呼吸方法。其操作顺序是：

1）把溺者仰卧在急救床或板上，救生员站（或跪）在溺者颈肩部一侧。一手扶溺者额顶，一手食指、中指无名指托起溺者下颌骨，将溺者头部后仰（畅通呼吸道）。

2）扳开溺者的嘴，一手捏鼻，另一手的食指、中指、无名指扶在下颌骨处，侧转头吸气。

3）口对溺者的口（全部封闭，不可漏气）吹气（如溺者牙关禁闭，一时扳不开，可封口对鼻吹气），吹气量约 1 500 毫升（其中含氧量约 15%~18%），见溺者上胸部隆起扩张即可。

4）救生员侧转头吸气。

重复动作 3）、4），节律每分钟（吹气）18 次，儿童每分钟 20 次。救生员交替施救时，注意保持节律。

（2）举臂压胸人工呼吸法

该法的操作方法和顺序如下：

1）把溺者仰卧在急救床或地上，救生员在溺者头后就位（站或跪），同时给溺者鼻孔内插入给氧管（约 3 厘米深），用胶布固定，把溺者的头侧向一边。为加大效果，可在溺者的肩下垫个小枕头或折叠的大毛巾。

2）双手各握溺者同侧手的小臂（近肘处），最大幅度的向后牵臂，使溺者的胸腔尽量扩展（人工建立溺者吸气）。

3）两臂回收，两小臂交叉重叠于溺者胸前，稍用力下压（人工建立溺者呼气），一牵一压，节律同口对口人工呼吸。

（3）俯卧压背人工呼吸法

在有给氧设备时，也可采用俯卧压背人工呼吸法。尽管其通气量相对比较小，但因溺水者施救过程中，常伴有呕吐物或沾液流出，而该法便于边清除边施救。

1）把溺者俯卧在急救床或地上，使其一手直臂前伸，头侧转（注意呼吸道畅通）枕于另一曲臂手的小臂上，面向直臂前伸手一侧，在其鼻孔内插入给氧管。

2）救生员两腿分开，骑跪于溺者的大腿两侧（膝下垫软物，做长时间施救准备）；张开两手五指，各以小指放在溺者最下面一根肋骨下为准，两手对称放在溺者背部脊椎的两侧。

3）两臂伸直，借助上身前压的力量，两手向前下方，用力紧压溺者的背部胸廓（人工建立溺者呼气）。

4）救生员回身吸气，两手同时松压但不离开溺者的背部（人工建立溺者吸气）

反复进行动作3）、4），一压一松，节律同口对口人工呼吸。

6.胸外心脏按压法

如溺者的呼吸和心跳已全停止，单一采用人工呼吸方法是无法恢复溺者的自主心跳的，必须在人工呼吸（口对口人工呼吸）的同时，施行胸外心脏按压，即CPR心肺复苏术，才有可能在宝贵的可能复苏时间内使溺者恢复自主呼吸和自主心跳。

胸外心脏按压的方法和操作顺序是（以站在溺者的右侧为例）：

（1）将溺者仰卧在急救床或地上（切不可放在有弹性的床或沙发上），救生员站（或跪）在溺者的右侧，以右手食指、中指沿溺者的左肋最下面一根肋骨上移，至胸骨与肋骨会集处；然后，左手大拇指根与右手食指紧贴，左手掌根压在溺者的胸骨部位（下端1/3处），右手掌根压在左手手背上（施救溺水儿童时，只需一个手掌掌根按压；婴幼儿只需三个手指），右手五指与左手五指交叉，并将左手手指提起，两臂垂直伸直（上身稍前倾）。

（2）垂直向下按压，使溺者胸骨下端下陷约4厘米。

（3）两手松压回收（但掌根不离位）。

动作（2）、（3）不断重复，人工给溺者建立了血液循环，节律成人每分钟80次，儿童每分钟100次。

胸外心脏按压有效的检测方法是：①颈动脉、股动脉处能摸到搏动；②血压计能测得血压在60毫米汞柱以上。

7.心肺复苏术

如果溺者心脏已停止跳动，即使做人工呼吸也不能促进血液的循环，当然也不可能进行氧气交换。因此，在对已停止心跳的溺者进行复苏急救时，既要做人工呼吸，同时也必须进行胸外心脏按压。具体方法如下：

（1）单人施救操作时，胸外按压心脏15次，口对口吹气2次（每次吹气1~15秒），反复进行，简称15：2。

（2）双人施救时，胸外按压心脏5次，口对口吹气1次，反复进行，简称5：1。

施救时，如溺者唇色已转红润，每做10组，间歇5秒检测一次心跳情况，如自主心跳仍未恢复，则继续心肺复苏术，直至溺者自主心跳、自主呼吸恢复。施救交替时，注意保持节律。为加强施救效果，在施救同时，可给溺者静脉注射心肺兴奋针剂（如可拉明针剂）。

8. 复苏后护理

严重溺水者，在游泳池（场）现场经急救，自主心跳、自主呼吸得以恢复，严重缺氧情况稍有改善（面色由紫、白色渐红润）。但因心肺复苏过程中溺者热量消耗较大，缺氧情况不可能在短时间内特别是在复苏过程中根本消除。

为此，在溺者心肺复苏后，必须及时做好复苏后护理工作——继续给以氧气吸入；注射葡萄糖针剂补充热量；注意急救室空气流通和溺者保暖；脑部冷敷，防止后遗症。以求巩固和进一步改善复苏效果。至溺者肢体末梢部位指甲受压放松后泛红，则说明溺者缺氧情况消除，然后由家属或游泳池工作人员陪同转送医院，进一步观察、护理。如在心肺复苏施救过程中，情况不理想，则边施救边送医院，进一步抢救。

四、自我救护

游泳中常会遇到意外情况，如果懂得自我保护和自救，就可以化险为夷。

（一）自救原则

（1）保持冷静，发现周围有人时，立即呼救，引人注意，求得帮助。

（2）放松全身，让身体漂浮在水面上（参见本章的第一节）或将头部浮出水面，用脚踩水，尽量避免体力过快丧失，等待救援。

（3）尽量抓住水上的一切漂浮物，使自己的上半身浮出水面。

（4）身体下沉时，可将手掌向下压。

（二）突发意外时的自救

1. 穿过急浪

遇到风浪可转头吸气避免呛水。若浪从侧面而来，可向另一侧转头吸气；若浪从正前面来，可向侧后方转头吸气。遇到较大的风浪时，要使呼吸动作与波浪起伏相适应，浪来之前（波谷处）吸气，然后把头浸入水中穿浪而过，再转头吸气。呼吸规律一般为一浪一呼吸，掌握呼吸规律就能顺利地破浪前进。

2. 冷水流

水库、河流、湖泊中常因水温的差异、河床高低不平、水底有突起岩石或凹陷深潭等而出现旋涡。游泳者应尽量避免游近旋涡。一旦误入也不要紧张，要平卧于水面，用爬泳或侧泳尽快地顺着旋涡的外沿冲出去。绝不可踩水或蜷缩身体，以免越陷越深。

3. 水草缠身

江、河、湖泊近岸边或较浅的地方，常有杂草或淤泥，游泳者应尽量避免到这些地方去游泳。一旦被水草缠住或陷入淤泥时，要采取正确的自救方法。

（1）首先要镇静，切不可踩水或手脚乱动，否则就会使肢体被缠得更难解脱，甚至在淤泥中越陷越深。用手掌倒划水直腿仰泳方式顺原路退回，或平卧水面，使两腿分开，用手解脱。

（2）如随身携带小刀，可把水草割断，然后尝试把水草踢开，或像脱袜那样把水草捋下来。自己无法摆脱时，应及时呼救。

（3）摆脱水草后，轻轻踢腿而游，尽快离开水草丛生的水域。

4. 身陷漩涡

河道突然放宽、收窄处和骤然曲折处，水底突起的岩石等阻碍物，凹陷的深潭，河床高低不平的地方等，都会出现漩涡。山洪暴发、河水猛涨时，漩涡最多。海边也常有漩涡，游泳时一定要注意。

（1）有漩涡的地方，常有垃圾、树叶杂物在漩涡处打转，要尽早发现，避免接近。

（2）如不小心接近漩涡，切勿踩水，应立即平卧水面，沿着漩涡边，用爬泳快速地游过。因为漩涡边缘处吸引力较弱，不容易被卷入。

5. 疲劳过度

在长时间游泳后，容易因过度疲劳造成抽筋或因体力不支而溺水。因此，游泳特别是喜爱长距离挑战的游泳爱好者，千万不要逞能。

一旦觉得寒冷或疲劳，应马上游回岸边。如果离岸太远，或过度疲劳而不能立即回岸，就漂浮在水上以保留体力。

五、间接救护

间接救护是指利用各种救生器材对神志比较清醒的离岸或离船不远的溺水者施救的方法。间接救护省力、安全、迅速。

当溺水者在水中需要救护时，在保证救护者自身安全的情况下，有条件使用救生器材的，应尽可能使用，特别是正在呼救、挣扎、离岸较近的人，要采取必要措施让其尽快脱离险境。如果救护者不会游泳，而且又没有救生工具，应立即大喊求救。

间接救援的对象一般为意识清醒的落水者或溺水者，如果溺水者处于昏迷或无意识时，则不能采取间接救援方式，而要选择直接赴救方式，将溺水者拖带上岸或船上，并对其进行现场急救和心肺复苏处理。

按照救护的操作方式，间接救护可分为递送法、抛掷法两种。

溺水现场救人：优先原则

救人四优先原则：岸上优先、工具优先、团队优先、求助优先。

（一）递送法

当发现有人落水或溺水时，可以利用自己的手（脚）或持各种救生器材来尽量加长施救距离，以递送方式，对落水或溺水者实施救援，抓住后将其拖带上岸。

递送法包括直接手或脚进行递送救护和器械（如竹竿、船桨、漂浮棒、泡沫塑料板、毛巾、浮标、树枝、救生杆、木板、衣服等）递送救护，主要适用于离岸比较近的情况，一般在 10 m 以内的救援距离。

在使用递送法救护时，为了避免在救援中被落水者或溺水者拉下水，救援者应尽可能降低身体重心，采用下蹲或趴俯在岸边或地上姿势；必要实用游泳载程时抓住岸上固定物作为支撑点，将溺水者抓住后拖带上岸。如果在船上，也可以同样使用此方法，将溺水者抓住后拖带上船。在海滩或江边，应禁止或避免救援者用手拉手的方法来增长救援距离，以免遇到海浪或江水的冲击，其中有一人滑倒或松手，就会冲散"人链"或"人梯"，造成救援者自己落水、被海浪或江水卷走，发生二次溺水事故。

（二）抛掷法

当遇到气候恶劣、风高浪急，救援者无法靠近落水者或溺水者，离海滩、岸边或船的距离较远时，利用抛掷法可能是比较安全、实用和有效的长距离救援方式。

抛掷法救护可以将救援器材直接抛向溺水者，作为漂浮物供其救护使用，如救生球、轮胎、泡沫块、油桶、塑料瓶等；也可以绑上救生圈、救生衣、救生浮标、救生浮筒、救生绳包抛给溺水者，让其抓住后，拖带上岸；也有专门的救生抛绳器、救生绳抛射枪等，以至少 50 m 的长距离发射抛向溺水者。

在抛掷救生器材时要注意两点，一是要保证救生器材抛掷在溺水者附近，使其伸手能抓到；二是抛掷器材时，要防止砸伤、刺伤溺水者。

救生绳包的使用

（1）抛掷救生绳前，首先检查绳索是否有打结，绳包与绳索之间的连接是否牢固；然后采取最合理的姿势，将救生绳用力地抛或甩向落水或溺水者的身边，投掷的远度以能让其直接抓住为宜，同时注意避免伤害被救援者的身体。抛掷时，距离要越过溺水者的头部或达到溺水者随手可以抓到的位置，避免将救生绳和抛绳袋砸伤头部或溺水者的身体，造成二次受伤或意外事故。

（2）救生绳连接救生圈等浮力工具时，绳子的一端要紧紧地捆绑住漂浮物，避免在抛掷时脱落，同时应尽量将漂浮物靠近溺水者，待其抓住后，拉住绳子的另一端，慢慢地将溺水者拖带上岸或上船。

（3）使用救生绳索抛掷时，应根据风向、距离和溺水者的位置，从上风处抛掷到溺水者的身边，绳子的一端不能缠绕手腕或固定在身上，以避免在拖拉溺水者时，被其拉入水中，造成二次溺水事故。

六、直接救护

当发现溺水者处于离池（岸）边较远或已神志不清无法配合的状态，间接救护无法实施时，游泳者可以根据自身的情况立即涉水进行援救。直接救护是通过救护者徒手对溺水者施救的一种方法。徒手施救必须要求救护者具有救死扶伤的忘我精神，同时有较高超的游泳技术和救护本领。直接救护包括观察、入水、接近与控制、解脱、拖带、上岸与搬运、现场急救等过程。

（一）观察

入水前，既要迅速果断，又要全面细致，要在极短的时间内做出观察判断。

1.观察周围环境

判断溺水者在水中的位置、距离，选择最佳的入水点。

2.了解溺水者的基本情况

如判断溺水者是成人还是小孩，是身强力壮的男性还是纤弱的女性，险情是刚发生还是溺水者经过挣扎即将沉没，进而选择恰当的救援方式。

3.观察同时寻求帮助

大声呼救，引起周围人的注意，得到他人的协助，以便配合抢救。

（二）入水

入水要快，既要看清目标，又要注意安全。要注意根据不同的环境，采用不同的入水方法。根据水域环境和溺水者的地点不同，常用入水的姿势有跨步式、蛙跳式、鱼跃浅入（或称平跳）式、高跳（或称直立、垂直、团身）式、静入（或称摸索）式、跑跳式等。

入水技术是指发现溺水情况后，救援者从船上、岸边、码头和礁石边迅速跳入水中或从海滩跑入水中的一项专门的出发技术。以"迅速、安全、实用和观察"目标为前提。不管选择何种入水方式，其目的是始终注视目标，入水后能迅速抬头发现和观察目标，选择接近目标的最佳游泳线路，快速地接近目标。

1. 蛙跳式入水法

救援者两脚趾扣住池（岸）边，身体向前跃出，并含胸收腹，两臂侧平举并屈肘，掌心向下，两腿做蛙泳收腿动作。入水后，脚做蛙泳蹬夹水动作，同时两手向下压水，以加大阻力增加浮力，使头始终保持在水面上。蛙跳式入水常用于岸边、船边的入水，一般水深以 1.5 m 为宜，入水者位置与水面的高度在 2 m 以内为宜。其优点是救援者入水时头部始终露出在水面上，便于观察溺水者的位置和选择游泳的方向和路线。

2. 跨步式入水法

救援者两手向两侧张开，上身略向前倾，一脚在前，另一脚在后准备，之后以大跨步入水。接触水面后，张开的两手掌向下向内压水，同时跨开入水的双脚用力剪夹水，使头部维持在水面上。跨步式入水法是徒手直接救援最常用的入水方式之一，常用于岸边、船边的入水，一般水深达到 1~1.5 m，入水者的位置与水面的高度在 2 m 以内，即可以采取跨步式入水。跨步式入水的优点是救援者入水时头部始终露出在水面上，便于观察溺水者的位置和选择游泳的方向和路线。

3. 抱膝全蹲入水法

救援者两腿屈，两手抱小腿，使大腿尽量靠近胸部，上体尽量保持直立，以臀部入水，入水后应立即展开四肢，使身体浮出水面。抱膝全蹲式入水法一般适用水深 3 m 以上，入水者的位置与水面高度在 2~5 m。由于臀部先入水，可以防止入水时拍伤身体，也不至于下沉过深。

4. 鱼跃浅入式入水法

鱼跃浅入式入水法又称平跳式入水法。救援者自然站立在岸（船）边，入水之前，两眼注视溺水者的方向，两脚站稳，上体前弯约90°，摆臂、挺身、跃起；入水时双手并拢、两臂夹耳，挺身入水，头先入水角度浅而平，身体一入水面，头部迅速出水。此方法常用于救生游泳比赛和水面清澈的安全水域入水，适合站立的位置与水面距离 2~3 m，水深在 2 m 以上的水域。采用鱼跃浅入式入水的优点是跳水的距离比较远，出水快，可以立即寻找和发现溺水者。

5. 摸索式入水法

摸索式入水法又称静入式入水法。救援者身体后仰，眼睛注视下水的区域目标，身体背向或侧面前移缓慢地摸索式入水，手扶礁石、岸边或梯子，单脚或双腿慢慢伸入水中，当脚底踩到地面或支撑点时，可以前扑跳入水中，入水后，保持头部露出水面，以便寻找、观察和游向目标。此方法适用于礁石边和水下情况不明的地方入水，采取试探和摸索的方式，缓慢地走入水中或扑入水中。

6. 高跳直立入水法

救援者两肘胸前交叉夹紧身体两侧，一手捂鼻，一手向下拉紧救生衣，深呼吸，闭口，两腿夹紧伸直，直立式跳入水中。注意两眼平视，不要往下看，防止身体前倾。这种入水法的起跳可采取原地向前跳或迈步跟上腿并拢腿两种。此方法常用于从船上、码头较高的位置跳水，尤其是沉船事件逃生，要求水深达到 3~5 m，防止水深不够而造成碰撞水底的障碍物或地面致损伤。

（三）接近与控制

入水后，一般采用速度较快又便于观察的抬头爬泳游向溺水者，也可以采用抬头蛙泳游向溺水者。若溺水者尚在水中净扎，则救援者游至距溺水者约 3 m 远处应急停，改为踩水。

实施救援时应注意三个方面：①接近时，要迅速判断，尽可能从背面接近，避免被抱头、抱颈，以致无法呼吸，体力下降；②迅速将溺水者的头部抬高露出水面，使其能够呼吸，脱离极度恐慌状况；③大声劝慰及诱导溺水者保持镇静、睁开眼睛，以争取配合。

1. 正面接近

正面接近救生技术适合在溺水者挣扎程度较弱，头在水面上，手臂的位置清楚时采用。救护者接近溺水者时，左手（或右手）拉溺水者的左手（或右手），使其向右（或向左）转体 180° 后仰，右手（或左手）托其背后，使溺水者呈水平仰浮状态，以适宜的方法进行拖带。

2. 正面潜水接近

当水深而清，溺水者头部露出水面，与救护者面对，而且溺水者挣扎程度较强或在接近溺水者的水面上有障碍物时，采用正面潜水接近救生技术。救援者接近溺水者时，深吸一口气潜入水中，游至溺水者的髋部以下位置，两手抓住溺水者的髋部向上托，使溺水者的口、鼻露出水面，同时将其转体 180°，并将两手沿溺水者的微部两侧向上滑至其腋下，用一只手托起溺水者的背部，使其呈水平仰浮状态，然后以适宜的方法进行拖带。

3. 侧面接近

当溺水者尚未下沉，两手还在水面上挥舞挣扎时，采用侧面接近救生技术。救援者游至溺水者约 3 m 处，有意识地转向溺水者侧面游进，看准溺水者的位置，果断地用同侧手抓住挣扎中的溺水者近侧手腕部，并将溺水者拉向救援者的胸前，使溺水者呈仰漂姿态，然后以适宜的方法进行拖带。

4. 水中接近

溺水者悬浮水中时，救援者潜入水下，使用背后接近，将其控制后，头部托上水面，使溺水者呈仰漂姿势，并拖带上岸。

5. 水底接近

当溺水者沉入水底时，游泳至附近水域并到水下搜寻，发现目标后，距离溺水者约 2 m 时潜入水底接近溺水者，游背后，托双腋，将其带出水面。

当拉起溺水者时，不可向上猛拉，要以较小的角度，斜行缓慢上升，以免伤害到溺水者的脊椎，造成二次受伤。

（四）解脱

救援过程中，若遇到神志不清的溺水者，救护人员应保持沉着、冷静。首先采取躲避或防卫的方式避免被抓抱；一旦被抓抱，不能慌张，应利用杠杆和反关节等原理，迅速解脱。

1. 单手被抓解脱法

当溺水者从前面抓住救援者一前臂时，救护者应尽快用手控住溺水者一手的大拇指，向外用力拉开，接着将被抓的手迅速由内向上外翻转，并反握溺水者的另一臂向下压即可解脱，在解脱的同时，把溺水者扭转成背向自己的姿态，然后将其拖带上岸。

2. 双手被抓解脱法

溺水者从前面两手同时握住救援者的两手腕时，救援者两手应及时由内向外翻转后，反握住溺水者的两臂用力向下压，即可解脱。接着把溺水者身体扭转成背向自己的姿态，然后将其拖带上岸。

3. 背后被抱颈解脱法

当溺水者从后面双手抱住救援者头颈时，救援者用右手（或左手）托住溺水者的一肘部，另一手握住溺水者同一手腕，同时将托肘部的手用力向上推抓腕的手，再用力向下，拉即可解脱，然后迅速采取措施使其背对自己以便拖带上岸。

4. 正面被抱解脱法

溺水者从前面双手抱住救援者上体时，救援者用左手抱住溺水者腰部，用力向自己身边拉，右手用力抬住溺水者的下颌，由下往上推或两手将溺水者头部扭转，溺水界就会自行松脱手，解脱后把溺水者身体扭转成背向自己的姿态，然后将其拖带上岸。

5. 背后被抱腰部解脱法

当溺水者从后面双手抱住救援者腰部时，救援者可用两手分别抓住溺水者同侧的拇指或中指，向两侧扳开，并一手从头上，一手从背后将溺水者身体旋转180°。解脱后将溺水者身体扭转成背向自己的姿态，然后将其拖带上岸。

6. 头发被抓住解脱

当溺水者抓住救援者头发时，救援者可一手压住头发被抓住的溺水者部位，另一手抓住其肘关节作反关节挤压。解脱后，将溺水者身体扭转成背向自己的姿态，然后将其拖带上岸。

7. 避免被接抱防卫

当溺水界想抓住或搂抱救援者时，采取双手阻挡或按压的方法，躲避或将溺水者推开，并顺势反握住溺水者手腕，控制其手臂，用适当的方式将溺水者拖带回岸边。

当救护者采取单手、双手阻挡和双手下压的方法，仍然无法脱离溺水者的抓抱，也可以采取单脚蹬踏溺水者的裆部或腹部位置的方法，将溺水者蹬离、推汗或躲避。

一般采用身体后仰成仰漂姿势，保持呼吸畅通．然后收腹举腿，用单脚的脚跟抵住溺水者的肩颈部位，用力向前蹬；同时，双手抓住溺水者的双手用力后拉，即可与溺水者分开，达到防卫的目的。

（五）拖带

拖带是救援者控制住溺水者后，采用各种游法将其送到岸边或船边的过程。不论采用什么方法，拖带时，都要将溺水者托至水面，使其仰卧平浮。特别要注意让溺水者的口、鼻露出水面，以便于呼吸。

1. 托腋下拖带

救援者仰卧水中，两手抓住溺水者双腋，做反蛙泳的蹬腿动作游进。

2. 夹胸拖带

救援者侧卧水中，一臂从溺水者肩部绕过胸前，抓住另一侧腋下，另一臂在体下划水，两腿做侧泳的蹬剪腿动作游进。

3. 扣臂拖带

救援者身体侧卧，以一臂穿过溺水者腋下，经其背部握持住溺水者另一上臂；救援者另一臂在体下划水，两腿做侧泳的蹬剪腿动作游进。

4. 双人拖带

两名救援者侧卧于溺水者的左右两侧，各用一臂抓勾住溺水者的上臂，同时做单臂划水的侧泳动作游进。

5. 托顿式拖带

控制溺水者后，使其成仰漂姿势在水中，用单手或双手托住溺水者的双疑，救援者采取反蛙泳姿势将溺水者直接拖带至岸边。

（六）上岸与搬运

救援者将溺水者拖带到岸边或船边时，需将其扶拉上岸，以便抢救。如有其他人在场，则可协助将溺水者拉上岸或拉上船；若无他人帮助，在浅滩或较平坦的斜坡处上岸比较容易，而在陡坡、船边或游泳池边上岸就比较困难。

1. 压手提拉法上岸

救援者将溺水者拖带至池边后，一手抓扶池边，另一手握住溺水者的一手，将其按压在岸边；接着，救援者面朝池壁，两腿用力蹬夹水，两臂用力一撑，自已先上岸或上船；然后，救援者转向水边，抄起溺水者的另一臂，双手抓紧溺水者的两手腕，将其身体扭转成背对岸边或船边的状态；最后，将溺水者猛然往水中一浸，借助水的浮力顺势上提，将溺水者拉出水面，使其坐在岸边。注意提拉时，不要使溺水者背部离岸太近，以免擦伤背部。

2.搬运

救援者将溺水者救上岸后，往往需要将其送到平坦处、现场急救室或邻近的医院进行抢救。搬运的方式很多，有单人的、双人的、多人的以及用担架的等。

（1）拖拉法：在浅水或沙滩上，溺水者背部紧靠在救援者的胸肩部，救援者双手环抱溺水者胸腹部，向后拖拉行走，可节省救援者体力。

（2）搀扶法：当溺水者被救到浅水区时，意识仍然清醒，将溺水者手肘搭在救援者的肩上，搀扶上岸，可节省救援者体力。

（3）背负法：当溺水者无法行走时，可采用背负法搬运。救援者蹲在溺水者身体的前面，让溺水者趴在救援者的背上，救援者双手托于溺水者的腘部或抓握溺水者双手腕背负搬运。

（4）斜背法：当溺水者无法行走时，可采用斜背法搬运。救援并站在溺水者身体的前面，一手抓住其颈部，另一手抓住其双腿，夹紧溺水者使共横趴在救援者后背，头部低于身体，便于控水和负于搬运。

（5）肩背法：当溺水者无法行走时，可采用肩背法搬运（以右肩上肩为例）。救援者面对溺水者，右腿插入溺水者两大腿之间，两手顺势由溺水者腋下穿过，并交叉相捏。救援者上臂紧夹溺水者向上提拉，使溺水者坐于救援者的大腿上，再用左手牵拉溺水者的右臂，右手抄裆上肩。上肩后救援者用右手抓住溺水者的右上臂，左手保护溺水者的头部站起来做肩背法搬运。

（6）双人抱抬法：当溺水者无法行走时，可采用双人抱抬法搬运，一名救援者双手从腋下托起溺水者的身体，另一名救援者双手抬起双腿；或者两名救援界分列于溺水者两侧，分别用一臂从腋下抱起溺水行的身体，另一子抬起溺水者的双腿，两人合力将溺水者搬运上岸或浅滩。

（7）急救担架搬运法：溺水者疑似有颈椎或腰椎损伤时，通常要使用医用急救担架，固定颈部或身体后才能转移，无颈托时颈部两侧可用沙袋或衣物固定，伤者身体可先用固定带固定于担架上，然后再搬运。

第二节　实用游泳仰泳

　　仰泳是游进时身体仰卧在水中游进的一种泳式，有着较为久远的历史。18 世纪就有关于仰泳技术的记载。但是直到 19 世纪初，游仰泳时仍采用两臂同时向后划水，两腿做蛙泳的蹬水动作，即现在的"反蛙泳"。自 1902 年出现爬泳技术后，由于爬泳技术合理和速度快，就开始有人采用类似爬泳的两臂轮流向后划水的游法。到 1912 年第五届奥运会时，美国人 H·赫布纳改进技术，使用两臂交替划水和两腿交替踢水的配合，并取得成功，至此"反蛙泳"失去比赛意义，成为仰泳技术发展的转折，形成了现在的仰泳技术。

　　仰泳的优点在于仰卧在水面，臂、腿轮流交替打水、划水，呼吸方便，动作简单易学，肌肉不易疲劳，身体起伏较小，便于在水中做动作，深受中老年人和体质较弱者喜爱，是一种非常悠闲舒适的泳式。

　　仰泳技术动作由身体姿势、腿部技术、臂部技术和呼吸等几部分动作协调配合组成。

一、仰泳身体姿势

　　游仰泳时，身体应该自然伸展，平、直地仰卧于水面，头和肩部略高于腰和腿部，身体纵轴与水平面构成一个很小的仰角，双腿在水下 5~10 厘米。

　　仰泳游进时，头部和髋部的位置非常重要，尤其是头部位置，对于仰泳过程中身体的位置起着"舵"的作用。头部应与身体同在一条直线上，水面略越过双耳，面部完全露出水面，目视上方。头部不可过于后仰，易造成髋部抬高，脚和腿露出水面，影响大腿的效果。相反若过于收下颌，抬高头部的位置，便会造成鞍部和腿部的下沉，身体容易"坐"在水中从而增大身体在水中的阻力。因此，游进过程中，腰腹部需要保持适度紧张。

　　仰泳技术与自由泳技术相似，躯干随着划水和打水的动作绕纵轴自然转动，转动角度大约在 40° ~60° 左右。转动时需注意把肩和腕关节看作一个整体来转动。转动速度要快，游进时躯干处于侧卧位的时间多于仰卧位，有利于保持手臂划水时的深度和适当的角度，便于手臂充分发挥肌肉力量。若游进过程中身体没有转动，双肩齐平，由于肩关节的活动范围有限，划水就会较浅，产生大量气泡，影响划水效果。

身体的转动应使身体的一侧都露出水面，即从肩到大腿侧面。但需要注意的是，不管身体如何转动，头部位置始终是固定不动的。仰泳运动员在训练当中会在前额上摆一杯水，练习游进时头部的稳定性，避免身体侧向摆动，使推进力更加集中。

在仰泳技术中，腿部动作主要是保持身体良好的流线型，产生一定的推进力。除此之外更加重要的是保持身体的平衡，给身体一个稳定的支撑力。有效的仰泳打腿还对有效发挥上臂和躯干的力量也有着重要作用。

仰泳的腿部动作是由下压动作和上踢动作两部分组成。要求两腿自然并拢，脚稍内旋，脚尖相对，以髋关节为轴，由大腿用力，带动小腿到脚部做鞭状打水。与自由泳腿的技术相似。不同之处因为仰泳是仰卧的，推进力是由上踢产生的，且仰泳腿上踢开始时，膝关节弯曲的幅度要大于自由泳向下打水时的幅度。

二、仰泳腿部技术

（一）技术要领

1. 下压

下压时的水对腿产生的向上的压力，使得下压的前半段动作是直腿完成的。膝关节与踝关节自然放松，大腿带动小腿下压。达到一定深度后，在腹肌和腰肌的控制下，大腿停止下压，而过渡到上踢动作；由于惯性的作用，小腿和脚仍然继续下压，而造成膝关节弯曲。当腿部动作下压结束时，由于水对小腿的阻力和大腿肌肉的牵制，大腿与小腿构成约 $135°$ ~$140°$ 角，小腿与水平面约成 $40°$ ~$45°$ 角，此时大小腿弯曲到最大限度。

下压的动作因为不产生推进力，因此相对地要求速度不要太快，并且腿部各关节要自然放松。随后小腿和脚在大腿的带动下依次结束下压动作。当脚的位置低于臀部时，应适时停止下压动作，转入上踢动作。下压幅度过大会破坏身体流线型，增大前进阻力。

2. 上踢

上踢动作是产生推进力的主要动作，必须用较大的力量和较快的速度来完成。上踢动作一开始，就需要用较大的力量和速度来进行，并逐渐加大到最大力量和速度。动作开始时是以大腿带动小腿，小腿带动脚，在踢水的过程中逐渐伸直膝关节。上踢时需注意踝关节内旋，踝关节的灵活性对踢水效果有着重要的作用。当大腿向上移动超过水平面时就应结束向上的动作，此时膝关节接近水面，小腿和脚借惯性作用加速向上用力踢水，使膝关节充分伸展，构成向上"鞭打"的动作。

膝关节完全伸直时应该完成上踢动作，并且在任何情况下，尽量不要使膝关节和脚尖露出水面。脚趾应恰好位于水面或略低于水面的位置。

（二）练习方法

1. 陆上模仿练习

（1）坐姿模仿：坐于地上或台阶上，上体后仰，双手直臂后撑，双腿斜上举，做仰泳上下交替打腿练习。练习中主要体会脚踝内旋、动作幅度以及大腿带动小腿的发力方式。同时目视双腿，以便随时观察动作是否符合要领。

（2）池边打水：坐于池边，双脚浸入水中，做上下交替打水练习。体会打水时腿、脚对水的感觉，上踢时，注意将水花踢向前上方。

2. 水中练习

（1）扶池边打腿：双手扶于池边，身体仰卧于水中，髋关节展开，双腿伸直并内旋，做仰泳腿动作。练习时体会髋关节伸展、屈腿上踢和直腿下压的动作，上踢时需踢出水花，但控制膝盖和脚不要露出水面。

（2）仰卧后站立：站立于水中，先向后仰卧，随身体平稳漂浮后站立，站立时应先收腹，后屈膝，双手向下压水。该练习的目的是体会如何在水中正确平稳地迅速站立，以防呛水。

（3）仰卧滑行：双手扶池边或拉池槽，双脚位于水面处紧贴池壁做好蹬壁准备。练习开始时，先将双手放开上体后倒，同时双脚用力蹬离池壁。双手置于头顶前，保持仰泳姿势滑行。主要感受身体位置，体会身体平稳地仰卧水中的感觉。

（4）扶板打腿：将扶板置于胸前、头下或头顶，利用扶板做抱板、枕板和扶板的打腿练习。在做抱板打腿练习时，注意将扶板紧贴于胸部；做枕板练习和扶板练习时，注意身体位置，浮板应保持水平或为上扬状态。

（5）滑行打腿：开始姿势同练习仰卧滑

行相同，随后进行滑行打腿，滑行后双腿交替上下打水，双手可先在体侧由外向内做小幅度 S 形划水，熟练后再做双臂前伸的打腿动作。

（6）徒手打腿：仰卧于水中，双臂伸直并拢，前伸。将头部夹于双臂之间，双腿做仰泳打腿练习。练习时应注意双腿打腿的协调配合以及连贯性，先从较短距离开始，逐步增加游距。

（三）易犯错误及纠正方法

（1）脚掌蹬水。原因是对动作的理解不够清晰，纠正时应强调脚背绷紧踢水。

（2）小腿踢水。原因是打腿时以膝为轴打水，大腿未参与打水动作或是参与动作不够。纠正时应注意打水应以欲为轴，强调大腿带动小腿的正确姿势。

（3）膝部出水。原因是大腿直腿下压不够，提膝踢水。纠正时应加大大腿下压幅度，强调踢水时膝关节不上扬。

（4）坐姿踢水。原因是臀部朝下用力，身体位置没有躺平。纠正时应强调腰背力量的控制，减少臀部向下的力量。

三、仰泳手臂技术

仰泳手臂划水动作是产生推动身体前进动力的主要因素。仰泳的手臂划水是在体侧轮流交替进行的，划臂技术的好坏对游进速度有着重要的影响。仰泳手臂技术可以分为入水、划水、出水和空中移臂四个主要部分。手掌由入水和划水在水下形成一个 S 形的路线。

（一）技术要领

1. 入水

仰泳手臂入水时需与身体的转动相互配合协调。当一臂入水时，借助于移臂动作的惯性，臂部自然放松，身体向同侧转动，便于加大手臂的入水深度。手的入水点应在头前，同侧肩的延长线上。手臂应保持直臂，肘部不要弯曲，入水时小指向下，拇指向上，掌心向侧后方，干净利落地切入水中。入水时手掌与小臂约成 150°～160°，便于手指先于手掌外侧和前臂入水，减小入水时的阻力。

手臂入水时过宽或过窄都会影响前进速度，过宽会增大身体阻力，缩短划水路线并降低划水效果；过窄容易使身体侧向摆动，增加前进阻力。

手臂完全进入水中后，手的运动方向继续向前、向下以及向外三个方向同时运动，手臂伸展到适宜长度。入水阶段的动作几乎不产生推进力，主要是为后面的划水动作做准备。

2. 划水

仰泳的划水动作是推动身体前进的主要动力。整个动作是由屈臂抱水开始，以肩为中心，划至大腿侧下方为止。划水动作包含下划、上划、第二次下划和第二次上划四个步骤。

（1）下划。当一臂入水后，手掌方向应转为向下方，但不可急于向下划水，不然会把水压向下方，使身体上下起伏，造成阻力。当手掌由向外转为向下时，前臂内旋，手掌上移，肘部弯曲，使屈肘程度加大，手指向外，使前臂内侧和手掌对水，并有压水的感觉。下划结束时，手掌距水面距离约30~40厘米，肘关节弯150°~160°，形成抱水动作，为上划做充分准备。

（2）上划。上划时身体继续向侧下方转动，手的划水方向为向后、向上和向内，肘关节逐渐加大弯曲程度。在上划的过程中，手的划水动作先于肘的划水动作，逐步使手、前臂和大臂形成良好的对水的阻力面。

手划至肩侧时，上划动作结束，肘关节弯曲和身体转动幅度达到最大，手掌距离水面10~15厘米，指尖向上。

（3）第二次下划

手掌划过肩关节后转入第二次下划动作。第二次下划时手掌、前臂以及上臂同时向后、向下和向内加速推水，直至手臂完全伸直，身体随着推水动作开始向划水臂相对的一侧转动。当推水即将结束时，前臂内旋做向下压水动作，推至大腿下完全伸直。推水结束后，手掌应朝下位于大腿侧下方，指尖向外，距离水面30~40厘米。

（4）第二次上划

该动作是指第二次鞭状下划后和出水前的这段划水。这一阶段一直被认为对仰泳提速非常重要，与前进速度的关系非常密切。随着第二次下划动作结束，手掌朝下，指尖朝外，通过直臂外旋、伸腕动作，手掌再由下向后、向内拨水直至大腿旁，方为完成第二次上划动作。

第二次上划动作时间较短，手掌对水形成的向后倾斜角度与由外向内的横向运动会产生推进力。所以需注意手在运动过程不可太靠近大腿，否则会对推进力产生影响。

3. 出水

划水结束后，手臂外旋，掌心朝向大腿，借助于手掌压水的反弹力和肩部肌肉的收缩以及身体的自然转动，迅速提臂出水。出水时注意使手臂伸直，并先压水后提肩，肩部露出水面后，在由肩带动上臂、前臂和手依次出水。

出水前手臂需先外旋，手掌转向大腿外侧，大拇指率先出水，此法阻力小，手臂较易自然放松。通常初学者会采用手背先出水，这种方式比较容易掌握，但出水时阻力大，带出水花多，应在掌握仰泳技术后，尽量改进。

4. 空中移臂

提臂出水后，手臂应以直臂方式迅速从大腿外侧垂直于水面移至肩前。当手臂移至肩上方时，使手臂肌肉尽量放松；当手臂移到头上与水平面平行时内旋，使掌心向外，为入水和划水做好准备。

空中移臂时，需要伸直放松，移臂的后阶段要注意肩关节充分伸展。空中移臂时需与身体转动紧密结合。在一臂移动的前半部分，身体应向划水手臂一侧转动，使由手臂到肩，甚至身体的一侧都露出水面，减小移臂阻力，同时帮助划水手臂的划水更有力。当手臂移到头上方时，身体需向移动手臂一侧转动，有利于手臂伸展，使入水点延长并增加下滑深度。

5. 两臂的配合

仰泳两臂配合与自由泳一样，需保证身体得到连贯而均匀的推动力，使身体匀速前进。两臂的配合方式主要有后交叉配合与中交叉配合。

（1）后交叉配合

一手臂入水时，另一手臂划水结束，双臂基本处于相反的位置，现代仰泳运动员较多采用该技术。优点是一手臂结束划水动作后，另一手臂能立即产生新的推进力。

（2）中交叉配合

一手臂入水时，另一手臂开始鞭状下划。其特点是肩部的活动没有后交叉动作幅度大，但速度均匀性更优，易于加快频率。适用于力量较差、耐力较好的运动员。采取哪种配合形式，需根据练习者自身情况而定。

（三）练习方法

1. 陆上模仿练习

（1）站立模仿练习：双脚并拢站立或双脚前后开立，模仿仰泳划臂动作。练习时先从单臂练习开始，由分解动作到连贯动作的模仿，熟练后再进行双臂交替动作练习。初学者可将动作分解为入水、抓水、划水、出水、空中移臂五个部分进行练习。

站立模仿时，应注意站立时的方位、动作方向与仰泳时的区别，建立正确的动作概念，以免影响入水后的练习。

（2）仰卧模仿：仰卧于长凳上，双臂悬空，模仿仰泳划臂动作。练习时应重点体会直臂移臂、屈臂划水动作以及 S 形划水路线。

2. 水中练习

（1）助力划臂：仰卧于水中，在同伴的帮助下练习。由同伴抱住双腿或握住脚踝，做手臂划水练习。练习时同伴除帮助练习者控制身体位置外，还需借助划臂惯性帮助练习者转动身体，使其充分体会划臂与身体转动的感觉。

（2）挂池边划臂：将双腿抬出水面放到池边上，身体呈仰卧姿势，双臂交替做划臂动作。练习时注意双腿放松，小腿和脚要压住池边沿，以避免划臂时从池边上滑脱。

（3）夹浮板划臂：将浮板夹于双腿之间，仰卧水中，双臂交替做划水练习。练习时体会双臂划水时的动作过程。

（三）易犯错误及纠正方法

（1）入水点不在肩的延长线上，过宽或过窄。原因是移臂时手臂没有垂直于水面，有侧向摆动（倾向）。纠正时应多做陆上移臂练习，并加强肩关节韧带的训练。

（2）手背入水。原因是手臂内旋幅度不够，肩关节灵活性差。纠正时应强调移臂时后半程的内旋动作，注意小指率先入水。

（3）托肘划水。原因是未做好深抓水和屈臂动作，手臂入水后直接直臂后划。纠正时注意入水、抓水时手臂应成倒高时姿势后再划水。

（4）双臂配合不连贯。原因是前交叉配合，或是划水结束后手臂在体侧停留。纠正时应多做后交叉动作模仿，强调加快推水速度和下压动作，借用反作用力手臂迅速出水。

四、仰泳的呼吸与完整配合技术

仰泳过程中，由于人面部向上，这就决定了仰泳的呼吸与其他泳姿呼吸的不同，手臂与腿部都在摆动，不过仰泳的呼吸更侧重完整配合技术。

（一）技术要领

1. 呼吸

游仰泳时，口鼻应始终露出水面，呼吸不受水的限制，但为了避免吸气不充分造成的动作紊乱，一般保持一定的呼吸节奏。多数运动员采用移臂时吸气，另一臂移臂时呼气的方式进行练习以及比赛。

2. 完整配合

仰泳的完整配合与自由泳的完整配合一样，需要各个动作的协调配合。当右手入水时，右肩前伸，身体绕纵轴向右转动，头部固定不动，保持身体流线型。左手此时应为鞭状下划结束，左肩提起准备出水。而右腿向上踢水，左腿则处于下压状态。

仰泳配合技术中，基本都采用6：2：1的配合技术，即打腿六次，两臂各划水一次，呼吸一次。仰泳游进过程中很少出现4：2：1或是2：2：1的配合技术，六次打水的配合顺序主要是当左手入水并抓水时，左腿上踢；左手上划时，右腿上踢；左手鞭状下划时，左腿第二次上踢；右手划水时的顺序重复左手动作。

为了更好地完成身体转动的动作，每个划水周期中每一次打水力度并不完全一致。身体转动开始时的打腿应是最为有力的。

（二）练习方法

1. 陆上模仿练习

（1）手臂与腿的配合：原地踏步或踏步后退，配合动作。练习时注意手臂与腿部动作的连贯性。

（2）呼吸与手臂配合模仿练习：原地踏步，代替水中打腿动作，双臂轮流交替做划臂动作，三次踏步一次划臂，同时吸气，再踏三步摆一次手臂。同时呼气。练习时注意打腿及呼吸相互配合的节奏。

（3）仰卧模仿：仰卧于长凳上做练习（1）的动作，体会仰卧姿势的协调配合。

2. 水中练习

（1）单臂划水、打水配合：仰卧水中，一臂扶板置于头顶，另一臂划水，几次之后交换手臂练习。练习时注意腿部不停打水，以保持身体位置。

（2）双臂划水、打水配合：仰卧水中，双臂轮流划水。注意划水动作不可有停顿。练习时可先借助扶板进行，待熟练后再徒手配合。

（3）完整配合：在练习（2）的基础上，加入呼吸练习。练习时可先跟一只手臂的动作配合呼吸，掌握后再按要领进行练习。

（三）易犯错误及纠正方法

（1）头高脚低，坐着游。原因是收腹屈跳或打腿下压不到位。纠正时强调良好的身体流线型，腿部展开，加强腿部动作练习，提高下压动作效果。

（2）配合不协调，不连贯。原因是手臂动作有停顿现象。纠正时应多做手臂动作练习，强调手臂动作不能出现任何停顿。

（3）侧向摇摆，蛇形前进。原因是移臂时手臂未垂直于水面，入水点偏外或偏内。纠正时应注意直臂移臂，使手臂垂直于水面，强调身体随划臂动作沿纵轴转动。

五、仰泳出发技术

仰泳出发与另外三种泳姿不同，是唯一一种采用水下出发技术的泳姿。它是由准备姿势、蹬壁、腾空、入水、滑行和海豚式打腿以及出水六个步骤组成的。

（一）技术要领

1. 预备姿势

根据竞赛规则要求，运动员应面对池壁，双手握住握手器，双脚紧贴池壁，屈腿团身，臀部在水中。

听到口令后，运动员需拉起上体，双肘外分并弯曲，低头，呈蹲姿，臀部尽量提起。双脚蹬池壁的位置没有具体要求，视个人情况决定。

2. 蹬壁

听到出发信号后，头部快速向上向后摆动。同时双手用力向前下压握手器，帮助身体向后上方蹬出。松手后，双臂尽快向头部上方前摆，此时用力蹬腿以便身体向后上方蹬离池壁。应先蹬直膝关节再伸展踝关节。

3. 腾空

腾空时身体应为反弓形，按照弧形路线前进。手臂前伸，头向仰，双腿并拢伸直，特别注意脚踝伸展动作。

4. 入水

入水时双手并拢，前伸。头部紧贴双臂，躯干、腿、脚伸直，以保持良好的流线型。注意手指先入水，随后是头、躯干、腿、脚依次入水。全身入水点皆在手部入水点入水最为理想。要想达到这点，入水时需注意略提腿屈筋，以便减小阻力，该动作有助于腿在接近臀部入水点入水。

5. 滑行和海豚式打腿

入水后应迅速屈膝，使身体前进方向尽快转为向前。随后做海豚式打腿动作，有助于改变前进方向。双臂尽量伸展贴近头部，双手重叠在一起。竞赛规则要求水下潜水距离为 15 米，在 15 米前，头部必须出水，否则犯规。

6. 出水

海豚或打腿后，开始上下打水并在水下进行划臂动作，帮助身体露出水面。出水前不可抬头，出水后尽快以衔接完整的仰泳技术。

（二）练习方法

1. 陆上模仿练习

撑于地面上，挺胸抬头，双臂经体侧上摆，同时蹬腿起跳，展体。练习时体会展体的感觉。

2. 水中练习

（1）蹬壁滑行：面向池壁，手扶池边或池槽，做仰泳出发练习。练习时注意动作连贯性，身体呈流线型在水下滑行。

（2）反跃滑行：站立于浅水中，双臂前伸，下蹲，随后双臂后上摆，双腿用力蹬底。练习时注意仰头、挺胸、展体的动作顺序。

（3）出发完整动作；双手握住握手器，做完整仰泳出发练习。初时预备姿势不要拉得过高，以免蹬出时身体朝向有误。熟练后可加大上拉幅度，并结合口令练习。练习时强调仰头、挺胸和双臂快速前摆。

（三）易犯错误及纠正方法

（1）腾空后双脚拖水。原因是腾空后双腿未及时上摆。纠正时强调腾空后双腿上摆幅度，加大蹬壁力量。

（2）背先入水。原因是摆臂力量不够，起跳角度过小。纠正时注意加大摆臂力量，加大起跳角度。

（3）入水过深，原因是头部过于后仰，入水后未及时展平身体。纠正时应控制头部适当后仰，入水后及时展平身体。

六、仰泳转身技术

根据游泳竞赛规则要求，仰泳运动员转身时手部不可触池壁。因此仰泳运动员只能采取前滚翻技术作为转身技术。仰泳转身是由游近池壁、转为俯卧姿势、转身（即滚翻）、蹬壁、海豚腿打水和出水六个步骤组成的。

（一）技术要领

1. 游近池壁

仰泳转身前，在不回头观望的前提下，准确判断自身与池壁的距离，是做好转身的先决条件。竞技游泳比赛中，在距离池壁5米处设有转身标志线，供运动员确定开始转为俯卧姿势前的划水次数。通常，看到仰泳转身标志线后，再做2~3次划臂动作，即应开始转向俯卧姿势。转为俯卧动作后，规定至正式转身前可做两次划臂动作，因此不必因为担心头部撞击池壁而与池壁保持过远距离。可利用最后一次划臂进行调整。

2. 转为俯卧姿势

从触壁前双臂最后一个动作周期开始转身。转身时双臂仍在水下动作。当水手臂向下划水时，开始朝划水手臂方向转动，另一手臂进行高肘移臂式移臂动作。划水手臂划至胸下时，另一手臂也应入水，完成俯卧姿势。

3. 转身

俯卧姿势主动完成后便开始滚翻转身动作。转身前应注意与池壁的距离，寻找最佳的转身时机。转身时头部向胸部靠拢，并做一次海豚腿动作，帮助臀部提出水面。

随后双手手掌转向底，向头顶方向划水，帮助身体转动；触壁前，双手划至头部上方并拢，并夹紧头部，呈仰卧状态，双臂与躯干尽快伸直，为双蹬壁做好准备，双脚触壁的深度根据个人情况而定，找到适合自己的深度，便于蹬壁后做海豚腿动作。

4. 蹬壁

蹬壁时身体呈仰卧姿势，双臂双腿同时伸展。蹬出时的方向略向下即可。注意滑行时保持良好的身体流线型，并保持一定深度。

5. 海豚腿打水

经过一段距离的滑行，开始海豚腿打腿动作。海豚腿次数视打腿效果而定，比赛过程中若海豚腿打水好运动员便会多做几次打水动作，在规则允许的情况下尽量多在水下游进一段距离。

6. 出水

准备出水时应先做划臂动作，随后双腿开始交叉打水。几次打腿动作结束后，开始做向下划臂动作，帮助头部露出水面。出水时应注意身体流线型，头与前伸手臂处于同一直线上。

（二）练习方法

1. 陆上模仿练习

（1）站立模仿练习：双脚前后开立，上体后仰，模仿仰泳最后一次划臂动作转为俯卧动作的练习。

（2）无支撑滚翻练习：利用垫子做仰泳转身模仿练习。练习时先做仰卧转为俯卧动作，随后加入无支撑的前滚翻。滚翻时注意低头、收腹、团身以及提臀等动作。

2. 水中练习

（1）仰卧转为俯卧练习：仰泳游进过程中做仰卧转为俯卧姿势动作。注意练习时体会手臂带动身体绕纵轴侧转的感觉。

（2）滑行前翻练习：身体呈俯卧姿势蹬壁滑行，随后做一次划臂、打腿动作，利用产生的前进惯性身体向前翻滚180°。该练习重点体会翻转的连贯性和协调配合。

（3）自由泳前滚翻：利用自由泳前滚翻技术进行练习。向前翻滚后双脚贴紧池壁，身体呈仰卧姿势蹬离池壁。

（4）完整动作：熟练掌握上述练习方法后，进行完整的仰泳转身动作练习。

（三）易犯错误及纠正方法

（1）滚翻时呛水。原因是头部向下翻滚时鼻子未呼气。纠正时应强调滚翻过程中鼻子的呼气动作。

（2）转身动作不连贯，转身后附加划臂、打腿动作。原因是转身前对距离的判断不准确，仰卧转为俯卧后距离池壁太近或太远。纠正时应强调对转身前距离的掌握，反复练习，寻找适合自身的转身距离。

（3）滚翻不过。原因是游速太慢转为俯卧后提臀困难，动作配合不协调，屈膝过早。纠正时应加快游进速度，并利用海豚腿向下打腿时的惯性帮助臀部提升，推迟屈膝时间，强调双脚出水后，再做屈膝动作。

（4）蹬壁无力。原因是转身过早，身体距离池壁太远。纠正时应加强对转身距离的掌握。

第三节　实用漂浮

学会游泳既能提高自身的防溺水能力，又能与水亲近享受大自然的这份馈赠。面对乘船意外落水、游泳技术欠佳、身体不适、体力透支等意外溺水情况。在无法及时得到别人帮助和救援的情况下，自救的基本原则是：尽可能保持体力，以最少的体力消耗维持在水上最长时间。为了达到这一目的，当在水中遇险时，必须放慢呼吸频率，放松肌肉，减缓身体的动作，尽可能利用身上或身边任何可增加浮力的物体，使身体浮在水上，等待有效救援。

一般情况下，水中等待救援的方式有3种：乘坐救生艇（筏）等待救援；通过救生浮具或其他漂浮物帮助，在水面休息等待救援；在没有任何浮具可用的情况下，只能依靠身体的浮力，在水中漂浮等待救援。

一、徒手漂浮自救

徒手漂浮是指不借助任何辅助，利用人体自身的浮力，在水中等待救援的求生方式。不会游泳的人落水瞬间，四肢会下意识地乱动，拼命挣扎、大喊大叫。殊不知，这样浪费体力反而容易导致溺亡。因此，掌握一定的游泳技术就显得非常重要。徒手漂浮要求人充分利用漂浮原理进行自救。入水时，首先要尽量保持镇静，利用踩水技术看清方向，呼吸协调，保持体内最大肺活量。其次，不能脱衣服，因为吸足水的衣服对人体体温有保护作用。最后，选择"HELP"和"HUDDLE"自救姿势、俯卧式漂浮、仰卧式漂浮、漂浮游泳和韵律呼吸等几种姿势等待救援。

（一）HELP 和 HUDDLE 自救姿势

当人落入冰冷的海水中时，体温过低的现象就会很快出现。这时，需要采取自救措施，保护人体主要的散热部位：头部、颈部、胸部、腹股沟等。覆盖这些部位将有助于防止失温现象或减缓体温降低的速度。

温馨小贴士

体温过低：身体温度调节机制无法保持正常的体温（37 ℃），身体不断变冷，体温过低会危及生命，是很严重的状况。

1.HELP 姿势

HELP，全称 Heat Escape Lessening Posture，即减少热量散失的姿势。将两腿弯曲，尽量收拢，两肘紧贴身旁夹紧，两臂交叉抱紧在救生衣胸前，使头部、颈部尽量露出水面，以保持视野和避免伤害，可最大限度地减少身体表面暴露在冷水中，达到减缓体热散失速度的目的。

2.HUDDLE 姿势

几个人紧抱在一起或一人把身体闭成一团的姿势，能够保护热损失大的关键部位，从而避免体温过低。这种姿势在操作时将老弱病残幼人员围在中央，可起到保护作用。当救援船或者飞机出现时，受困人员彼此挽住胳膊，用脚使劲踢打海水，可以造成大面积水花，便于救援人员发现。

温馨小贴士：

人体体温变化对身体的影响

人体体温正常值	36.5~37.4 ℃	体温低于正常值即为失温
低度失温	35.5 ℃~36 ℃	①身体发冷； ②手部动作轻微失调； ③心跳加速； ④尿意； ……
中度失温	32.2~35 ℃	①肌肉不协调； ②颤抖减慢； ③步伐蹒跚； ④无知觉，昏睡； ⑤神志不清，语言含糊
严重失温	29.4~32.2 ℃	①颤抖停止； ②身体无法接受指令与行动； ③视力丧失； ④神智混乱变为昏迷

续表

人体体温正常值	36.5~37.4 ℃	体温低于正常值即为失温
极度失温	<29.4 ℃	①血压降低； ②瞳孔放大； ③死亡

（二）俯卧式漂浮自救

俯卧式漂浮是落水后深吸气，面部朝下，俯卧在水面上，要保持镇定冷静，避免过于惊恐导致无谓挣扎，体力耗尽；身体尽量放松，使身体表面积与水的接触面加大，以增加浮力；双眼睁开，观察四周情况，消除心理恐惧；保持有规律地呼吸，不要有意憋气，应自然缓慢吐气。

1. 水母式俯漂

深吸气后，面部朝下，全身放松，四肢自然下垂呈水母状，静静漂浮水面。待需要吸气时，双手向上抬至下颌处，向下、向外压划水，顺势抬头吐、吸气，随即低头闭气恢复漂浮姿势。

2. "十"字形俯漂

身体呈"十"字形在水面的俯漂，又称"大"字漂，其动作要领是双臂平展，双腿前后分立漂浮水面。换气时，双手向后、向下压划水，两腿夹水，抬头使脸部露出水面呼吸。

3. 抱腿式俯漂

动作要领与水母式俯漂相似，区别在于团身时用双手抱住小腿，漂浮在水面，可以在水中进行滚动和摇摆，身体放松。换气时，双臂向外、向下压划水，抬头使脸部露出水面呼吸。

4. "一"字式浮漂

深吸一口气后，屏住呼吸，全身放松，身体俯卧水面上，四肢前后平伸，呈"一"字形。想要直立时，只要把双腿屈膝往胸前一收，再用点力往下一蹬即可。

5. 卧枕式俯漂

深吸气后，面部朝下．以双臂 做枕头，头枕在臂膀上，全身放松 漂浮在水面。换气时，双臂向外、向下压划水，抬头使脸部露出水面呼吸，随即低头闭气恢复漂浮姿势。

（三）仰卧式漂浮自救

1.仰卧式仰漂

身体肌肉放松，四肢展开，手臂上举，扩胸吸气，仰面后躺，漂浮在水面上。由于海水的压强大，浮力大，一般男性身体密度较大，可采用双手后伸姿势，获得较佳浮力，更容易平浮水面，获得更长的漂浮时间。呼吸要领为吸气慢且长，吐气快且短。

2.海星式仰漂

又称"大"字形仰漂，肌肉放松，两腿成"八"字形展开，手臂成"一"字形平举（或稍自然弯曲），扩胸吸气，仰面后躺，漂浮在水面上，以保持更长的漂浮时间，进行自救或等待救援。

（四）漂浮游泳自救

落水身陷广阔水域，没有足够的体力游至岸边时，采用漂浮游泳可帮助我们游回岸上。漂浮游泳是最节省体力的自救游泳方式。

1.俯漂式游泳

身体呈俯漂姿势，双手于胸前交叉，双腿前后分开，双手向外、向下压划水抬头吸气，两臂由胸前划至体侧，两腿夹水并拢，双手与双腿并拢，缓慢向前滑行。

2.仰漂游泳

（1）鱼鳍式：仰漂姿势，双腿缓慢上下打水或夹水，保持身体漂浮水面，上臂不动，屈肘划水，在水中仰面漂浮滑行。

（2）摇橹式：仰漂姿势，双腿放松不动，双手在身体两侧做"八"字形摇橹动作，在水中仰面漂浮滑行。

（3）反蛙式仰漂游泳：身体呈仰漂姿势，双腿收、蹬用反蛙泳腿技术，上体保持不动，双手在身体两侧划水，在水中仰面漂浮滑行。

（4）仰泳：游泳的最佳姿势之一，又称背泳，身体呈仰漂姿势，双腿上下打腿，如自由泳腿技术，上体放松，双手在身体两侧划水，在水中仰面漂浮滑行。

（五）韵律呼吸

韵律呼吸既是游泳自救的方法，又是水中健身的一种方式。它是指人在水中时，身体放松，保持直立姿势漂浮水面，利用水的浮力和人体的重力，上下沉浮在水中保持浮动而不沉入水底。尤其是在水深在 2~3 m 左右的水域效果更加明显，游泳者或溺水者万一到深水区域或不小心呛水时，可以通过韵律呼吸法自己保护自己，不需要依赖别人就可以安全地到达较浅的水域、池边或岸边。

二、藉物漂浮

藉物漂浮是最原始、最实用的漂浮方式。除了现代专门的水上救生器材，如救生圈、救生浮标、救生艇、逃生筏、救生浮筒、救生板、救生衣等以外，藉物漂浮时，更多的还是直接将自然界或身上可用的物品作为救生器材，借助其浮力达到求生和自救的目的。根据借用方式的不同，藉物漂浮可分为使用空塑料桶等制作漂浮工具、使用泡沫塑料等制作漂浮工具和使用衣服式用衣服自制漂浮工具自救三种。

1. 使用空塑料桶、空饮料瓶、油桶等制作漂浮工具

空饮料瓶或油桶等物品制作漂浮工具的适用场景十分广泛，特别是当遇到沉船事件时，将空饮料瓶或油桶等物品捆绑在一起，达到增加浮力，承受一定重要的目的。落水或溺水者可以紧紧地抱住这些物品在海上漂流等待救援。

（1）直接利用充气坐垫、空塑料桶、空饮料瓶或油桶：选择体积较大的空塑料桶、空饮料瓶或油桶，将开口朝下压在水面或将口封住，使漂浮物内充满空气，就会产生浮力，承载一定的负荷。

（2）加工使用空饮料瓶：要根据逃生者的体重，选择一定数量的空饮料瓶捆绑在一起，以增大浮力，一般 500 mL 的空瓶 20~40 只捆绑在一起，可以承载 70~80kg 体重的成年人，儿童可以减少些。在空油桶上缠上绳子以作抓手，避免长时间抱着油桶上肢疲劳，而造成滑脱手落水，发生二次溺水事故。

2. 使用木板、泡沫塑料等制作漂浮工具

凡是处于水上环境时，周围一切可以得到的自然物品，如树枝、木板、废车胎及其他可供助浮的物品，均可以充分利用。在船上也可以找到木板、泡沫、泡沫板、塑料盒子、浮球、手提袋（箱）、塑料袋、脸盆、足球等作为增大浮力的工具，并利用这些漂浮物进行自救，或延长在水上漂浮等待救援的时间。

3. 使用衣服自制漂浮物

衣服自救漂浮是水中求生与自救的有效方法之一，主要利用游泳者、失足落

水者自身的衣服、裤子等衣物，充气制作成浮力工具，延长在水上漂浮的时间，达到自救的目的。

（1）上衣利用法。利用穿在身上的衣服制作成浮力工具，衣服的质地最好是不易透气的全棉布，或有弹性的尼龙布等化纤材料。

①吹气法：在水面吸气后，低头将气由衣襟吹入衣内，双手抓紧衣襟，防止空气外泄，可在衣服肩背部形成气囊，帮助漂浮。

②打水法：将拉链或扣子全部扣上，一只手将衣服下摆拉出水面，另一只手将水花拍打至衣服内充气。

（2）长裤利用法有主要打水和前扑两类。

①打水法：身体呈漂浮姿势，拉裤脚或双腿摆动，将裤子脱下，两只裤管末端绑在一起，一手将裤腰提出水面，另一手向裤管内拍打水花，将空气充满裤管做成气囊，帮助漂浮。

②前扑法：身体呈漂浮姿势，将裤子脱下，两只裤管末端绑在一起，双手各抓住裤腰的一边，将裤子置于头后方，双手自头后方向前扑，裤管中可充满空气，形成救生气囊。

第七章　游泳健身康复

游泳作为特定水环境下的一项周期性全身运动，具有增进健康和促进身体功能恢复的作用。从简单的走跑跳等水上练习，到水中健身操等富有现代韵味的水上健身运动，都赋予了游泳健身以时代气息。游泳的水疗功能，越来越受到人们的重视。

拥有健康的身体才能维持良好的生活品质，近20年来健身运动形式多样化，传统的水中康复被重新规划，成为适合大众的健身运动方式。传统上，水疗是康复和物理治疗中重要的一环，其应用可追溯到数百年前发展至今，除了"治疗"的层面之外，又增加了"锻炼"上的应用，对象除了病患者之外，也包括普通健身者。水中健身内容包括：水中关节、肌肉静力拉伸、水中行走、水中慢跑及水中健身操等有氧运动练习。水中健身运动与传统的健身概念有着根本的区别，其特点是基本保持头部出水，以垂直姿势在水中做全身性的运动，以达到增进身心健康、提升体能水平。水中健身运动属于低冲击有氧运动，安全性与趣味性都较高，不论年龄、性别、体能状况如何，每一个参与者都能从中享受到运动的乐趣。尤其是不适合陆上运动或是无法从事陆上运动的人，更可以从水中运动获得多项效益，避免运动伤害；孕妇、银发族、体重过重者以及关节炎患者等有特殊身体状况，不能承受剧烈运动的人都特别适合这一项运动。

第一节　水中健身

健康是人类在其生命过程中追求的永恒主题。在当今文明高度发展的人类社会，人与自然环境和谐共处、增进健康，是人类自身可持续发展的关键所在。世界卫生组织指出"健康不仅是躯体没有疾病，还要具备心理健康、社会适应良好和有道德，因此，现代人的健康内容包括：躯体健康、心理健康、心灵健康、社会健康、智力健康、道德健康和环境健康等。健康是人的基本权利。健康是人生的第一财富。现代人的健康观是整体健康。

水中健身是人类为了促进自身的健康而在水中进行的各种锻炼活动。随着人们生活水平的不断提高，特别是以线上健身教学为主的互联网或移动客户端的推行，使得人们在线下强身健体、休闲娱乐的需求更加强烈，"花钱买健康"的意识进一步增强，越来越多的人热衷于水中健身，水中健身已被世界各国健身专家公认为最有效、最快捷、最安全的塑身运动。

追求健康和减肥是当今社会的时尚，健康对于每个人都是重要财富，失去健康就失去了生活的根本，人们在享受现代文明的同时，也遭受众多"文明病"的侵扰，肥胖就是其中一种。因为肥胖会造成器官系统的代谢障碍并会诱发许多慢性疾病，所以，健身减肥的目的不仅是爱美的要求而且是健康的需要。

合理运动能够给人带来健康，具有良好的塑身作用，而如何科学健身却是一门大学问。要达到健身塑身的目的，必须有一定的运动量、运动频度和运动强度，但是运动刺激太强，对人体的关节和肌肉带来较大的冲击，容易引起运动损伤。水中健身运动由于充分利用了水的浮力的特性，则可以避免这种损伤；加上水流可以较快地带走体表温度，加快血液循环和能量代谢，能够有效地减去体内多余脂肪，还可以锻炼人的力量、耐力和肌肉柔韧性，塑造完美形体。

现代水中健身活动作为大众游泳的一部分，其形成和发展经历了一个渐进的过程。从最初的水中走跑跳、水中游动、水中韵律呼吸、水中游戏和水中形体练习，到目前的水中有氧运动、水中健身操、水中减肥、水中娱乐健身、水中康复等锻炼体系，有机地融入了各种传统的健身方法，如太极拳、民族的舞蹈、瑜伽等，创设了水中太极、水中搏击、花样游泳、水中瑜伽、水中普拉提等项目，使水中健身贴近百姓生活，更接地气；现代的水上自行车、水上排球、水上跨栏、水中技巧等时尚项目的引入，使水中健身更具时代感，广受人们喜爱。

一、水中健身运动概述

水的健身功效很早就被发现和利用，两千多年前，古希腊名医希波克拉底就提倡用水来治疗多种疾病。3世纪，古罗马的浴室主要用于治疗多种疾病和损伤。1920年，美国总统富兰克林通过一些水中练习，来治疗脊髓灰质炎，此后这种水中疗法得到普及，这就是水中健身运动的前身。20世纪中期，水中疗法传入欧洲，七八十年代水疗康复在美国盛行，主要通过有氧健身操来达到水疗的目的。

（一）水中健身与游泳的关系

许多人一提起水中健身，就简单地把它认为是游泳，其实水中健身和单纯的游泳还是有很大区别的。游泳是最常见的水中健身运动，但水中健身运动不局限于单纯的游泳。游泳运动过程中需要尽量减小水的阻力，在水中的体位要保持很好的流线型，所以游泳锻炼对人的水性要求很高；而水中健身则尽量利用水的较大阻力来增加练习难度，从而提高健身效果。游泳是一项全身性的运动，对人体非常有益，但它对运动者的练习要求较高，对那些不识水性及水性较差的人来讲，只能是望水兴叹了；而水中健身是一种新型的有氧健身运动，它结合了不同节奏的身体动作和舞蹈步伐，既有陆上运动，还有水中练习，是多种运动风格的融合。即使完全不识水性，也能够轻松地参与其中，并且可以在训练时慢慢熟悉水性，还能消除"惧水症"，用不了多久就能轻松学习游泳技能了。因此，新兴的水中健身通常是指游泳之外的其他项目。

水中健身是充分利用水的阻力、浮力、压力、传热性和水的按摩性等自然特性，通过在水中进行走、跑、跳、蹲、踢、拍、压、推、拉、伸展等动作，从而形成的水中健美操、水中形体操、水中太极拳、水中瑜伽等多种运动形式；同时水中健身糅合了传统的健身理念，参加者不需游泳技巧，不需特殊装备，不论男女老幼，通过一整套系统的有针对性的水中形体训练手段，可以在较短时间内消除多余脂肪，塑造苗条形体。

（二）水中健身运动的发展

水中健身运动适合不同层次的人士健身、减肥，已被人们认为是最健康、最见效，也是最无副作用和安全性很高的一种新兴塑身运动。

1. 水中健身风靡全球

据相关报道：在美国有成千上万的人到大海或游泳池里慢跑，这已成为当今美国最新的一项减肥运动；有的健身中心会准备简单的水中运动课程，利用球、浮板或绳子等辅助教材，让学员们两人一组在水中拔河或玩排球等。这些健身项目是一种将陆上健身和游泳及花样游泳运动相结合的综合健身方法。美国水中健身协会的数据显示，现在大约有 600 万美国人定期从事水中健身活动，且呈持续增长的趋势。

在日本至少有 1 500 家游泳俱乐部，有 600 万人的游泳人口，这其中有30%~50% 的人都参加了水中健身。

水中健身已成为巴西时髦的健身运动，不少健身中心在现有运动项目的基础上还推出了水中排球、水中篮球以及水陆结合健身运动等，以便吸引更多的健身爱好者。

还有一向喜欢运动的德国人，如今，已不满足于在陆地上挥汗如雨，他们把许多健身器材搬到了水中，推出了水中健身房，配有为水中运动设计的健身器械，如水中脚踏车、水中划桨机、水中双臂屈伸机、水中健腹机等应有尽有。在水中健身房锻炼的不仅有年轻人，还有不少老年人，一般以女性居多，因为水中减肥健身效果明显。

水中健身运动越来越受到人们的喜爱，尤其更是得到众多女性的青睐，她们非常看中水中健身的塑身减肥效果，从事水中器械练习不用担心大汗淋漓的烦恼，又很好地享受水流的按摩效果。更重要的是，与在健身房跑步机上运动不同的是，水中健身不会让人浑身是汗。水中健身运动概念正在被全球所接受。

2. 我国水中健身运动的发展

水中习练健身操，由于水的浮力、压力和阻力的影响，不仅能使运动时与陆地上地面造成的冲击力减至最低，同时也增加了每个动作的强度，消耗能量大，增强心肺功能和提高肌力，很受公众欢迎。2001 年我国引入此项目，2007 年在北京举行了首届水中健身操比赛，比赛设有"徒手水中健身操""器械水中健身操"两个项目，分成普通组的青年组、中年组、老年组、混合组、家庭组以及专业组和高校组。2009 年在四川成都举办了第二届比赛，比赛除了进行"水中徒手操""水中器械操"项目外，又增加了"水中展示"比赛项目；2012 年在上海举办了第三届水中健身操比赛。从国家到地方，对水中健身活动正逐步推广，不少的宾馆和游泳场馆都设有水上健身项目，水中健身运动已成为一道靓丽的风景线。

（三）水中健身的特点

由于水中与陆上环境完全不同，水的压力、浮力等特性就决定了水中健身与陆上运动完全不同的特点：

1. 水的浮力可以降低运动损伤

与陆上运动相比，水中运动的安全性特点是显而易见的。据调查，水中健身的损伤率 0.06%，在所有运动项目中是最低的。在陆上运动，由于与地面的摩擦较大，又因为重力作用明显，运动者身体的各个关节容易受到相应的冲击，冲击过大常常会造成肌肉、关节、韧带拉伤及劳损。当人在水中运动时，浮力可以达到体重的 85%~90%，身体各个关节受到的冲击和震荡几乎为零，大大减少了运动中关节、骨骼、肌肉的压力，也不容易受伤。另外，水的浮力作用使体态肥胖的人在水中活动时，可以感觉到轻松自如，克服了陆地上活动容易疲劳的缺点。

3. 增强体质效果明显

如果动作速度相同，完成同样的一组动作，水中与陆地相比至少要多用 6 倍以上的力量。另外水的散热性远大于空气，是空气的 28 倍多；水的阻力是空气阻力的 12 倍。实验证明，一个人在水中运动 20 分钟所消耗的热量，相当于同样强度在陆上运动一个多小时消耗的热量。因此，在水中健身是一项更有效的健身法，可以发展肌肉耐力，提高身体各器官系统的机能水平，改善健康状况，增强体质。

4. 理想的减肥健身环境

水中健身运动可以在短期内加快新陈代谢，消耗体内多余脂肪，水中健身活动时消耗的热量明显会比陆地上多。比如水中骑自行车，通过加入一些特殊动作，可以在很短的时间里轻轻松松锻炼全身。想减肥的人在水中做运动，不仅可以去除腹部多余脂肪，还能使双腿变得修长。

5. 塑身美肤效果明显

由于水的多种特性，水中运动的机体可塑性最强。水的浮力有益于柔韧素质的练习，增强身体的韧性和弹性，长期坚持做水中健身运动，可以调节人体姿势和脊柱生理弯曲，使整个人体向流线型发展。同时，上肢、腹部和腿可通过水的阻力得到充分的锻炼，减少大臂的多余脂肪，减少腹部的赘肉，使双腿变得修长。水中健身活动可以有效地调节身体皮脂的分布，起到塑身的效果。

另外，由于水中运动相对出汗较少，减少了陆上训练后，汗水中的盐分对皮肤的刺激；同时水流、波浪的摩擦和拍打具有特殊的按摩作用，可有效避免并减少肌肤的松弛和老化，使肌肤光洁、润滑，富有弹性。在水中进行针对性的丰胸训练，通过水流的按摩，可以有效丰满紧实胸部。

二、水中健身的特点与准备工作

1. 水中健身运动特点

整体而言，水中健身运动为健康带来全方位的影响，与陆上健身运动相比，还具备以下特点：

（1）均衡强化肌力

使用适当的辅助器材，利用水的阻力，可以不断提升肌力训练的负荷强度，而水的阻力又能确保运动强度不超过你的承受能力，可有效训练肌力，特别是提高腹肌肌力的训练效果。

（2）提高平衡力

可使平时在陆地上极少使用而经常处于松弛状态的肌肉得到锻炼。在水中做各种动作时，需持续维持躯干稳定，有助于肌肉的均衡发展，增强身体的协调性和平衡力。

（3）促进睡眠

水中健身运动能消除紧张心理，释放压力，而且运动后不会产生陆上运动一样的肌肉疼痛，可提高睡眠质量。

（4）避免骨质流失

对抗水阻力的运动有助于骨质的强化，增加或至少维持骨密度，可避免骨质疏松症的发生。

（5）塑身效果

水中运动消耗的热量高于陆上运动，可以减少身体脂肪，有助于体重控制。浮力还有一个很微妙的作用，年纪大了，身体上的赘肉容易因重力作用而下垂，但是只要进入水中，就能感受到浮力的拉提作用，有很好的塑身效果。

2. 准备工作

（1）服装

泳衣注重舒适性与动作自如，因此要选择做大动作时，不会上滑且肩带不会掉的泳装，女性可加穿运动内衣，使胸部得到足够的支撑力；也可穿紧身裤袜或防寒衣裤，除有保暖作用，也有助于指导员看清水下的腿部动作。

（2）泳池环境

水温：无论在室内或户外泳池，一般水中的温度维持在 27~35 ℃，而理想温度在 28~30 ℃。一旦水温低于这个温度，就只能做些高强度、有氧或间歇训练的健身活动。当水温超过 30 ℃，则进行低强度、有氧、静态的肌肉增强及伸展或者水中太极运动。运动时觉得体温上升，却不至于有燥热不适感。运动一定会出汗，虽然在水中可预知感觉不到流汗，但也应适当补充流失的水分免脱水。

水深：提高呼吸、心脏的运动效果，理想的深度为齐胸深，加强对膝、腰等部位的运动效果，则可稍浅一些，位于腹部稍上一点的深度较好；如果深度达到肩部，容易破坏身体平衡；相反，及腰的深度，容易造成腰部负担过大。

（3）浮力与漂浮装备

在陆地上，重物是用来增加肌肉的训练负荷。在水中，使用重物的效果并不好。因此需要善用水的特性，利用一些浮力装备提高训练效果。

①浮力装备

浮力装备是指任何能够浮在水中的装备。使用时要垂直施力来抵抗浮力，与陆上使用重物的用法正好相反，常用浮力装备有浮条和浮力杠铃。浮力装备是进行力量训练的器材。让肌肉用力对抗垂直方向的浮力达到提高肌肉力量的目的。运动时使用什么类型或哪种密度的装备要视各自的力量与能力而定。如浮条的阻抗力低，适合用在抗阻训练的起始阶段。随着力量的增强，可以考虑使用浮力哑铃、浮力杠铃、环带浮碟或浮力杆等不同密度及不同阻抗力的装备。如何与浮力对抗使用浮力装备时，双脚必须一直踩在池底。腹部与背部的肌肉必须努力支撑以稳住躯干，才不会被浮力装备推着走，要始终掌握主动权，而不是受装备支配。使用浮力装备时，手腕要自然伸直，从手掌到前臂呈直线，绝对不要往下或往后弯曲，否则压力会直接施加在手腕上而导致疼痛。在对抗浮力将装备往下压时，脊椎要保持中立，别为了手臂下压而耸肩。

②漂浮装备

主要是指用来支撑身体以保持漂浮状态的装备，使参与者能够同时进行其他训练，而不是增加身体的训练负荷，如助泳带。

③阻力装备

当身体的某部位在水中移动阻力装备会增加该部位的迎面表面积，阻抗力因此会提高，不同于只作用在垂直方向的浮力装备，阻力装备可用于水中的任何方向。此外，不论有没有移动浮力装备都会持续地试图回到水面；而阻力装备只有在佩戴该装备身体部位在水中移动时才会发挥作用。

使用阻力装备能够均等地训练两组作用相反的肌肉，确保肌肉维持平衡，既然水的阻力会作用在任何运动方向，因此，某些浮力装备也能当成阻力设备使用，提供双重训练。首先让该装备一直保持在水下面就是在对抗浮力，接着在水中推动就是在对抗水的阻力。重视对关节的保护，手、肘、膝或其他参与运动的关节不要过度伸展，应该全程都保持柔软有弹性，至少要稍微弯曲。承受阻力的应该是肌肉而非关节，一定要注意保护关节。

三、水中健身运动主要项目

下面介绍的水中健身练习，是水中健身发展过程中比较重要的、实用性和操作性比较强、当下比较流行的活动。

1. 水中走跑跳

这类练习充分利用水的浮力和阻力作用，一般在浅水池中进行，且水深最好在胸腹之间（要保证头颈露出水面）。水中走跑跳所受到的阻力比在陆上大得多，能获得较强的锻炼效果。各种形式的走跑跳练习中尤以水中走跑跳的效果最佳、锻炼手段最多，如上体正直，两臂屈肘前后大幅度摆动的原地小跑步、高抬腿跑、倒退跑等，若再加上一些集体的跑跳组合练习，则可增强其练习的趣味性。而且水的浮力和阻力使练习者跑动速度不快，缓冲效果好，既安全又可减少关节的损伤，从而达到健身的目的。如果想要达到更好的健身效果，在穿上水中运动鞋的基础上，可以穿上特制的"水衣背心"或专业的"湿水背心"，也可以直接穿上与自身锻炼目标相适应的"救生衣背心"，使身体成为半浮半沉且稍微向前倾斜的状态，这样既达到了运动中控制身体的平衡的要求，又可以减少脚底与池底的不断碰撞，消减损伤。

水中走跑跳练习适合各年龄段的练习者，尤其适合老年人、心脏病患者、关节炎患者以及能够完成这些练习的残障人士。

2. 水中浮体与滑行

水上浮体和滑行是熟识水性的主要练习手段，同时也是一种保持长时间进行水上游泳训练的调节方式。当我们在水中游得筋疲力尽或节奏紊乱时，可以通过水中浮体的方式获得充分的休息，也可以在滑行过程中进行短暂的调整，恢复游泳节奏，从而继续锻炼，达到健身的效果。对于大多数的游泳健身者（尤其是老年人、儿童和残障人士）来说，水中浮体和滑行更像是一种休闲健身运动。浮体和滑行练习不受池水深浅的影响，初学者应在浅水池练习，会游泳者可在深水池练习。

浮体能增强身体的控制能力和平衡能力，通过憋气提高肺活量，增强呼吸功能；还可以通过变换各种姿势，如俯卧、仰卧、抱膝团身、屈伸四肢、浮体滚动等，增强水上活动能力。滑行则可获得另一种运动感觉，身体在水中漂浮移动，可使全身的肌肉得到充分放松。滑行对身体姿势的控制能力要求更高，平衡身体的难度更大，如俯卧滑行、仰卧滑行、侧卧滑行、各种在打蹬腿动作配合下的滑行、各种身体滚动式的滑行等，这些练习增强了控制身体姿势和肌群紧张的程度，从而锻炼了身体。

3.水中浮体与呼吸

水中韵律呼吸作为各式游泳换气前的基本技术，指人在水中时，身体放松，保持直立姿势，利用水的浮力和人体的重力，调节呼吸，进行水上吸气、水下吐气，在水中保持有节奏的上下浮动的过程。

（1）水中韵律呼吸的动作要领

在1.5~2 m深的水域，身体放松保持直立姿势，两手呈侧平举，嘴先吸一口气，身体随人体重力自然下沉，水没头后用鼻子慢慢地吐气，下沉至脚碰到水下地面时屈膝，脚用力向上蹬，双手侧平举同时向下压，借下压使身体上浮，嘴部露出水面时立即用口吸气。如此反复动作，使身体在水中有规律的上下起伏做韵律呼吸。

（2）水中韵律呼吸的注意事项

韵律呼吸是以口吸鼻吐为原则。在下水练习之前，可在岸上加以练习，注意体会水中韵律呼吸和陆上正常呼吸的不同。

双手压水时应注意，手掌五指是否伸直并拢，五指并拢后压水，手腕就不易扭曲，身体才容易浮起。

（3）水中韵律呼吸的作用

水中韵律呼吸过程中，身体的上下浮动与呼吸的调节配合，能够很好地达到游泳前的热身效果。

水中韵律呼吸还可以演变为两种简易的水中自救方法。一种是结合水母漂来进行自救。利用水母漂让身体放松浮在水面上，此时应低头闭气；待快没气时再作韵律呼吸的动作让头部出水，并迅速以口吸气，再恢复水母漂姿势即可。另一种是增加向前蹬地的动作来进行自救。当身体下沉至脚碰到水下地面时，屈膝做向上和微前蹬的动作，在韵律呼吸的同时，慢慢向浅水区域前进。

4.水中形体练习

水中形体练习是根据练习者的要求，在配合其他水中练习之后的，有目的的练习方式。这项练习是充分利用水的阻力作用，徒手或借助一些器械如小哑铃、空水瓶、小水桶等，在池边或水中进行的克服阻力的练习，可进行胸部、腰部、臀部等易堆积脂肪的部位的锻炼。

（1）水中徒手力量练习

①贴壁撑体：身体直立，两手撑池边，通过屈伸肘关节俯撑身体，尽量使身体跃出水平面并保持挺直，支撑3 s后，再次入水，反复进行。

②贴壁屈体：身体斜立，两手扶池边，通过屈伸肘关节俯撑身体，屈肘时尽量使身体要贴近池壁，身体保持挺直，支撑3 s后还原，反复进行。

③水中踢腿：站在水中或扶池边前后踢腿，上体始终保持正直，踢腿幅度要逐渐加大，频率也要由慢变快。连续踢腿15个来回，进行交换腿练习。

④直腿高抬：背对池边，张开双臂并牢牢抓住池边，上半身伸展形成字形，双腿并拢伸直，利用腰腹力量，将双腿向上抬起呈直腿高抬姿势，直至触及水面，保持5 s静止，随后慢慢放下，反复进行。

⑤挂壁缩腹：双腿倒挂在池边，同时身体背向水池，身体后仰，直至躯干与水面平行。刚开始练习可以手抓池壁，随着身体后仰逐渐手脱离池壁。这样类似仰卧起坐动作反复10次，间歇休息后再进行。

（2）水中借助器械练习

①水中踏板：利用沉到水底的跳板来进行蹬踏、跳跃和平衡的水中健身练习。

②水中哑铃：在水中手持哑铃，进行推举、屈伸和结合跳跃等水中健身练习。

③水中浮板：手握浮板，利用浮板增大对水面的接触面积，提高做动作的阻力。可以在水中做各种屈伸、转体、扩胸振臂以及结合走跑跳做。

5.水中健身操

水中健身操是20世纪中期在欧美兴起的一项水中运动，全称是水中有氧健身操，又称水中健美操、水中有氧操和柔水操等，多为站在齐腰深的水中，在音乐的伴奏下进行锻炼，就好像在水中做游戏一样。在我国，水中健身操是新兴的一项大众健身运动。由于水中健身操训练环境独特，针对性强，使人们在锻炼的同时，享受到与陆上健身不同的乐趣。

水中健身操是在轻柔的音乐伴随下，健身者跟随健美教练在水中进行的一种有氧健身运动。水中健身操可以有效地塑造身体各部位的线条，达到塑身的目的。水中健身操作为一种新型的有氧健身运动，它结合了不同节奏的身体动作和舞蹈步伐，既有陆上动作，也有水中动作。水中健身操充分利用了水的阻力和浮力特点，通过水的阻力，可以锻炼人的力量、耐力，塑造完美的形体；通过水的浮力，可以锻炼人的柔韧性，减少运动损伤。

（1）练习环境的选择

水中健身操一般在齐腰或齐胸的水中进行，即水深在1~1.4 m，双脚完全可以触及池底，健身者可以根据自身的身高，选择不同的位置，水位越深则动作难度越大，健身者一定要根据自身的情况选择动作的难易度。水质要清洁，要求经常进行水质的检测、清理和更新，给运动者提供一个舒适的训练环境。在水中健身操训练的同时，可以选择一些节奏较为舒缓的音乐进行播放，放松训练者的心情，渲染和谐的训练气氛。水中健身操训练所用的水，温度应该在27~30 ℃为宜，比一般游泳池的水温略高一些。如果水温较低，入水前要充分热身再入水，否则容易抽筋。

（2）锻炼要科学

锻炼前要对身体进行一系列医学检查，注意既往病史、有无运动损伤及药物服用的情况。锻炼时间因人而异，心率不要超过最大心率的85%。孕妇、发热或体温过低者及有运动损伤，如崴脚、拉伤者不宜参加水中锻炼，以免发生意外或者加重损伤。入水前需要做5~10 min的准备活动，让肌肉预热，防止入水后发生抽筋或肌肉拉伤。训练结束前要做些放松性练习，使身体充分放松，缓解疲劳，加快恢复过程。训练要在进餐1.5~2.5 h后进行，以避免血液流向运动器官造成消化系统供血不足影响消化功能。一般应在运动结束后30 min再进餐，大运动量要休息45 min以上。

（3）教学要分层

初级班学员主要以传授基本动作为主，分解讲授，多次重复，强度低，节奏慢，动作简单。中级班学员在掌握基本动作的基础上，结合音乐，熟练运用技术动作，中等强度，动作变化较多。高级班学员能够自如完成全套动作，动作规范，姿态优美，音乐与动作融为一体。

6. 水中韵律游

水中韵律游是集游泳、技巧、舞蹈、音乐为一体的，具有高度艺术性的体育运动项目。韵律游可以按拍子或音乐进行，也可以与同伴配合，变换队形进行练习。水中韵律游的变化很多，可随意把四种泳式的基本动作进行组合，变化出不同的花样泳式。

水中韵律游一般可分为抬头蛙泳韵律游、直臂爬泳韵律游、拍水仰泳韵律游、转头侧泳韵律游。

练习韵律游可遵循以下的步骤：第一，陆上按拍子做模仿练习；第二，在水中行走，按拍子做陆上模仿练习；第三，在水中游进，学习动作；第四，动作熟练后，按拍子或音乐进行练习；第五，与队员结伴成队形，配乐练习。

（1）抬头蛙泳韵律游

预备姿势：身体俯卧，头、肩露出水面。

①两臂做蛙泳划手收至胸前，挺胸抬头，向左转头吸气，收腿。

②两臂向前伸出，挺胸抬头，目视前方，蹬夹腿。

③两臂做蛙泳划手收至胸前，挺胸抬头，向右转头吸气，收腿。

④两臂向前伸出，挺胸抬头，目视前方，蹬夹腿。

（2）直臂爬泳韵律游

预备姿势：身体俯卧，头、肩露出水面。

两臂做爬泳的直臂划手，两腿做爬泳打腿动作或蛙泳蹬腿动作。

①挺胸抬头，目视前方，左臂前伸，右臂向后划至贴近水面，掌心朝上，两腿在水下做爬泳打腿或蛙泳收腿。

②保持上一步的姿势，右掌心转向前。

③右臂伸直，紧贴右耳向前移臂。

④右臂与左臂在水面并拢前伸，两腿在水下打腿或蹬夹腿。

⑤换另一臂重复以上4步。

（3）拍水仰泳韵律游

预备姿势：身体仰卧水中。

两臂做仰泳的划水动作，两腿做仰泳打腿动作或反蛙泳蹬腿动作。

①右臂前伸，左臂在体侧。

②左右臂做一次仰泳划臂，交换成左臂前伸，右臂在体侧。

③右手在水面拍打左大腿。

④左手在水面拍打右大腿。

⑤左右臂做一次仰泳划臂，交换成右臂前伸，左臂在体侧。

⑥左手在水面拍打右大腿。

⑦右手在水面拍打左大腿。

⑧做一次仰泳划臂，交换成左臂前伸，右臂在体侧。

（4）转头侧泳韵律游

预备姿势：身体左侧卧在水中，左臂前伸，右臂后伸在髋侧，头和右肩露出水面，面向前方。

①两臂划手收至胸前，两腿做剪式打腿，头和身体向右侧转动。

②左右两臂分别向前后方向伸直，两腿做剪式打腿，头和身体向前转，目视前方。

③重复以上两步动作，之后反方向重复上述动作。

7. 水中瑜伽

借助水的浮力，在水中练瑜伽可以完成在陆地上练瑜伽时较难完成的动作，可以提高体内的腺体、器官、神经、心肺功能和锻炼外在的肌肉，进而身材塑形。配合有意识的呼吸可以健美皮肤，也可强化意识力。

水中瑜伽分为半深水瑜伽和浅水瑜伽，半深水瑜伽主要有：水中祁阳式、水中仰天式、水中鱼钩式、水中天鹅式。浅水瑜伽主要有：水中滑翔式和水中芦苇式。不同的姿势对身体不同部位的柔韧性、强度的提高和燃脂瘦身都有不同程度的帮助。

8. 水中普拉提

水中普拉提是在水池中的一种适应性练习，利用独特的训练拉伸整个身体。这项训练是为了改善肌肉的力量、增加身体灵活性和柔韧性、增强运动幅度、促进骨骼肌肉的紧密结合、改善身体姿势及控制身体意识。主要的原则是在注意保持自己体重的前提下做控制呼吸、保持脊柱直立及收紧小腹等运动姿势。相比于水中瑜伽，水中普拉提则更注重通过对身体的控制，来达到训练深层肌肉、纠正体态、塑造完美曲线的目的。

9. 水中搏击

水中搏击分为健身训练和军事训练两类。水中搏击对身体素质有一定的要求，普通人在没有学习过专业的搏击技术知识时，如果贸然进行水中搏击，极易受伤，因此切不可轻易尝试。

10. 水中太极拳

有一点需要强调的是，太极拳作为最普及的大众运动项目之一，适合各个年龄段人士，从事太极拳练习者数以亿计。

太极拳的健身价值是多方面的：有身体上的，也有精神上的，还有艺术修养方面的。太极拳外练全身的关节、骨骼、肌肉，内练意识、精神气质、神经功能。起初练的是动作、姿势、筋骨和皮肉，深入进去练的是意念、内气活动，从而由外至内、由内向外锻炼。这种方式就不是简单的活动了，是在意念的支配下，使人的神经系统、运动机能和呼吸系统、循环系统、消化系统、免疫系统等得到全面的改善，它的健身价值是全面的、自然的、科学的。

有关太极拳健身理论与重要性，前人已经叙述颇多，这里不再详加阐述。

水中太极不仅具有以上提到的太极拳的健身作用，而且又因为水环境的特殊功效，避免了练习太极拳常见的膝关节损伤的发生，加之水的阻力和按摩特点，使练习者充分享受太极带来的科学健身作用。水中太极拳对促进身体健康有很好效果，而且可以作为水中健身减肥活动之后的放松整理运动，有效地放松身体和塑造体型。

水中太极拳不仅具有太极拳的健身作用，而且由于水环境的特殊作用，避免了在陆上练习太极拳时易发生的膝关节损伤的情况。因为在水中练习，太极拳的部分动作不适用，如下式独立的动作等，所以对太极拳的动作要进行适当的改编来适应水中练习。

水中太极拳利用腹式呼吸来启动手臂、躯下与腿部的动作。呼吸带动身体制造水流，而水流产生按摩、支持身体、恢复平衡的效用。水中太极拳的心法七字诀："圆、松、轻、匀、正、舒、清"。其意义为："动作画圆、身心放松、活动轻盈、表现均匀、姿势端正、舒展筋骨、清除杂念"。

因为在水中习练，太极拳的部分动作不适宜在水中练习，如下式独立的动作等。水中太极拳一般以简化式太极拳（24 式）为基础，对不适合的动作适当改变，如此有助于水中健身。

太极拳的动作及要领这里不再一一叙述展开，以下简单介绍几个水中太极拳动作，喜欢太极拳的爱好者不妨在水中尝试练习，同时希望对从事水中健身与太极拳练习者有所裨益。

（1）左右野马分鬃（3次）

功效：舒展上下肢，宁气聚神，使内脏系统与肌肉组织协调放松。

方法：

·身体微右转，重心移至右脚，左脚回收在右脚内侧；同时右臂收在胸前平屈，掌心向下；左手经体前向右下划弧停于右腹前，与右手成抱球状，掌心相对，目视右手。

·上体微左转，左脚向左前方迈出成左弓步，同时双手上下分开，左手由下向外向上划至左前方，高于肩平，手心斜向上，肘微屈；右手由上向内向下划至右胯旁，掌心向下指尖向前，肘微屈成弧形，目视左手。

·身体微左转，重心移至左脚，右脚回收在左脚内侧；同时左臂收在胸前平屈，掌心向下；右手经体前向左下划弧停于左腹前，与左手成抱球状，掌心相对，目视左手。

·上体微右转，右脚向右前方迈出成右弓步，同时双手上下分开，右手由下向外向上划至右前方，高于肩平，手心斜向上，肘微屈；左手由上向内向下划至左胯旁，掌心向下指尖向前，肘微屈成弧形，目视右手。

·身体微右转，重心移至右脚，左脚回收在右脚内侧；同时右臂收在胸前平屈，掌心向下；左手经体前向右下划弧停于右腹前，与右手成抱球状，掌心相对，目视右手。

·上体微左转，左脚向左前方迈出成左弓步，同时双手上下分开，左手由下向外向上划至左前方，高于肩平，手心斜向上，肘微屈；右手由上向内向下划至右胯旁，掌心向下指尖向前，肘微屈成弧形，目视左手。

要点：上体正直，舒肩展胯，转动以腰为轴．臂走弧形，动作缓慢踏实，前后脚夹角约成45°～60°，两脚置于中轴线两侧，两脚跟横向距离10~30厘米。

（2）揽雀尾（1~2次）

功效：活络关节，增强上下肢的肌肉的力量和弹性，促进血液和淋巴循环。

方法：

·上体微向右转重心移至右脚，同时右手随转体向后上方划弧平屈至右胸前，掌心向下；左手向下向右弧形划水至右腹前，掌心向上与右手成抱球状；左脚收回至右脚内侧，目视右手。

·上体微左转，左脚向左前方迈出成左弓步，同时左臂平屈成弓形，用前臂外侧和手背向前方推出，高于肩平手心向后；右臂向右下划水至右嵌旁，手心向下，指尖向前，目视左手。

·身体微向左转，左手前伸翻掌向下，右手翻掌向上，经腹前向上向前伸至左前臂下方，然后两手向右下方下捋划水，上体随着右转，两手经腹前向右后上方划弧，右手手心向上高于肩平，左手平屈胸前，手心向后，身体重心移至右腿，目视右手。

·上体微左转，右臂屈肘折回，右手附于左手腕里侧（约5厘米），上体继续左转，双手同时向前挤出，左手心向后，右手心向前，左前臂保持弧形，重心前移成左弓步，目视左手。

·左手翻掌向下，右手经左腕上方向前向右伸出，高于左手齐，手心向下，两手分开同肩宽，然后，右腿屈膝，上体慢慢后坐，重心移至右腿上，同时两手屈肘回收至腹前，手心均向前下方，目视前方。

·上式不停，重心慢慢前移，同时两手向前，向上弧形推出，掌心向前，左腿成左弓步，目视前方。

（7）右揽雀尾同左揽雀尾动作，只是手脚的动作相反。

要点：重心的转移与双手动作的变化要协调一致，两手走曲线，两肘微屈，上体保持直立。

（3）左右搂膝拗步（3次）

功效：锻炼腰膝关节，增加上下肢的力量和弹性，精神与动作内行外达。

方法：

·身体稍右转，重心移至右腿，右手翻掌向右向后下划水，掌心向上；左手翻掌向右侧屈肘划水，掌心向下，停于右肘旁；左脚跟上停于右脚内侧；目视右手。

·上体左转，左脚向前迈出成左弓步，右手折网由耳旁向前推出，高与肩平；左手向下由左膝前搂过停于左髋旁，掌心向下指尖向前，目视右手。

·右腿屈膝，上体后坐，重心移至右腿，左腿前弓身体左转，重心移至左腿，右脚收至左脚内侧；同时左手向外翻掌由左后向上划弧至左肩外侧，肘微屈高与肩平，手心斜向上；右手随转体向上向左下划弧落于左胸前，手心斜向上，目视左手。

·右搂膝拗步同左搂膝拗步动作，只是手脚的动作相反。

要点：上体正直，松腰松胯，沉肩垂肘，坐腕舒掌。

（4）云手（6次）

功效：锻炼腰背脊柱和上下肢的灵活性和力量，内气运行，外敛内收，气聚丹田。

方法：

·身体右转90°，重心移至右腿成右侧弓步，脚尖朝前，左手经腹前向右上划弧至右肩前，手心斜向后；同时右手翻掌经体前向右后上划弧至右前方，高与肩平，手心斜向后，目视左手。

·上体左转，重心移至左腿，左手由胸前向左侧运转．手心转向左方；右手由右下经腹前向左上划弧，至左肩前，手心斜向后；同时左脚靠近右脚，成小开立步（10~20厘米），目视右手。

·上体再向右转，同时，左手经腹前向右上划弧至右肩前，手心斜向后；右手向右侧运转，手心翻转向右，左脚向右侧跟一小步开立，目视左手。左腿向右侧回收，停于右脚左侧10~20厘米处，脚尖朝前。

要点：转动以腰脊为轴，重心过渡平稳，两臂动作匀速圆活。

知识小贴士

"气"与水的共舞——"水中太极拳"

1. 腹式呼吸

双脚与肩同宽，膝盖与脚尖略微朝外，头颈部向上延伸，臀部向下坐，水位在肩膀的高度。一手轻置胸口、另手稳置于腹，感受胸腹间的起伏。鼻吸、嘴吐，身体像气球，随着吸气漂起，随着吐气缓缓下沉。

2. 旋转手臂

维持腹式呼吸的节奏，将双手漂浮至水面。吸气时，将手心转上；吐气时，手心朝下。感受水流经指缝间流动，手指维持在水面下。

3. 升降手臂

将旋转手臂的动作加大，带入肩膀动作，吐气时，双手向下压水；吸气时，手心转上，双手随浮力漂浮至水面。渐次增加手臂划水的幅度，松开肩关节。

4. 翅膀动作

接续前一个动作，将降臂的双手改往身体两侧出发，像打开翅膀一般，此时，吸气，手心朝上，漂浮至水面；反之，吐气，手心向下，双手降至大腿旁。

5. 扩胸运动

挥舞翅膀动作到水面，此时侧平举的双手掌心朝下，沿着水面向前画圆，直到大拇指碰在一起。吸气，手心转往上，作一个扩胸的动作，同时保持整个手臂在水面下方。胸腔、肩胛骨，在此时获得更大的活动角度。

各个动作以不痛为原则，逐次拓展活动范围。

11. 水中健身游戏

健身对于很多人而言都是比较枯燥的，但是转换成游戏的形式，尤其竞赛性的游戏，就能引起参与者的兴趣，由于强度的加大，也能够有效地提高体能。水上游戏还可以提高参与者的协调性，增加技能的储备，以利于竞技游泳技术的改进与提高（可参见本书第二章）。下面介绍一些水中健身小练习：

（1）持阻力板打腿

目的：提高腿部力量。

组织：计时赛或接力赛。

方法：把打水板立起来，增大挡水面积。可进行爬泳打腿、蛙泳打腿、蝶泳打腿的计时或接力赛。

（2）"鸡翅"自由泳

目的：学习自由泳高肘移臂。

组织：个人赛或接力赛。

方法：把大拇指放在腋下，用肘关节划水的自由泳式前进。

（3）"螺丝"游

目的：学习水中身体围绕纵轴转动的技术。

组织：个人赛。

方法：仰泳划手 3~5 次，转为爬泳划手 3~5 次，循环往复。

（4）夹球传递

目的：学习摇橹式划水和滚翻技巧。

组织：5~6 人一组分组赛。

方法：在水中仰卧排成一行，两人之间头脚相连。第一位队员用脚夹住球，收腹、举腿、头后仰，后滚翻，把球递到下一位队员的脚上。

（5）持球仰泳打腿

目的：提高仰泳打腿能力和改进身体姿势。

组织：个人赛。

方法：仰泳打腿游进。右臂持球从肩平处水面移至肩上方，左臂从肩上方接球，移至肩平处水面再回到肩上方，右手接球，如此反复。

（6）运球接力

目的：提高腿部打水能力。

组织：接力赛。

方法：运球者只能够用头顶球，并打自由泳腿前进，到达对岸后，将球交给下一名队员。

四、水中健身跑实践

水中健身跑包括漫步、行走和跑跳等动作。水中漫步一般指在齐腰或齐胸的水中进行随意的行走，一般要求水深 1.2~1.4 米，即使不会游泳也没关系。水位越深则做动作时难度就越大，健身者可根据自身情况选择不同的动作组别、运动量的大小和难度，水中行走包括向前走、向后走、横着走、倒着走等，水中跑跳的动作包括自然跑和原地跳、行进间跳跃等各种跳的动作。健身跑可以锻炼身体不同部位的肌肉，充分利用了水的散热性、阻力和浮力的特点。通过水的阻力，可以锻炼人的力量、耐力，减去多余脂肪，塑造完美的形体；通过水的浮力，可以锻炼人的柔韧性，减少运动损伤。

（一）水中行走与水中跑步

水中行走是一种非常有效的简易水中健身方式，在水中行走时，水的浮力使身体各关节免受损伤，水会增大运动阻力，这样既能保证运动的安全性，又有很好的锻炼效果。方法一般为：先在水中进行普通的步行；然后加上手臂做各种划水动作增加运动量，一般步幅 60~80 厘米，每分钟 30~40 步。

水中跑步是一种新潮而又实用的运动，入门动作相对简单，有一定基础者或者身体素质较好者，可以选择具有挑战性的水中跳跃难度动作练习。水中跑步可以采取一般性的自然跑和有专门锻炼要求的各种组合跑步方法，根据不同的锻炼要求可采取不同的跑步组合。

（二）水中自然跑步

基本方法：头部自然摆放，身体保持直立，腰背部自然伸直，肩部肌肉紧张，维持上体姿势，两臂屈肘贴住身体，以肩为轴前后大幅度摆动，臂与身体有轻微摩擦感；抬腿不宜过高，落地时脚跟先着地，然后过渡到前脚掌，以减少对踝关节的伤害；落地时膝关节保持略屈，以减少对膝关节的伤害。可以采取计时跑（5分钟）或 400 米跑 ×2 组。

（三）水中组合跑步基础

水中组合跑步形式多样，如交叉跑、跨大步跑、高抬腿跑、折返跑等，由于学习比较方便，通过学习、练习，有助于掌握水中平衡，强身健体，塑造优美体形。以下简单介绍几种常见水中组合跑步方式：

1. 水中交叉跑

功效：消耗脂肪，锻炼上肢、下肢和腰腹部肌肉，提高灵敏素质。

方法：身体在水中直立，两臂侧平举。左脚先向右脚右后方跨一步，接着右脚向右侧跨一步，左脚再向右前方跨一步，右脚再向右侧跨一步，如此连续跑进，到达岸边反方向跑回。

要点：跑动时，上体朝前进方向保持侧身，两臂可晃动划水，保持身体平衡。

2. 水中跨步跑

功效：锻炼上肢、髋关节和踝关节，减去腹部和下肢多余脂肪。

方法：身体自然直立，上体稍前倾。支撑腿蹬池底用力，摆动腿屈膝折叠，脚跟尽量靠近臀部，然后向前大步跨出，然后大腿积极下压，用全脚掌着地，重心前移，摆动腿变成支撑腿，原来的支撑腿折叠前摆，向前跨出，如此反复进行，两臂前后有力划水摆动。

要点：跑动时身体保持前倾，要匀速前进。

3. 水中滑步跑（前滑步、侧滑步、后滑步）

功效：锻炼上肢、下肢和髋关节，减去大腿内侧脂肪。

方法：两脚开立大于肩宽，两臂自然向两侧伸开维持平衡，上体稍前倾。做滑步动作时，一脚向移动方向迈出，另一脚迅速向它靠拢，两脚之间留有一定空间，维持身体平衡，两腿连续做相同动作。向侧方移动叫侧滑步，向前移动叫前滑步，向后移动叫后滑步。

要点：滑步时重心降低，膝关节保持屈曲，借助两臂的划水动作维持身体平衡。

4. 原地后踢腿跑

功效：锻炼下肢肌后部肌群、臀大肌和腰背肌，减去多余脂肪。

方法：身体直立，两脚前后开立，两手屈肘前后置于体侧与两腿方向相反。身体重心前移，前腿屈膝全脚掌支撑用力，后腿小腿屈膝向后上踢，脚跟尽量靠近臀部，然后回收前摆，变成支撑腿，原支撑腿屈膝后踢，两腿如此反复进行，两臂在体侧划水维持平衡。

要点：后踢时要匀速，低重心。

还有很多种跑步方式，大家可以根据自己熟悉的情况选择不同的跑步方式，以达到健身的目的。如：可以水中小步跑，锻炼上肢，减去大腿和小腿多余脂肪，增强踝关节和膝关节的灵活性；水中高抬腿跑，有助于增强上肢和脊柱功能，减去腹部、大腿和臀部的多余脂肪；水中后退跑，锻炼上肢、下肢力量和身体协调性，减去大腿后侧和臀部脂肪；水中折返跑，锻炼上肢，减去上肢多余脂肪，增强灵敏素质和身体协调性，等等。

（四）水中组合跑步提高

在掌握了基础的水中组合跑步动作后，可以尝试一些相对有一定难度的水中跑步动作，一是增加趣味性，二来增加健身效果。以下简单介绍几种跑步方式，有兴趣的还可以尝试其他自己熟悉的方式。

1. 弓箭步交叉跳

功效：增强下肢力量和关节肌肉的弹性，减少腹背、臀部、大腿的多余脂肪。

方法：在齐腰深的水中，弓箭步站立，前腿大小腿呈90°，后腿伸直，上体正直，两臂前后置于体侧与两腿相对。两脚用力蹬池底屈膝向上跳起，离地后在水中做前后腿交叉换位的动作，下落后原来的前后腿交换姿势，两臂在体侧前后划水维持身体平衡。

要点：上体稍前倾，动作频率不宜太快。

2. 屈膝前后分腿跳

功效：塑造腿形，减去臀部、大腿后侧多余脂肪，提高腰腹肌的控制能力。

方法：在齐胸深的水中自然站立，两臂垂于体侧。两腿屈膝下蹲，两脚用力蹬池底向上屈膝跳起，同时两臂做抱膝的动作，下落时两腿向前后分腿，然后回收着地，两臂张开在两侧做划水动作维持平衡，两腿连续做向上跳起的动作。

要点：跳起时动作要缓慢有节奏。

3. 原地转身跳

功效：减去腿部和腰部脂肪，锻炼踝关节和膝关节，增强下肢力量、腰背肌力量，塑造腿形。

方法：在齐胸深的水中自然站立，两臂垂于体侧。两腿屈膝下蹲，两脚用力蹬池底向上直膝跳起，同时身体向右后做转体动作，两臂紧贴身体做体侧划水的动作，并加快旋转，下落时两臂张开在两侧维持平衡，连续做向上跳起转身的动作。

要点：跳起转身动作要快，开始可以旋转90°、180°、270°，最后达到360°，身体保持直立。

4. 跳起前分腿

功效：锻炼腰腹肌和大腿内侧肌群，减去多余脂肪。

方法：在齐胸深的水中自然站立，两臂垂于体侧。两腿屈膝下蹲，两脚用力蹬池底向上屈膝跳起，同时两腿向前伸出，然后向两侧分腿，两手做向后划水动作，下落时两腿回收着地，两臂张开在两侧，做划水回收动作维持平衡，两腿连续做相同动作。

要点：跳起到最高点时向前伸腿，分腿动作要快。

另外还有诸如原地抱膝跳，可以达到塑造腿形，健美臀部、大腿、小腿和腰腹肌，减除多余脂肪的功效；抱膝单腿跳，有助于增强下肢力量和关节肌肉的弹性，减少腿部和臀部脂肪；原地左右分腿跳，对塑造腿形，加强大腿内侧和腰腹肌的力量与弹性，减去多余脂肪有功效，等等。

五、池边健身基础

由于入水之前，人体肌肉还相对处于"休眠"状态，为了适应水环境，在运动之前，做些热身可以适当增加肌肉的兴奋，从而有助于水中运动的开展，池边健身活动既可以作为游泳的热身运动，也可以作为健身减肥基础。

鉴于目前国内一般场馆水中健身器械不多，辅助设施相对较少，我们可以借助池壁做很多有益的水中健身动作。下面简要介绍一些常见动作：

（一）单人池边健身

借助池壁，个人进行身体的柔韧性、伸展性、力量、耐力、灵敏和弹性练习，减肥、塑体和健身效果明显。

1. 压腿

包括正压腿、侧压腿、后压腿等。

功效：减去大腿脂肪，伸展肢体，增强大腿后部肌群的弹性、柔韧性和腰背柔韧性。

方法：在齐胸深的池边站立，一腿伸直支撑，另一腿抬起，用脚跟或脚心部位置于池壁边缘上，两手伸直抓住脚踝或脚趾，上体尽量向前轻压，两腿交换练习。正面面向池壁则为正压腿；

侧面面向池壁则为侧压腿。如果接触池壁的腿屈膝向后抬起，用脚背或脚内侧部位置于池壁边缘上，两手置于体前维持平衡，则为后压腿。两腿交换练习。

要点：两腿要尽量伸直。

2. 摆腿

包括前摆腿、后摆腿、侧摆腿、正踢腿。

功效：减去腿部、臀部和腹部脂肪，增强大腿上下侧肌群、臀部肌群的弹性和微关节的灵活性。

方法：在齐胸深的池边站立，侧向池壁单手扶池壁，一腿伸直支撑，脚的方向与池边平行，另一腿伸直摆出，然后还原，上体尽量保持直立。

如果腿伸直由后向前向上摆出，脚尖伸直，则为前摆腿；腿伸直由后，向前向上摆出，脚尖勾起，则为正踢腿；腿伸直由内向后、向上摆出，则为后摆腿；腿伸直由内向外侧、向上摆出，脚尖伸直，则为侧摆腿。两腿交换练习。

要点：两腿要尽量伸直，摆动幅度逐步加大。

3. 蹬腿

包括前蹬腿、后蹬腿、侧蹬腿、正弹腿。

功效：减去腿部、臀部、腹部脂肪，增强大腿肌群、臀部肌群的力量。

方法：在齐胸深的池边站立，双手扶池壁，目视前方。一腿伸直支撑，脚的方向与池边垂直，另一腿屈膝高抬超过水平位置，小腿勾脚蹬出，然后还原，上体尽量保持直立；两腿交换练习。

如果背对池壁，小腿勾脚向前蹬出，脚尖朝上，则为前蹬腿；小腿快速向前弹出，脚尖伸直，则为正弹腿。如果正面向池壁，勾脚向后蹬出，脚尖朝下，则为后蹬腿；侧向池壁并改为单手扶池壁，上体向池壁侧倾，另一腿向内屈膝高抬接近水平位置，小腿勾脚向外侧蹬出，脚尖朝前，则为侧蹬腿。

要点：支撑腿尽量伸直，上体尽量保持不动，摆动腿的小腿发力要快。

4. 双臂正压伸

包括双臂屈伸、俯卧撑、正压臂。

功效：减去手臂、肩部、背部脂肪，锻炼胸肌、三角肌，塑造上臂（肪三头肌）及小臂的肌肉线条。

方法：在齐胸深的水中，面向池壁站立，两手撑在池边，指尖朝前，上体保持直立，两手用力伸直把身体撑起，然后还原成预备姿势，再次撑起。

如果两手屈臂撑在池边，双手用力伸直把身体撑起，则为双臂屈伸；一脚站立，另一腿向后伸直，身体前倾两手屈臂撑在池边，则为俯卧撑。如果两手臂伸直撑在池边，上体前倾，抬头塌腰，两肩用力弹性下压，则为正压肩。

要点：双臂屈伸时身体尽量保持直立；俯卧撑时身体保持前倾；正压肩时，利用上体前倾的力量压肩。

5. 双臂反压伸

包括反压肩、双臂反撑屈伸。

功效：减去手臂、肩部、背部、胸部脂肪，伸展上肢，锻炼肩关节和背部肌肉的弹性。

两臂向后伸直扶住池边大于肩宽，指尖向外，上体稍后倾，抬头向前挺胸（身体反弓形），两腿屈膝下蹲，拉紧两肩用力弹性下压，则为反压肩；如果身体下蹲两手屈臂撑在池边，指尖向内，上体保持直立，两手用力伸直把身体撑起，则为双臂反撑屈伸。然后还原成预备姿势，再次撑起。

要点：反压肩时利用上体下降的力量压肩；双臂反撑屈伸则撑起时上体尽量保持直立。

6. 控腿伸展

功效：减去大腿脂肪，锻炼身体和腿部的控制力，伸展身体。

侧对池壁站立，一手扶住池壁，另一手抓住左脚脚背将腿向上弯起或直腿上抬，大腿尽量向上抬起；保持这个姿势，感觉大腿前侧完全伸展；站立一段时间后放下还原，换腿练习。

要点：保持身体平衡，身体尽量立直，将肢体完全伸开。

（二）互助池边健身

借助池壁与他人帮助，进行身体的柔韧性、伸展性等练习，也是传统的健身方法，其减肥、塑体和健身效果也比较好。这里简单介绍常见的几种方法：

1. 抬腿伸展

包括上抬腿伸展、侧抬腿伸展、后抬腿伸展。

功效：减去大腿后侧脂肪，利用外力增加身体和大腿后部肌群的伸展，型塑大腿。

方法：两手扶池边，身体保持直立。两人一组，同伴面对练习者，并帮助其把一条腿由向上抬起，尽量向上向练习者身体靠拢，脚伸直，稍停留换腿练习，然后两者交换练习。

如果身体正面对池壁，身体保持直立稍前倾，则为后抬腿伸展；身体背向靠住池壁，两手扶池边，则为前抬腿伸展。如果身体侧向靠住池壁，改为一手扶池边，另一臂置于体侧，则为侧抬腿伸展。

要点：练习者支撑腿伸直，上体保持直立，不要晃动。

2. 背弓伸展

功效：充分伸展脊柱和躯干。

两人一组，在齐腰深的水中背对背站立，两人手臂弯曲相互勾住对方。一人用力把对方背起，然后身体前倾接近水面，另一人身体尽量伸展，稍停留后两人交换练习。

要点：练习过程要缓慢，身体不要晃动。

（三）难度提高动作

1. 拉壁转髋

功效：减去腰背脂肪，伸展肩关节和髋关节。

方法：面对池壁，两脚前后开立屈膝下蹲，两手抓池壁的沟槽，上体稍前倾。上体不动，下肢伸膝用力向一侧向后转髋，拉紧两臂，稍停留后向另一方向转播。

要点：转髋要借助下肢蹬地的力量。

2. 仰卧扶壁转髋

功效：减去腰腹脂肪，锻炼腰腹部和髋关节。

方法：两人一组，一人背向池壁双手反抓池壁沟槽，头部置于池壁边沿之上，两腿并拢屈膝，另一人托扶练习者的两脚；练习者双手用力，向左右方向转动双腿，扭转胯部。协助者施加一些外部阻力。

要点：练习者转动身体时，尽量不要离开水面。

3. 仰卧腿屈伸

功效：减去腹部和大腿脂肪，锻炼大小腿和腰腹部肌肉，塑造修长腿形。

方法：扶壁方法同"仰卧扶壁转借"，不同的是练习者两腿并拢伸直，然后用力屈膝回收，当膝关节靠近胸部时再伸直，如此反复练习。

要点：练习者做屈伸动作时，尽量不要离开水面。

4. 拉池壁腿屈伸

功效：减去腿部和背部脂肪，锻炼大小腿和腰背部肌肉，塑造修长腿形。

方法：面向池壁双手抓池壁沟槽，头、肩部置于水面之上，两腿并拢并屈曲蹬在池壁上；练习者双腿用力伸膝蹬直，稍停留再屈膝团身，如此反复练习。

5. 仰卧蛙泳腿 / 俯卧蛙泳腿

功效：减去腹部、腿部脂肪，锻炼腿部、腰腹部和做关节。

方法：面向池壁双手抓池壁沟槽，头部置于池壁边沿之上，面部向上，两腿并拢伸直浮于水面；练习者双手用力，使双腿屈膝回收，翻脚后两腿向两侧做弧形蹬夹水的动作，当两腿并拢后再重复刚才的动作。与仰卧蛙泳腿最大不同的，做俯卧蛙泳腿时，身体呈俯卧状，面部向下。

要点：练习者做蹬水动作时，身体尽量不要离开水面。

6. 仰卧自由泳打腿 / 俯卧自由泳打腿

功效：减去腰背和大腿脂肪，锻炼腿部、腰腹部和魏关节。

方法：面向池壁双手抓池壁沟槽，头部置于池壁边沿之上，面部向上，两腿并拢伸直浮于水面；练习者双手用力，使双腿伸直稍屈膝，做上下交替踢水的自由泳打腿动作，则为仰卧自由泳打腿。

如果练习者面部向下，双腿伸直做上下交替自由泳打腿动作，直腿下压，稍屈膝直腿上抬，则为俯卧自由泳打腿。

要点：练习者做打水动作时，身体可适当摆动配合。

7. 俯卧蝶泳腿

功效：减去腿部、腹部和腰背脂肪. 锻炼腿部、背部、腰腹部和舱关节。

方法：面向池壁双手抓池壁沟槽，头部置于池壁边沿之上，面部向下，两腿并拢伸直浮于水面；练习者腰背用力，使双腿伸直并拢，做上下蝶泳波浪式打腿动作，屈膝下压，直腿上抬。

要点：练习者做打水动作时，身体做波浪动作要有层次感。

8. 俯卧剪刀腿

功效：减去腿部和腰腹脂肪，锻炼腿部、腰腹部和髋关节。

方法：预备姿势同"俯卧蝶泳腿"，动作要领为练习者双手用力，使双腿伸直做上下、左右交替的分腿交叉扭转摆动动作。

要点：练习者两腿做摆动时，身体可保持联动扭转配合。

六、水中健身运动基本练习方法

水中关节、肌肉静力拉伸、水中行走、水中慢跑及水中健身操等有氧运动练习能够强健心脏、燃烧热量，又没有陆地运动的高冲击性，不会对膝盖、臀部、背部施加压力，可有效减少对抗性损伤。

（一）水中肌肉关节的静力拉伸

1. 作用

由于水的物理特性，在水中，肌肉的拉伸效果比陆上要好。有些陆地上不能做的动作，在水中能够轻而易举地完成。由于水的浮力作用，人入水后，肌肉会放松，放松状态下的肌肉能取得令人惊奇的伸展效果。

2. 方法

静力牵拉。肌肉拉伸的时间一般在5~10秒，习惯后，可以静止30秒左右。伸展的肌肉要事先放松。

3. 具体部位基本动作练习方法

（1）踝关节与胫前肌练习：双脚合并，脚尖立于池底，持续10秒。如果踝关节较硬，水位可以浸没至肩部；如踝关节较柔软，身体可以尽可能高出水面。

（2）腓肠肌练习：双脚前后开立，前膝稍稍弯曲，后腿的腓肠肌拉伸，拉伸时足跟不要抬起，持续约10秒。

（3）跟腱练习：双脚前后错开稍微开立，屈膝以拉伸，持续约10秒。

（4）股四头肌练习：单脚站立，另一腿向后屈膝，双手用力向后拉伸屈膝腿，持续约 10 秒。

（5）股二头肌练习：双脚抵住池壁，两膝微屈，腰部慢慢向后引，膝部后面感到轻微疼痛时停止，持续约 10 秒。

（6）臀大肌练习：单腿垂直站立，双手抱单膝靠近胸部，持续约 10 秒。

（7）腹斜肌练习：距离池边沿约 30 厘米，双脚开立与肩同宽，向后转肩双手触及池边沿，持续约 10 秒。

（8）三角肌、胸大肌、股四头肌练习：背向池壁站立，双手向后抓住边沿，同时，双脚的脚背抵住池壁，持续约 10 秒。

（9）三角肌、肱三头肌练习：双脚开立，稍宽于肩，右臂弯曲抵于后背。左手将右下压，持续约 10 秒。

（10）背阔肌练习：双脚开立，稍宽于肩部，双手交叉，手心向外前伸。水位浸没于肩部，持续约 10 秒。

（11）胸大肌练习：双脚开立，稍宽于肩，双手背后交叉向上牵拉，下颌用力上抬，持续约 10 秒。

（12）手腕与前臂练习：双手抵住池壁，肘部伸直，利用体重压腕，持续约 10 秒。

（13）内收肌练习：双脚开立，宽于肩，屈膝、挺胸、沉腰下坐，持续约 10 秒；纵叉、横叉，尽力而为，利用浮力保持平衡，持续约 10 秒。

（14）髋关节练习：双脚开立，与肩同宽，膝关节微屈，腹部贴紧池壁，练习时，腹部不要离开池壁，持续约 10 秒；单脚直立，另一脚屈膝上抬，腹部不要离开池壁，持续约 10 秒。

（二）水中步行

水中步行能够有效地使用"水的力量"，能够在身心放松的状态下逐渐恢复、维持并增进平常不使用而衰弱的肌力。

1.水中步行的基本要求

背肌伸展，挺直站立，耳、肩、腰、踝在一条直线上。双目向前平视，肩放松自然下垂，臀部收紧。不要屏气，有意识地"呼气"和"吸气"。根据水深，行走方式、步幅会有所变化，但在自然行走时，步幅约为身高的一半。以每30~50秒行走25米的速度练习。注意，有股关节疾病的人要尽可能慢行，行走时间以30~45分钟为宜。水中行走2000~3000步，大约相当于陆上行走4000~4500

步的运动量。

2.水中步行的基本动作

（1）前行：伸展背肌行走，脚跟着地时有意识地呼气。

（2）后退：适合预防、改善腰痛。行走时两臂在水中摆动，以维持平衡，并需确认身后没有障碍物后，再行走。

（3）抬膝走：脚尖先着地，将支撑腿的膝盖伸直，支撑腿一侧的臀部绷紧、上提。

（4）跨步走：后方腿伸拉时吸气，前方腿跨步时呼气。充分利用水的浮力，尽可能缓慢地着地。

（5）提踵走：足跟离地，提踵用脚尖行走，行走时尽量拉伸腹肌，拉伸臀部内侧，不要下坐。走2~3步后可以用脚背踢水走2~3步，缓解紧张。

（6）振动脚踝走：像前踢腿走一样，目的并不是要用力踢水，利用水在阻力振动脚踝。

（7）伸膝走：对膝关节障碍者非常有益，走2~3步后可以用脚背踢水走2~3步，缓解紧张。

（8）脚跟走：用脚跟小步行走，有防止日常生活中在不平地面摔倒的效果。身体失去平衡时，起到恢复平衡的作用。

（9）侧向走：膝盖、脚尖向前，并步侧向行走。要注意如有股关节障碍一定谨慎使用。

（10）踢水走：抬膝、伸膝、脚背向上踢水，支撑腿足跟提起重心前移，向前送迈步。

（11）两臂侧伸侧向滑步走：两脚左右开立，略比肩宽，两臂侧平伸，两脚同时蹬离池底，侧向滑动，滑步时呼气。

（12）转腰走：跨出腿提膝向前行走，同时，两臂体前平曲转腰，腿跨出时呼气，落地时吸气。

（13）转腰前交叉走：两腿向前交叉行走，手臂前后摆动，摆臂时有意识地转腰。

（14）前后侧交叉侧向行走：侧向交叉行走，前后交替进行。

（15）后跳走：两臂前平举，两脚并拢屈膝后跳，落地时屈膝，重心在垂直线上，注意保持好平衡。

3.基本动作组合练习

练习者可根据自身练习目的的需求和兴趣的需要进行基本动作的组合练习，

每个组合持续 30 分钟，组合时注意动作衔接的合理性和连贯性，避免损伤、增加锻炼的实效性和趣味性。

如提升体能的水中组合步行练习：前行跨步走（每个动作练习 2~3 分钟）—提踵走—振动脚踝走—脚跟走—踢水走—提膝走—转腰走—转腰前交叉走—前后侧交叉侧向走。

如预防、改善腰痛的水中步行练习：后退走—前行—抬膝走—侧向走 f 侧向滑步走—侧向交叉走—转腰前交叉走 f 提膝走—后退走后跳走。

水中步行注意事项：

（1）水中步行开始前，一定别忘记做水中伸展练习。水中步行前需要做准备操、伸展运动等准备活动，使身体逐渐热起来，同时做好心理准备，然后再开始步行。

（2）水中步行结束后，不要着急，让身体做好返回正常生活状态的准备。要做 20~30 秒的伸展体操，特别是要充分拉伸腓肠肌、跟键。

（3）出水后会明显地感到身体的沉重，这时先坐下来休息一会儿，享受 30~45 分钟步行后那种惬意的疲劳，虽然在水中步行给我们带来心灵的爽快感、满足感，但身体确实非常疲惫，在水中感觉不到身体出汗，出水后应尽快补充水分。

（三）水中慢跑

水中慢跑是在游泳池中跑步。它又需要人穿上一件特殊的背心，背心前胸上下有三个附件，扣在腹前。这是件"水衣"，内里镶着漂浮物，水衣的制作只要根据能浮起身体的原理，材料及式样可以自行选择和设计。穿上水背心对于不熟悉水性的人来说，这样可减少危险，又可增加阻力。水中慢跑时要求除头露出水面外，身体其他部分浸在水中的跑步。由于水的密度和传热性比空气大，因此，水中慢跑时消耗的能量比地上多。在同样的时间、强度下进行运动，水中要比陆地上消耗的能量多得多。因此，水慢跑是一种有效的减肥方法，尤其是对腿部和腰腹部的瘦身效果更加明显；另外水的阻力能起到加强锻炼心肺系统，增加肌肉力量的作用；同时又不会像在陆地跑步那样使关节受到不断的冲击，使关节及韧带等免受损伤，故运动效果显著。特别在炎热的夏季，对减肥有明显的效果。水中慢跑分为脚着地慢跑和深水悬浮慢跑。

1. 水中脚着地慢跑

参加水中跑步的锻炼者要穿上特制的水背心，使身体成为半浮半沉半稍微向前倾斜的状态，在水中模仿陆地慢跑，跑步过程中脚底刚刚落在池底，使关节、韧带等所受冲击很小。慢跑时注意大腿抬至水平，脚尖上翘，两臂配合协调。

2. 深水慢跑

深水慢跑是利用漂浮装备悬吊在深水中进行模拟跑步，在整个运动过程中，双脚不接触泳池底部。深水慢跑并不是单纯地在水中跑步，借助一些辅助工具，如水背心和水中跑步带，使锻炼者在水中保持直立姿势。开始做慢跑动作时，右膝抬到臀部高度，左腿朝下及朝后推，但不要过渡用力，以免拉伤肌肉或韧带。这个动作很难使身体保持直立及中立姿势，但一定要做到腹部收紧，肩膀朝下且后收。利用手臂摆动来推动跑步动作，就像在陆地上跑步一样。

注意：水中慢跑要循序渐进，开始运动负荷不要过大。刚开始先沿着泳池的短边慢跑，然后逐渐增加运动负荷，直到能够持续跑 20 分钟。一般水中慢跑 5 分钟后，心率不应超过 110~130 次 / 分钟，如超过上述心率，应加以休息或交替其他恢复性运动。

（四）水中有氧健身操

水中有氧健身操源于水中健身运动的一部分，是一项新兴的体育运动。水中有氧健身操是在音乐或无音乐的伴奏下，以体操或肌肉强化练习的形式进行的水中练习，包括徒手或借助器械的水中行走、水中跑步、水中跳跃、水中柔韧与肌肉练习，包涵了健身操、舞蹈、武术与花样游泳等项目中的部分动作，以达到健身的目的。与陆地上健美操相比，动作简单易学，散热效果好。由于水的多种特性，人在水中运动时机体可塑性最强，人体各部位所受到的浮力和压力均衡，动作相对舒展、柔和，肌肉的伸展性和力量能够得到均衡的发展。

1. 水中有氧健身操课的内容

一般一节水中有氧健身操课程为 45 分钟，由热身练习、有氧练习、肌肉力量强化练习、整理放松练习 4 部分构成。

（1）热身练习 10 分钟。为了安全有效地运动，提高肌肉的伸展性，预防肌肉疼痛及损伤的发生。

（2）有氧练习 15 分钟。目的是通过改善心肺功能，提高心肺持久力，培养机体摄入更多氧气的能力，使机体适应长时间的持续运动。

（3）肌肉力量强化练习 15 分钟。利用水的特性进行肌力训练，刺激陆上平常不使用的肌肉群。

（4）整理放松练习5分钟。提高水中运动恢复效果，调整姿态。预防肩酸、腰、膝痛等以及消除身心紧张。

2.水中有氧健身操的基本动作

（1）水中踏步：踏步动作强度较低，在运动过程中，至少有一只脚与地面保持接触。

技术要点：做动作时，膝关节尽可能抬起，但不要露出水面，上体保持正直。落地时由脚尖过渡到全脚掌。

（2）水中走步：在水中走步方向为前、后、左、右、斜向走，弧形走。步伐包括：并步、一字步、滑步、交叉步和跨步等动作。

技术要点：步伐要均匀，不要太大。

（3）水中前：双手叉腰，单腿站立，一腿弯曲抬起，并使大腿尽量与上体保持90°，小腿与大腿保持90°，然后小腿逐渐伸直。

技术要点：抬腿时，大腿不要露出水面；伸腿时，脚尖、膝盖绷紧，上体保持直立。

（4）水中侧踢腿：双手扶池边，单腿站立，大腿向侧抬起，尽量与身体成90°，小腿做屈伸练习。

技术要点：向侧抬起腿时膝盖向前，身体直立。

（5）水中后踢腿：双手扶池边，单腿站立，另一腿尽量向后抬起，小腿做屈伸练习。

技术要点：向后抬腿时髋要正，身体直立。

（6）水中腰部练习：双脚开立，一手叉腰，另一手手掌向内，并向侧伸展，腰侧屈。

技术要点：做侧屈动作时，身体不要向前倾，不要收股。

（7）水中双手划水练习：双脚开立，双手五指并拢，向内、外按"8"字划水。

技术要点：手臂划动时，手腕要绷紧，不要翘手。

（8）水中摆臂练习：双脚前后分开成弓步站立在水中，双手五指并拢，上臂向下垂直，肘关节夹住腰间，前臂向后推水。

技术要点：前臂向后推水时要用力，但双手不要露出水面。

（9）水中背部练习：双脚开立，平稳地站立在水中，双手五指并拢，两臂垂直放于身体前方，同时向后划水。

技术要点：双手向后划水时，背部收紧，双手尽量向后划。

第二节 冬泳

冬泳是指冬季在室外水域（包括江、河、湖、海等自然水域与水库、室外游泳池等人工水域）自然水温下的游泳。冬泳是集冷水浴、空气浴和日光浴于一体的"三浴"，是亲近自然、挑战自我的一项运动。冬泳是一项很好的体育锻炼项目，近年来普及速度很快的一项大众健身运动。冬泳不仅能锻炼身体，还能培养人的勇敢顽强和坚忍不拔的意志和毅力，提高人体的御寒能力，增强内脏器官和心血管系统的功能，也能起到防病治病的作用。冬泳爱好者从冬泳运动中，不仅体会到回归自然轻松自由的感觉，身心也得到了愉悦，还结交很多朋友，特别是中老年人在这项运动中表现出更加的积极，身心也得到更多获益。冬泳虽然是一项很好的健身运动项目，但必须科学锻炼方可达到其功效，否则事与愿违。

一、冬泳是"勇敢者的运动"

数九寒天，雪盖冰封，北风呼啸，面对这样的严寒，扎入冰冷的水中，不能不说是对人意志力的考验。坚持下去，持之以恒，在精神锻炼上获得胜利。冬泳被誉为挑战大自然的"勇敢者的运动"。

1. 挑战冷水锻炼的最高形式

江、河、湖、海中丰富的矿物质与微量元素、空气中的负氧离子、日光浴中的紫外线对健身、供氧、预防骨质疏松等有益。冬泳是户外冷水锻炼的最高形式，由于要经受低气温、冷水的挑战，又要在水中进行活动，对人体刺激的强度非常大，所以，稍有不慎就可能造成运动损伤。所以冬泳者需要勇气挑战的同时，在冬泳前一定要充分了解科学、安全冬泳的注意事项，了解人体在不同水温下的反应极为重要。

表7-1　人体在不同水温下的反应

水温/T	允许持续的时间	经过以下时间失去知觉	经过以下时间有死亡的可能
O	不能下水	15-30 min	15-90 min
10-12	10 min	30-60 min	1-2 h
13-15	20 min	120~240 min	6~8 h
16-18	30 min	2~5 h	无生命危险
19-21	40 min	3~7 h	无生命危险

2.考验自身的意志力和耐力

冬泳过程中，寒冷的水对自身的意志力和耐力都是一种极大的考验。在水温20 ℃左右时游泳，开始稍微有点冷，游一会就不觉得冷了。水温在15~17 ℃时，刚入水会感到呼吸有些困难，手脚也有些不大自然，但游了3~5 min后，将会逐渐适应。在水温12~14 ℃游泳时，刚下水除了有上述反应外，有时头还有点胀痛和四肢有轻度发麻，皮肤转红；出水约5 min后，出现颤抖；15 min左右可恢复正常。在水温7~12 ℃时游泳，刚下水皮肤有刺痛感，动作僵硬，不协调，呼吸困难，甚至有呛水现象；游了3~5 min后稍感适应，再游一段时间后四肢发麻，腹背部感到冷，皮肤发红；出水5~6 min后，会出现幅度较大的颤抖，约经15 min就逐渐恢复正常。在水温0~7 ℃时游泳，下水时还会出现手指和脚趾由麻木转为轻度的疼痛；出水后，反应有些迟钝，对动作的控制能力也较差，但不管风有多大，水有多冷，身上一点也不会感到冷；出水4~5 min后，却会感到有点冷，身体大幅度抖动，等穿好衣服20 min后才逐渐恢复正常。上述这些生理反应的强弱因各人的具体情况如冬泳者的体质、运动量、游泳时间等不同而不同。这些生理反应，加速了生理活动的过程，从而增强了神经、心血管和呼吸等系统的功能，增强温度调节能力，使人食欲增强，精神振奋，精力充沛。

3.提升心理自信和克服恐惧

冬泳下水前，人的心理上会本能地产生恐惧，可通过热身、大声助威等方式提升自己的信心和胆量，对自身心理是一种挑战；完成冬泳后，信心大增，会获得满满的成就感，面对人生的挑战和挫折时，也能无所畏惧，对于提升自信心有着极大的功效。只要下定决心，不畏严寒，持之以恒，一定会成为"最勇敢的人"，取得参加冬泳的锻炼效果和愉悦。

4.颇具观赏性的激情冬游

在室外温度低至 0 ℃以下，冬泳者在水中上演跳水、入水瞬间、各种泳姿及打水、上岸后冲凉，看得人惊心动魄，无不为他们的勇气与意志力点赞，成为"寒冷冬季里的一把火"。

二、冬泳的作用

1.冬泳对人体的生理促进作用

（1）增强神经系统功能的作用

经常参加冬泳的人因长期地用冷水刺激身体，可形成条件反射，一遇寒冷，大脑即可兴奋，调动全身各器官系统加强活动，产热以抵抗寒冷，从而使全身各器官系统受到锻炼和增强。所以，经常冬泳的人，神经活动的灵活性高，神经支配能力也强。经常冬泳还可提高人体体液分泌的作用，使脑垂体和肾上腺皮质系统的功能得到增强，从而提高人体对疾病的抵抗力和免疫力。

（2）增强心血管系统功能的作用

一般冬泳的水温都比人体皮肤温度要低，冷水的刺激通过热量调节作用和对新陈代谢影响来促进血液循环。身体接受冷水刺激后，皮肤血管急剧收缩，大量血液被驱入内脏和深部组织，这时，内脏血管扩张。稍停后，皮肤血管又扩大，大量血液又从内脏流向体表。这样一张一缩，就会使全身血管受到锻炼。长期进行冬泳锻炼，可增强血管的弹性，防止胆固醇在血管壁沉积，防治高血压、动脉硬化和冠心病等。一般人在静止状态时，全身血液只有 55%~75% 参加循环，其余血液均存于肝、脾脏的血库内。可是冬泳时，为了抵抗寒冷，血库内的一部分血液也被调动起来，从而把更多的养料和氧传到全身各部，使新陈代谢增强。在冷水的刺激下，身体为了把大量血液输送到体表，适应寒冷环境，心脏在中枢神经和自主神经的支配下，不仅加快心跳，而且也加大了跳动的力量，从而使心肌受到锻炼而逐渐发达。

（3）增强呼吸系统功能的作用

经常参加冬泳的人，因受冷水刺激，一般呼吸都深长且有力，从而能吸进更多的氧气，呼出更多的二氧化碳，使呼吸系统的功能增强。

（4）增强消化系统功能的作用

经常参加冬泳的人，由于游泳时呼吸加深，膈肌上、下升降幅度加大，这样能使肠胃的蠕动幅度相应加大，因此，对治疗慢性肠胃炎、胃下垂、便秘和胃肠神经官能症都有很大的帮助。水的传热比空气快 26~28 倍，人在 12 ℃的水里停留 4 分钟，所消耗的热量相当于平时在空气中 1 小时的耗热量，迫使人体产热加强，这样，消化器官功能会得到加强。所以，经常冬泳的人，大多食欲旺盛。

（5）保持皮肤健康的作用

在冬泳的过程中，由于水温的刺激，机体为了保证足够的温度。皮肤血管参与了重要的调节作用，冷水的刺激促进皮肤血管的收缩，防止体内热量的散失。同时也促进体内产热量的增加，使皮肤血管扩张，改善了皮肤血液的供应状况。又由于水波的作用，不断对人体表皮进行摩擦，全身皮肤和肌肉都要受到水的冲击和按摩，使皮肤血管强力舒缩，血液循环加强，所以能使皮肤红润光泽，富有弹性。

（6）冬泳有较好的减肥作用

冬泳对人体发生的生理变化和陆地上截然不同。水环境对人体有着特殊的影响，水的密度、导热性和空气阻力均不同。人体在水中散热比在陆地上散热要多，水的温度越低，人体散热也越多，能量消耗也越多。冬泳的速度越快，人体所受到的阻力就越大，能量消耗也越多。在同样的时间、强度下进行运动，冬泳要比陆地上消耗的能量多得多。这些能量的供给要靠消耗体内的糖和脂肪来补充。在进行短时间强度不大的冬泳时，主要靠糖来供能，进行长时间的冬泳运动，则主要靠消耗脂肪来供能。

（7）冬泳具有祛病健身作用

冬泳俗称血管体操，冰水短暂的强烈刺激，就像银针对肌体各个穴位进行高强度按摩、针灸，刺激全身器官，使肌体代谢水平提高到新的高度。冬泳可以使神经、内分泌、免疫等系统的功能得到振奋和调整，除垢纳新，生命自然焕发生机，利用寒冷的刺激，提高生活与生命质量，祛病健身。

2.冬泳对人体心理健康的促进作用

（1）冬泳有陶冶情操的作用

冬泳运动使人回归自然，促进身心健康。冬泳运动（尤其在天然冬泳场）是融日光、空气和水于一体的运动。在室外冬泳可以吸收丰富的阳离子新鲜空气，增强气管纤毛的功能，提高吸入空气的清洁度，使人身心放松，自由地畅游江河湖泊之中，完全投入自然的怀抱，畅游后有身体轻松，心情愉悦之感。

（2）冬泳具有增强人的意志品质的作用

冬泳是一项艰苦的体育运动，冰封雪覆的路面、刺骨的寒风、浸肌的冷水都是磨炼冬泳人意志品质的试金石，人的意志品质的坚强不是与生俱来的，而是靠在实践中培养和锻炼出来的，它与人的认知水平和情绪控制有着很大的关系，数九寒冬无催无逼，冬泳人能心甘情愿坚持不懈地冬泳绝非易事，只有冬泳人才能在寒冷的水里，闯过肌肤刺痛、手脚麻木、下档紧缩、呼吸紧迫等一个又一个难关，最终到达胜利彼岸。多次反复"胜利"后，良好情绪的体验，便会潜移默化造就成冬泳人藐视一切艰难险阻的坚强意志品质。

三、冬泳锻炼的基本条件

1.冬泳锻炼所需时间条件

冬泳一般多在江河湖泊等自然水域进行较多，需要耗费一些时间在路途当中，并且需要长期坚持。因此，冬泳的群体以上班族和退休的中老年为主，青少年群体因工作、学习压力较大，参加冬泳的人较少。在中老年人群体中，有相当多的人是处于40~70岁，这部分人闲暇时间较多，并且这部分群体最重视健康，因此，他们是冬泳队伍中态度最积极、身体受益最明显的人群。

2.冬泳锻炼的身体条件

在冬泳活动群体中，身体条件可分为健壮型、一般型、体弱型、肥胖型、瘦体型5种，这5种体型一般都能进行冬泳，其中对体弱型来讲，应进行体检，在医生确定无病后，方可放心进行冬泳；对于肥胖型的人，一般都比较耐寒，而且通过冬泳锻炼，可以达到强体减肥的效果；对瘦体型的人，皮下脂肪较薄，往往对寒冷的耐受力相对要差一些，如果通过多年冬泳锻炼，可以增强肌肉与脂肪的厚度，增强机体耐寒能力，同样可以锻炼成为一名坚强的冬泳者。

3.冬泳锻炼应具备游泳技术条件

冬泳必备条件，是需要掌握一定游泳技术。一般来说，掌握两种以上游泳姿势，会踩水(水中停留)，就能比较从容自如地连续游500米以上,可以算是较高水平了。如果只会一种姿势，能游200米，从冬泳安全角度来看，应认为是起码的条件了。至于游程尚不足100米，也不会踩水。这样的技术条件并不适合进行冬泳。因为在冰水中游泳，比起在温水中游泳，不易放松，且刺激性很强，不具备一定游泳技术条件进行冬泳时，是比较危险的，因此在未达到游泳的标准条件时，最好在夏季进行练习。一般来说，经过一个夏季的认真练习，完全可以达到游程 200 米的技术条件。

4.冬泳锻炼应具备心理条件

（1）对冬泳者心理健康的要求

世界卫生组织认为："健康并不仅仅是不得病，除了身体健康外，还应包括心理健康，以及与社会交往方面的能力。"冬泳是一项对人的意志品质要求较高的运动，不能想象一个懦弱、胆怯的人，敢在天寒地冻的季节，下到刺骨的冷水中游泳，并长年坚持下去。因此，强化心理承受能力、建立信心、下定决心，以无畏的勇气和顽强的毅力付诸实际行动，勇敢地闯过一道道难关，是一个冬泳者在心理方面应具备的先决条件。冬泳也是"意志操练"，使人树立起敢于面对困难信念，从战胜严寒中得到欢快、欣慰和鼓舞，培养良好的心理素质、高度自控能力和极其稳定的情绪，是一个冬泳者应具备的心理条件。

（2）应具备冬泳安全锻炼意识

参加冬泳活动，主观想象与客观实际往往会出现矛盾。如只凭一时冲动，忽略了应遵循的冬泳客观规律，超越了自身承受能力，往往会出现不良后果。因此，在进行冬泳锻炼时，应遵守"循序渐进，因人而异，量力而行，持之以恒"的基本锻炼原则。

（3）具备善于调节自己的心理

一个人能及时调整自己的心理状态是极为重要的。人们常常遇见这样的情况：处于同一境地，有的人泰然从容，有的人抑郁苦闷。及时有效地自我心理调整，使消极情绪变为积极情绪，需要接受心理卫生健康教育，进行自慰式的心理养生，平息紧张，保持心态平衡，以驾驭个人的情绪。当然进行冬泳锻炼，也是有效调节心理状态的一种手段，具备综合的心理调节能力，对身体健康起着至关重要的作用。冬泳是一项主动接受冷水刺激的体育锻炼方式，心理调节对大脑神经起着重要的作用。因此，进行冬泳锻炼首先必须有勇敢的精神和坚强的毅力，做好长期坚持这种运动的心理准备。其次，临下水前主动调整全身各系统机能状态，使大脑处于一种"应激"状态，从而使机体能适应冷水刺激而不易发生损伤。

四、冬泳的锻炼方法

参加冬泳运动，应循序渐进，逐步提高，量力而行。如果冬泳只是偶然进行或断断续续，收不到良好的锻炼效果。若因故不能继续冬泳时，可用冷水浴或用冷水擦身代替。

为适应水温的变化，参加冬泳锻炼者应从夏末开始，不间断地经过秋天过渡到冬天，提高身体对寒冷的应激水平，使身体有一个从较高温到低温的适应过程。根据具体条件因地制宜，每周最少保持 3~4 次下水，时间不宜太长，游程长短因人而异，注意"量小则得"的道理。

除了夏季开始的渐进性水上训练外，还要适当做一些跑步、打球等身体锻炼，尤其是结冰前的 20 天左右，以增强体质和耐冷性。冬泳前要涂些防寒油或润肤霜，并准备好毛巾及上岸后的防寒服。每次下水前应认真做好准备活动，事先可穿好泳衣泳裤，在避风的地方进行徒手操、慢跑等活动，让身体感到暖和，体温上升，关节活动自如，促使人体由相对安静状态迅速过渡到适宜兴奋状态；然后休息 1~2 min，待心跳和呼吸恢复正常后再下水。先用四肢接触一下水，如双脚站在浅水中，用手泼点冷水拍拍胸、额头等，使身体适应冷水的刺激，然后慢慢全身下水。刚开始冬泳锻炼者最好不要使头一下子浸入水中，应先游抬头蛙泳，在身体各部分稍微适应后，再游其他的头浸入水中的泳式。

冬泳水域选择要谨慎，不要到不熟悉的水域去活动，最好加入某个冬泳协会，以统一行动的形式参与冬泳，并准备好必要的救生设备。因为，冬季水温低，游泳时极易发生肢体僵硬、失去控制力等现象，如果在自己不熟悉的环境，或者身旁没有其他人的帮助是非常危险的。

五、冬泳锻炼的适应步骤

1. 冷气候适应

进行冬泳锻炼，要坚持循序渐进的原则，应有一个对冷气候的适应过程，如每日进行一定时间的晨练，或晚间散步。一般应尽量少穿衣服，使肌肉皮肤充分接触冷空气，尤其是利用一般风天、雨天进行户外锻炼，效果更好。

2. 冷水浴活动

使用冷水浴是冬泳过渡最有效的锻炼方法。冷水浴可从夏季开始，养成冷水浴习惯，坚持每天早晚进行两次冷水浴，采用冷热交替的淋浴方法，如开始用热水喷淋，然后改为冷水淋，这样反复进行几次，使机体充分感受冷与热的变化，提高对冷热变化的适应能力。如果能浸入冷水浴盆中，进行深呼吸则效果更好，因为浸泡在冷水中能使人体接触到类似户外冬泳的水环境。

3. 从夏秋分步骤进行过渡

分步骤的冬泳过渡方法，是根据个人的身体条件而定，保证安全过渡，可划分以下三种过渡方法：

（1）一步到位

从夏季游泳进入秋季，坚持到冬季，逐步适应水温下降，不应间断游泳。直到严冬续游到春季、夏季，坚持全年游泳活动，以达到最佳的四季游泳锻炼效果。

（2）二步到位

从夏季游泳进行到秋季，在气温、水温不断变凉、变冷的过程中，坚持到深秋及初冬。当感觉不适时，则可停止室外游泳，以冷水浴取而代之，第二年天气转暖时，可以继续坚持户外游泳，从夏季坚持到冬季，经过两年的户外适应后，可进行全年冬泳。

（3）三步到位

经过两年过渡，在第三年坚持冬季游泳，是比较安全的过渡方法。当然，对体质较差的人来说，采用多年过渡，并辅以冷水浴，同样也可以收到一定的保健效果。

4. 严格的距离控制

冬泳运动量的安排要根据每个人的身体情况、游泳基础、技术水平以及锻炼时的气温、水温等条件来决定。当水温保持在10~14 ℃时，一般人在水中游100~500 m最佳；而当水温低于10 ℃时，游泳时间就应当受到非常严格的控制。对大多数人来说，水温在1 ℃时，游10 m即可，当水温在2 ℃时，游20 m最佳，依次类推。若不好掌握距离可1 ℃游1 min、2 ℃游2 min、3 ℃游3 min，以此类推来控制距离。

同时，随着季节的变化，如从秋季到冬季，气温、水温逐渐下降，游的距离就应逐渐缩短，游速也应逐渐减慢；反之，从冬季过渡到春季，气温、水温逐渐上升，游泳的距离就要逐渐增加，速度也可逐渐加快。总之，要因人、因时、量力而行。隔天一次冬泳或每天进行一次冬泳均可。

知识小贴士：

冬泳时间的科学估算

比较科学的冬泳水中停留时间为："一度一分，即当水温为1 ℃时，在水中停留时间不要超过 1 min，水温为 2 ℃时，在水中停留时间不超过 2 min。依次类推。为了安全起见，也可采取"水温度数 × 0.7"的估算方式。当水温为 10 ℃时，在水中停留时间为 7 min。对于年龄较大的游泳者，可采取"水温度数 × 0.5"或更短些的估算方式。

5. 科学的锻炼意识

参加冬泳运动应严格注意安全，特别是在天然水域中进行锻炼，不可逞能好胜，适可而止，重在健体，预防抽筋及出现意外。酒后、饭后、病后、身体不适、运动后汗水未干等，不得下水，以免造成身体损伤。

要掌握好上岸的时机。冬泳时，要注意身体的反应、在水中出现的第一次寒冷感（全身寒冷或手指尖发麻）就是回岸信号。第一次寒冷感减轻至消失后，游一会儿，再出现寒冷（第二次寒冷）的感觉时，应立即出水；上岸后，若全身起"鸡皮疙瘩"，出现打寒战之类的现象，就是运动过量的表现。此时，最好喝碗姜糖水，有利于加速恢复正常。如果上岸后，全身皮肤发红或先白后红，迅速暖和，感觉轻松、愉快，就是"运动适量"的表现。

冬游结束后，要用干毛巾擦干水珠，擦热身体，迅速穿衣，在原地做跳跃、慢跑等整理活动，直至身体发热为止。切忌在冬泳后马上进入高温的房间、烤火或者洗热水澡。因为在游泳的时候，体表温度、心率都处于"非正常"状态，如果立刻改变温度或周围环境会导致身体不适，出现受凉、身体疼痛、皮肤受损等有损健康的状况。因此，应该通过轻松的运动使身体自然发热，并恢复到正常体温和心率，再进行温水淋浴以清洁身体表面。

六、冬泳泳前准备与泳中监测

1. 泳前准备

泳前准备，是根据运动生理的要求，冬泳入水前的导入工作。根据冬泳活动的特点，防止冷水刺激对机体的影响（肌肉紧张、抽筋、呼吸困难等），准备活动对冬泳者尤为重要。因为它能提高神经系统的兴奋性，强化进入冬泳的思想准备，克服恐惧、胆怯心理，启动应激机制，加强心血管和肺呼吸功能，增强肌肉的力量，提高关节的灵活性。因此，准备活动是必不可少的，冬泳准备活动一般程序是：

（1）未脱衣前

先稍事轻松的活动，如深呼吸、原地小跑等。活动程度以逐渐适应空气的温度为宜。有时因骑自行车或走得急些，到水边时，一旦出现微汗情况，一定要等待汗收后，再脱衣。

（2）脱衣时

先要慢脱，使身体逐渐与气温相适应，可先脱去外衣，稍微活动一会儿，再脱内衣。

（3）脱衣后

这时不要急于下水，选择避风处做些以伸展舒筋性质柔软体操为主的活动，使关节灵活，特别是颈椎、腰椎、臂、肩和膝等关节部位。用双手摩擦全身，同时可结合手掌摩擦拍打全身。脱衣活动后，还可适当晒一晒太阳，皮肤表层温度增高时，不宜立即下水，最好在暗处散散热，然后下水。这样，下水后可避免抽筋或四肢不适。

2. 泳中监测

冬泳是在冬季利用江河湖海或露天游泳池进行的一项游泳运动，低的水温与气温都能起到对人体耐寒能力的锻炼，水温越低，散热越多，能量消耗越大。因此，了解水情，掌握水温和气温的变化规律，根据客观条件调整游程和在水中停留的时间，就显得十分重要，它关系到锻炼效果及安全锻炼的问题。

（1）冬泳运动量的掌握

①感觉法：凭借自身的感觉，掌握在水中冬泳的距离尺度。即在全身有温暖感之后，即应上岸，结束游泳。在水中以不产生冰凌感为宜，正所谓"见好就收"。游后不感到过分疲劳、乏力、精神不振与其他不适就是适量的。

②肤色判断法：即根据自己体征的反应来判断在水中停留时间，在皮肤呈现微红时上岸。上岸后皮肤继续变深，在冲水洗身时，皮肤呈现鲜红色，无较大的寒战，穿衣后身体恢复较快，无严重冷感为宜。另外，从冬泳上岸后，皮肤的颜色也可以反映一个人的心血管的适应能力。心血管功能强，冷水刺激后血液循环就旺盛，流经皮肤的血液饱含氧气，因而皮肤呈现鲜红色。如果心血管功能低下，冷水刺激后，心血管反应无力，血流缓慢，流经皮肤的血液饱含二氧化碳，因而皮肤呈紫色；或在水中停留时间过长，热量消耗过多，血管收缩也会疲劳无力，血液游滞于体表，皮肤发紫。因此，皮肤颜色也是反映一个人的适应能力和是否刺激过量的重要标志。

③心率监测法：即按心率（脉搏）确定自己的运动量。大运动量为运动后最

高心率 180 次 / 分钟的 80%，即 144 次 / 分钟，中等运动量为最高心率的 70%，即 126 次 / 分钟；小运动量为最高心率的 60%，即 108 次 / 分钟。心率检测简单方便，自己和同伴都可进行测量，但因个体身体差异，此法判断的准确性不高，在监测过程中可适当降低标准，更为稳妥。

④泳后心率恢复检查：冬泳下水前后测试心率，观察运动后恢复到运动前的心率数值所需时间。大运动量心率恢复约 30 分钟，中运动量约 15 分钟，小运动量约 10 分钟恢复。恢复时间越短，心脏代偿之能越好。用恢复心率的时间快慢来判断自己运动量是否过量。

（2）在冷水中的生理反应监测

水温在 14 ℃ 以下时，冬泳游程中基本上有以下几个不同的感觉阶段：

①降温阶段：初入水时，人体就开始热量损失，体表降温，皮肤由温热过渡到冷凉，反射性皮肤肌肉毛细血管收缩，以减少散热。此时肤色苍白，身体有强烈寒冷感，可视为警觉期。

②平衡阶段：在游过一段时间后，血管开始放松，大量血液带着热能又重新注入体表。运动肌产生的新热能也开始补充，产热增加，皮肤颜色开始红润，全身有温暖感。获有产热量超过散热，体温才能逐渐升高，可视为抵抗期。这一阶段是机体获得良性刺激最佳时机。

③寒冷阶段：在继续游进中，由于机体失热过多，皮肤紧缩，周身寒冷。当热量消耗到不能维持内脏各系统正常动作时，神经系统支配减弱，血管收缩疲劳无力，血液重新回流内脏受阻，于是全身颤抖，血液淤滞在体表，皮肤产生紫块，牙齿打战，手脚发木，不听使唤，人体生理平衡遭到破坏。

④恶寒阶段：如果寒战产生的热量也无法维持身体机能的运转，继续失热就会进入恶寒期。由于内脏得不到足够的血液而运作受阻，产热减少，人体出现"能源危机"，呼吸困难，心慌气短，头昏脑胀，手脚由麻木转而失去知觉，局部肌肉僵硬，嘴唇由紫变乌，胸腹透凉，浑身无力，恶寒不止。如果在这个时期不采取紧急措施，就可能因进一步缺氧而昏迷，危及生命安全。

三、冬泳的注意事项

1. 水域环境的选择
选择自然水域是冬泳最适合的条件，它包括河流、湖泊、近海海域、人工水库等水域。在冬季最寒冷的地区，凿冰游泳，水温均可保持在℃以上。选择在这些天然水域里游泳，由于在室外环境条件下，日光充足，空气清新，水质清洁，能很好地利用空气、日光、水进行三浴锻炼。在这些天然水域游泳应注意以下几个方面：

（1）冬泳不可忽视水流

冬泳运动也有很多不安全因素，我们不仅要了解和熟悉水情，更重要的是及时发现险情并加以预防，自然水域的江河水面表明看起很平静，其有些水域却藏有暗流和漩涡，下水前应充分了解情况，向他人询问或在长年冬泳爱好者固定的游泳水域进行锻炼；在外出游时，面对无风三尺浪的大海，峡谷急流，不能麻痹，不能侥幸，自己要有足够的体能和泳技，有驾驭海浪急流的本领，注意安全，千万不要贸然行事，下水应采取携带安全浮球等保护器材。

（2）冬泳不可忽视水草、渔网及暗礁

有些自然水域水草茂盛，很容易缠绕肢体出现险情，如在水中被水草缠住，只要沉着镇定，用手解开，或手轻划动，或仰游从水面漂过，都可化险为夷；心中慌乱，盲目挣扎反而越缠越紧。碰上渔网，尤其是那些用尼龙细丝编织的渔网，用上述心态和方法，予以解脱。在海里，尤其在落潮时，容易触及暗礁，有的暗礁上镶嵌着锐利的海贝壳，极容易划伤出血，注意躲开。在这些水域冬泳时，下水一定要从下肢到上体依次入水，切不可鱼跃入水，游进途中，避免潜水，以免发生险情。

（3）冬泳不可忽视浮冰和边沿残冰

北方冬天野外水面冰冻，甚至封冻整个冬天，所以需要砸冰游泳；如不小心，皮肤容易被浮冰或边沿锐利残冰划伤，所以要把水中冰块捞净，游泳时多加小心，不要离边沿太近。

2. 天气状况的选择

（1）冬泳不可忽视寒冷的变化

冬泳主要表现为机体和寒冷的较量，在较量中冬泳人巧妙地利用寒冷来健身。寒冷给人的刺激有两种物理现象：气体和液体，即寒冷的空气和寒冷的水。寒冷空气地域温差很大，而维持人体恒温的要求是有限度的，不能低于 34 ℃，如低于这个极限，首先表现为某一脏器或多脏器的功能障碍，直至有生命危险。所以说冬泳运动，实际上就是机体为保持恒定体温而战。可是我们不少冬泳健儿对冬泳健身的科学性、严肃性重视不够，导致意外事故的屡屡发生。人体是个科学合理组合起来具有生命活动的有机体，它生活在大自然，经常遇到的是温度变化，尤其是寒冷的袭击，机体虽然有自我保护的机制，但维持时间短暂。在严寒冬季游泳时，如水温在 0 ℃左右，气温在 –10℃以下，应注意防止冻伤，尤其要注意手指、脚趾等容易出现冻疮的部位。对此，冬泳下水时可采取穿袜及戴手套外加防水胶套。为防止冻伤，冬季日常生活中也应注意鞋袜及手套保暖，饮食中应适量补充蛋白质与脂肪等。总之，要以安全为前提。

（2）冬泳不可忽视风力

冬泳期间，寒流大风降温是经常遇到的，也是我们冬泳人甚为发怵的天气。所以就有了"游雪不游风"的口语。风的对流是人体散热（辐衬传导、对流、蒸发）方式中的一种，从而就有了"冷在风里"的说法。如真遇到寒流，一是暂时避一下，待寒流过后再游，可用冷水浴代替，目的是保持原有的冷习服水平；二是即使想游也得找个避风又较暖的脱换衣服的地方，以防止体温过多散失；三是下水时间要短，就像我们冬泳人所说的"淬火式"，游几分钟总比不游好，以满足心理需要和冷习服。

（3）冬泳不可忽视浓雾

浓雾天气，在大海中或在宽阔的湖面上游泳，容易迷失方向，类似事故频发，足以敲响警钟，因此要提高警惕。一旦遇到浓雾，应暂停一次；雨雾不重，岸影在视线以内，不要游得太远。如偶然有一股浓雾迎面而来，可能看不见岸影，这时不要惊慌，向四周环视，缓游或停游，漂在水面上，精神放松，待浓雾过后，能见到岸影，再往回游。如果时间过久，可发出呼救，岸边人可按呼声方向前往救援。这种信号办法，至少让我们冬泳的人们都知道，便于互救。

（4）不可忽视雷雨

冬泳人在夏秋季节遇到雷雨天气，如果在出门前就有雷雨降临之势，应暂停游泳，如在游泳时雷雨交加应立即上岸，选择合适地点躲避，不要躲在孤独的小屋中、大树下或电线杆下，避免接触金属制品。如在旷野地带应选择低处蹲下，尽量缩小暴露目标。尽量不要在雷雨中行走，不得已的情况下，须慢走，并尽量寻找合适躲避场所。

3. 冬泳时间的选择

选择冬泳时间，首先须根据个人的生活及锻炼习惯、工作条件，因人、因时、因地制宜。由于冬季天寒，以中午游泳为最适宜。此时，日光充足，气温相对偏高，对于在职的机关干部、企事业人员，利用午间休息时间进行冬泳比较方便。但注意饭后冬泳活动不宜过于剧烈，以免影响消化。有些人以晨练的方式选择早晨进行冬泳，其优点是：早上空气新鲜，水净浪缓，河岸及海滨负氧离子较多；缺点是天气较冷、日光不充足，水温也是一天里最低的。至于夜间游泳，由于光照不足，容易发生事故，应特别注意安全。

4.冬泳锻炼的连续性

冬泳锻炼保持每日下水的连续活动，是取得最佳锻炼效果的有利保证，由于每日不间断地进行冬泳，可提高人体对冷刺激的适应性，使机体建立稳定的"冷习服"，从而达到健身强体的目的。如果间隔太久，往往使机体失去抗寒能力，而不得不停止冬泳。对于多年坚持冬泳的人来说，间隔一两天再下水也是可以的，如果间隔一周以上，就应当减少在水中时间，做一次过渡性的锻炼，以恢复机体对冷水的适应性。也有个别冬泳者，定期隔日一游或隔周一游，从锻炼效果来看肯定不如前者，但是根据个人的工作性质、身体状况及锻炼习惯，如无不良反应，采取间隔锻炼方法，也能收到一定锻炼效果。

5.良好的生活起居习惯

人们的生活习惯常常是从小或在特殊环境中形成的，常与性格相通。良好的习惯有助于健康，不良的习惯则损害健康。如早睡早起，定时作息，食不过饱，饮不过量，劳逸结合，晨起户外锻炼，晚间烫脚净身等，这些良好习惯，能使人精力充沛，张弛有度，从而保持与提高人体免疫力，有助于身心健康。相反，如起居无常，玩乐无度，挑食偏食，暴食暴饮，嗜烟贪酒，不讲卫生等，这些不良习惯，必将引起机体内部的混乱，长此下来则健康受损，力不从心，疾病丛生。人们大都具有巨大的惰性，只要下大决心，习惯是可以改变的。为使冬泳的效果更好，必须痛下决心改掉不良的生活习惯，努力建立一套良好的生活习惯。

6.冬泳中自我保护与互助

冬泳是在寒冷的冬天，在户外露天的江河、湖、海中或在室外的游泳运动，既具有不同寻常的健身强体作用，又具有战胜相当恶劣的自然环境的极大艰苦性和风险性。因此，要求我们在冬泳中必须从思想上建立起时时刻刻注意保护好自己人身安全的意识。树立好在冬泳中的自我保护与安全互助意识，应注意以下几点：

（1）提高认识，树立自我保护观念

人们对世间事物，只有充分地认识它才能自觉地去实施它、驾驭它。只有充分认识到冬泳运动中的艰苦性、风险性及规律性，从而加强保护措施，建立自我保护观念，自我保护的效果才越大。

（2）随时注意有关安全措施

注意安全是为了保护好身体，为了健身强体，二者是相辅相成的。在具体行动上，如来往于路上，入水和从水中出来，都要注意不要碰着、滑倒、闪着。在游泳中应根据身体情况，量力而行，做到"适度"，绝对不要超过"适度"的量，携带安全器材以防万一。在接触地面，雪和封冻的地面，作好手脚和其他部位的防护措施。每次游完应进行总结，这次游泳过程中有无不适当的方面，下次应注意什么，怎样才能做得更好等问题。

（3）切忌在冬泳中争强好胜

在冬泳活动中，切忌出现"标着游""比着游""逞着游"等不顾自身状况、盲目争强好胜等不正常现象，这也是冬泳者应遵守的安全原则。

（4）加强互助合作精神

在冬泳活动中，最好约定时间，三五同行，互相照应，做到息息相通、互助、互补、互促，构成一个养生互助的系统局面。不断加强安全互救意识，这对每个冬泳人，尤其是对老年人来说，显得十分重要。

7. 冬泳的呼喊效应

冬泳人当脱衣时及出水后，往往情不自禁地发出叫声，这吼叫声，凭借其响亮的嗓子和快乐的心情，确实吼出了声势和韵味，喊出了冬泳者的气魄。呼喊能使血压下降、心跳减缓和呼吸加强，心理紧张状态得到改善，呼喊后会有心安神定的坦然感。从生理上讲，呼喊可以使体内横隔上升，促进肺部气体排尽，增加肺活量，血液因此得到充足的氧。呼喊还能加快血液循环，让身体处于松弛状态，这样就强化了迷走神经，改善了大脑兴奋和抑制的状况，从而消除了紧张和恐惧心理，这对冬泳者来说确实大有裨益。

8. 关于饭前、饭后进行冬泳的利弊

有些冬泳者往往在饭后不久就去游泳，他们认为吃饱了身体比较有温饱的感觉。其实饭后游泳并不科学，俗话说"饱不游泳，饿不打针"，因为消化器官对温度的反应很敏感，热刺激可引起消化器官兴奋，冷刺激则起抑制作用。人体处于运动状态时，交感神经处于抑制状态，肝、胰腺分泌减少，不利于食物消化，特别是饱饮后立即冬泳，不仅影响消化、吸收，还能引起急性胃炎等消化性疾病。因此，应养成饭前游泳的习惯，饭前腹中空空，脂肪细胞内尚无新的脂肪酸进入，锻炼较易将其"动员"出来，化为热量而消耗掉。因此，饭前锻炼效果最佳。

9. 泳后热身活动

从体育运动生理卫生方面的要求来看，进行体育锻炼全过程中，应有准备部分、基本活动部分和结束部分三个阶段，结束部分对调整恢复机体的正常状态起着至关重要的作用，但往往一些人忽略了这一点。泳后热身活动，也是冬泳的结束阶段，这是冬泳运动与一般陆上运动（夏泳）在结束阶段的不同之处。一般陆上运动项目在结束阶段的要求是，运动强度明显减少或趋向运动前常态，决不再进行热身活动，而冬泳则相反。在进行冬泳时，由于在冷水中散热较多，体表温度急剧下降，另外，突然停止运动会妨碍血液回流到心脏。因此，上岸后的整理运动是必不可少的。由于冬泳自身的特殊性，恢复调整的特点是以热身活动为主。热身活动的方式有：

（1）慢跑

在天气寒冷的条件下，可先穿上衣服，采取慢跑的方式，逐步使体内产热，在感到体内温暖舒适时，可适当加速或加长距离，以平衡体温，但要遵循不出汗或出微汗的原则。

（2）跳绳

跳绳是在有场地限制下的一种活动方式，跳绳有较好的产热效果，在没有跳绳的条件下，也可以采取原地跳、走、跑相结合的活动方式。

（3）擦身活动

擦身分干巾摩擦和手摩擦两种方式，摩擦皮肤可迅速缓解皮肤表层的低温状态。通过摩擦皮肤可使皮肤角质层增厚，使皮表柔韧润滑，富有弹性，加强皮肤抵抗力和御寒能力。同时，在摩擦作用下，可使肌肉系统血管扩张，增加皮脂腺的分泌，促进血液和淋巴循环，加速体内的新陈代谢，使皮肤温度尽快回升。擦身也是按摩的一种方式，进行时从上肢到躯干及下肢，按照一定顺序摩擦身体，至发热为止。

10. 注意要点

冬泳虽然好处多多，但也并非人人皆宜。有三类人群不适合冬泳：16岁以下的少年和 70 岁以上的老年人；精神不健全的患者；经医生检查，患有严重器质性疾病如心脏病、冠心病、肺结核、肝炎、胃病以及呼吸道疾病的人。为了保证冬泳顺利进行，还要注意以下几点：

（1）在江河湖泊冬泳，应选择容易下水、上岸的地点。

（2）入水前后切勿饮酒。若入水前饮酒，容易引起神经刺激或散热过快，在水中可能出现昏迷、窒息现象；出水后饮酒，会刺激心脏和血液循环，引起不良反应。

（3）开始冬泳时，身体往往会有一些不适的反应，如四肢发麻、头胀痛、呼吸困难、皮肤发白、肌肉僵硬、出水后全身颤抖、反应迟钝、动作控制能力下降等，但只要坚持下去，经过一段时间后，就会逐渐适应。

（4）进行冬泳锻炼，要有固定的时间，如安排在早晨、上午、中午或下午，以使人体的体温调节功能建立起时间条件反射。

（5）破冰冬泳时，要选择冰下水流速度慢的水域进行。下水时不要猛跳，以防止冰凌割破皮肤；要时刻注意水面的碎冰情况；入水后也不要潜水，以免游入冰下。

（6）冬泳者应根据自己的锻炼水平、运动强度以及水温等实际情况，掌握好锻炼的时间，一般应在出现第二次冷感前起水。

（7）在水中活动的时间不宜过长，也不宜上岸后再下水，否则会引起散热过多，出现发抖和头痛。冬泳后，特别是第二天如有不良反应，如心跳过快、心率不均、头部胀痛、食欲缺乏、恶心等，应立即就医，并暂停下水，待恢复后再继续冬泳。

第三节　康复游泳

康复游泳是针对疾病、伤残、发育障碍等因素造成的残疾和功能衰退，通过在水的特定环境下，采用专门的练习方法，促进其功能恢复的游泳练习。

康复游泳的作用主要在于对心血管、呼吸系统疾病的康复和预防；提高肌肉的力量和协调性，并有效预防运动损伤的发生；慢性关节炎、腰腿痛等的治疗和预防；能明显提高能量代谢，是减肥健美的有效方法。

康复游泳要根据患者的健康情况、心血管或康复部位的功能状态，以及年龄、性别、对水性的熟悉及游泳技能的掌握程度等特点，规定一些适当的练习方法和运动量，使患者通过有计划的康复锻炼提高身体机能、康复机体。练习内容种类的选择，应服从锻炼目的和病情，但形式要多样化。

一、康复游泳的训练模式

水环境的独特性和游泳训练的特质性，使康复游泳具有辅助运动、支托运动和抗阻运动三大康复训练模式。

1. 辅助运动（assisted movement）

由于水的浮力作用可有效地减轻身体重量，因此当肢体或躯干沿浮力的方向进行运动时，浮力对运动起到了辅助的作用，使得在陆地上难以完成的动作，在水中运动变得较为容易，从而提高了运动功能。辅助运动给患者以良好的心理影响，同时也可以进行锻炼。

2. 支托运动（Supported movement）

当肢体浮起在水面做水平运动时，浮力起到了支托作用，使肢体受到向上的浮力支撑，其受重力下垂的力被抵消。在这种支托作用下，肢体沿水平方向的活动就会容易得多，而且能够有效评价和观察在重力发生变化情况下肢体可能达到的实际活动范围。

3. 抗阻运动（resisted movement）

当肢体的运动方向与浮力的方向相反时，浮力就成为肢体活动的一种阻力。肢体在水中沿水平方向运动时，就相当于抗阻运动。通过增加运动速率或在肢体上附加一些物体增大肢体的面积，可以增大运动的阻力。因此可根据病情需要，给予不同的阻力，以达到不同抗阻运动训练的目的。

二、康复游泳的训练方法

在三大训练模式的支持下，康复游泳已经形成了比较系统的训练方法。

1. 水中固定体位训练

由于浮力的作用，患者在水中进行康复训练时，要使身体保持在一个固定的位置是非常重要的。常见的水中固定体位训练方法包括：让患者躺在水中治疗床上或常用的治疗托板上；让患者坐在水中治疗椅（凳）上；让患者抓住栏杆或池的边沿；必要时可用带子固定患者肢体。

2. 利用器械辅助训练

可以利用水中设置的各种器械来进行康复辅助训练。如：利用橡皮手套或脚蹼，可增加水的阻力进行抗阻训练；利用水中平行双杠，可进行站立平衡和行走训练；利用水中肋木，可训练肩和肘关节功能；利用水球做游戏可训练臂的推力等；利用浮力棒、浮板等漂浮性的用品增加运动的乐趣。

3. 水中步行训练

在水中进行步行训练，对肌力弱、平衡功能差或有疼痛、肌肉紧张，在陆地上步行有难度的如骨关节病患者、下肢骨折恢复患者等来说尤为适宜。其常用方法有：水中双手两侧扶杠步行训练、水中单侧扶杠或池壁步行训练、水中不负重独立步行训练、水中负重步行训练。

4. 水中平衡性训练

水中平衡性训练是通过改变水深、水流或向患者推水等方法，干扰患者在水中练习的平衡，让患者通过自身的努力保持平衡达到康复训练的目的。如在患者站立平衡训练时，故意用水流冲击，使患者的站立平衡受到干扰。在此过程中，时刻提醒患者通过自己的努力保持平衡，去对抗水流的冲击。随着患者平衡功能以及对水适应性的增加，可逐渐增加水深和冲击的力度，加大对患者平衡功能的干扰。

5. 水中协调性训练

游泳本身就是协调性训练最好的项目之一。可以通过学习和掌握游泳技术，来达到训练患者协调性的目的。如可以根据爬泳的学习过程，先进行双手扶池边的爬泳下肢打腿练习，再练习上肢的划水动作，最后作上下肢协调爬泳完整练习；也可以根据患者的功能状况，先让患者借助漂浮物进行练习，然后，再逐渐过渡到患者完全独立进行游泳运动。

6. 救生圈训练法

这种方法是把浮力作为支撑力量来帮助训练。患者进行运动训练时，在体疗师的帮助下，不需抓扶或靠水中固定物体支托，而是靠救生圈的浮力支撑进行运动。

三、康复游泳的注意事项

（1）必要的身体检查，如患有传染病、心肺肝功能不全、重症动脉硬化、皮肤破损感染、大小便失禁以及其他的水中康复禁忌症患者均不应进行水中训练。

另外，女性患者月经期应暂停治疗，肺活量在 1 500 mL 以下的患者也不宜在深水中进行训练。

（2）体疗师要先下水，在组织游泳时要始终与患者在一起。

（3）初参加康复训练患者，在初期阶段一定要在体疗师或家属的协助下安全入水，以免发生意外。对于自理能力较差的患者，体疗师要协助他上下轮椅、穿脱衣服及出入水池。

（4）治疗过程中体疗师要严密监护，加强医务监督，以保证患者安全。在治疗中如果患者出现了头晕、心慌、气短、面色苍白、全身无力等症状时，应立即停止治疗，并给予适当的处理。

（5）要充分利用辅助器具，并要教会患者正确使用的方法和明确活动的范围。

①水上健身项目有哪些？它们各有什么样的特点？

②请设计 1 个水中健身游戏（目的、组织与方法）。

③如果要参加冬泳，那么从夏季开始直到冬天，需怎样安排冬泳训练？

④游泳的康复治疗技术方法有哪几种？请举例说明采用的具体方式。

第八章 游泳休闲娱乐

休闲娱乐是人类生活的重要组成部分,是人们基本的社会需求,对提高生活质量和生命质量具有十分重要的意义。当前的体育休闲方式带来了新的消费升级,水下潜水、水下观光、水中浮潜、水中蹼泳、天然水域游泳、水上拓展等游泳休闲娱乐活动,已经进入人们的生活,让富有好奇心和喜欢"找新鲜"的人们,在水环境中得到全新的体验和乐趣。

第一节 休闲潜水

潜水就是人没入水中的活动。现代潜水尚没有严格的分类,通常按照潜水的目的大致分为军事潜水、专业潜水、休闲及体育运动潜水三大类。

军事潜水是指海洋军事中的各种潜水活动,包括海洋救援行动、海洋特种作战、战斗蛙人等。专业潜水是指从事水下工程、水下救捞、水下探险等工作而进行的潜水活动,专业潜水活动要求潜水人员有极强的专业性和丰富的潜水经验。休闲及体育运动潜水则是一种以水下活动为主要内容,从而达到锻炼身体、休闲娱乐等目的的活动,包括自由潜水、竞速潜水、水下曲棍球、水球、蹼泳等。本节主要介绍休闲及体育运动潜水中的自由潜水、浮潜、水肺潜水和蹼泳。

一、自由潜水

(一)自由潜水的概况

自由潜水,是闭气潜水的另外一种说法,也被称为传统潜水,就是不携带氧气装置,完全利用肺部储气的容量潜入水下进行潜泳的活动。由于不需携带笨重设备,所以相对自由。自由潜水包括以娱乐、体验、摄影、狩猎为目的的自由潜水活动和竞赛性质的极限屏息深潜。

从历史上来看，自由潜水早在古代就已经存在了，是在沿海和内陆沿湖河地带居民常用的生产技能，人们为了生存，在没有供氧设备支持的情况下，屏气下潜到水中摸螺，抓螃蟹，用自制鱼叉插鱼，获取深水位置的水产品以及打捞有价值的矿物、沉船遗留物等。西欧地区的沿海地带曾经出现过许多擅长无器械潜水的早期村落，并将这种独具特色的娱乐方式传承了下来。现在很多国家至今还保留着古老的屏气下潜捕捞海鲜的传统风俗，比如日本、韩国的海女，这些技能后来被一些热爱这项运动的人们慢慢系统化、专业化，形成自由潜水这项极限运动。

人类目前在游泳状态下平均能够闭气的最长时间可以达到 1 min40 s，但是在潜水过程中，随着水深的增加，潜水者划水的肢体力度也会随之增加，血液中血氧的消耗与二氧化碳的产生速度同步提升，使人很难在水中长时间自如活动，在进行一些目标位于海床上的深潜作业时，它堪称是一项危险系数极高的运动。

不过，自由潜水也确实有令人享受到"自由"的妙处：对于许多人来说，无论是否在水下环境，不依赖器械的运动都是一种从现代生活束缚中的解脱，让人获得更加轻松和释放的感觉。1999 年，曾创下过自由潜水 150 m 纪录的意大利著名潜水者马贝托·皮利兹里说："自由潜水是进入另一个世界，没有重力，没有颜色，没有声音，是一次进入灵魂的跳远。"

（二）自由潜水的相关技术与应用

自由潜水需要凭一口气在水中潜泳最长的时间、最深的深度或者最长的距离。它的技术与实用游泳的潜泳技术要求是相同的。

知识小贴士：

恒定重量潜水和无限制潜水

（1）两者都属于自由潜水的极限运动。

（2）恒定重量潜水是最纯粹的自由潜水，指潜水者下潜与漂浮后，自身的重量保持不变。

（3）无限制潜水是指潜水者借助重力装置下潜到水下后再利用浮力装置回到水上。

自由潜水的技术不仅用于休闲娱乐及极限运动中，还被广泛运用于应急训练中。其中"潜水逃生"和"船底脱险"是两个比较典型的应急训练科目。

1. 潜水逃生

一旦遇到机动车因洪灾等意外落入水中、船艇不幸沉没\水面浮油着火等危险情况，必然需要运用"潜水逃生"技术来求生。

潜水逃生是指在水下活动被困时，所采用的水下穿越障碍或破坏障碍并安全通过的技术。

（1）穿越水下障碍物：要穿越水下障碍物，首先要深吸一口气，下潜至一定深度，对障碍物进行观察，选择最安全、最容易通过的位置；其次，用身体测量，可以用手触碰、用胳膊比较，从而对通过点进行评估，确定自己能否安全通过；最后，与障碍物保持 2 m 左右的距离，采用蛙式潜水技术，快速通过障碍物缺口。当发现没有办法通过时，需要破坏障碍物后通过。

（2）火海通过：当浮油在水面上着火时，需要向逆风、逆流方向进行潜水逃生。潜泳一段距离后需换气时，双手拨开水面油火，使油火向外扩散，形成一圈无火区域，借机冲出水面呼吸，然后再潜泳，直到脱离火海。

2. 船底脱险

在水上漂流、救生艇救援时，若发生翻船事件，被扣在船底时，切记不要慌张，保持镇定，利用船底与水之间的空隙深吸口气；快速摸索到船舷，并立即抓住船舷，以脚抵船内舷保持身体平衡，双手推船外舷，配合脚蹬动作，低头保持潜水姿势快速挤出或爬出；出船底后，仍然抓住船舷，并转移到船头集结，确保全体成员都脱离危险。整个流程可概括为：镇定—深吸气—抓船舷—脚蹬手推—船底潜水脱险—集结待援。

（三）自由潜水的风险

在目前已知的极限运动中，自由潜水被美国《福布斯》杂志评为世界第二危险运动，仅次于高楼跳伞。

自由潜水运动员下潜时，大多是沿着绳索下降至水下，最大的挑战是，潜水者在水中身体受到的压力比陆地上高几倍，压力不但直接作用于人体，还会引起人体内部复杂的物理变化和生理变化。常见的自由潜水风险有以下三种：

1. 晕厥溺水

晕厥溺水是一种人体自我保护机制，在闭气时间过长，血液浓度低到一定程度时发生。一般人血氧饱和度低至40%左右时就会出现晕厥，大脑无法正常工作，昏迷并失去意识。晕厥溺水只是暂时失去意识，不会对潜水者的健康产生持久的负面影响，如果发生太频繁，就会变成习惯性反应。晕厥溺水本身并不危险，但是如果这时候呼吸道依然浸在水中，就会发生溺水身亡事故，所以严禁独潜是自由潜水安全原则中最重要的一条。

2.四肢痉挛——"桑巴"

因为抽搐厉害的时候四肢像猛烈地跳舞，所以四肢痉挛俗称"桑巴"。出现这种情况后，潜伴需要用手防止抽搐的潜水员撞上泳池边缘等硬物，同时提醒潜水者恢复呼吸。如果潜水者无法控制身体，呼吸道重新没入水中，则需要潜伴实施救援。

3.肺挤压和耳膜失压

自由潜水时还易发生肺挤压和耳膜失压，肺挤压会使血液流进肺部，导致呼吸困难和长期创伤，危害很大。下潜时，肺部因压力变小，很难把气体传输到嘴里，因此必须学会从肺部将气体吸进嘴里，而且要锁住喉咙，不咽下空气。嘴里的空气对潜水员至关重要，潜水员以此来平衡耳压，如果耳膜失压，就会造成损伤。

正因为极高危险性，所以潜水是一项极其强调团队精神的运动。无论潜水员或潜水教练的水平有多高，都必须严格遵循潜水规范的潜伴制度，不能单独潜水。在潜伴发生危险时要及时救助，发扬团结互助的高尚品德。自由潜水最安全的训练方法是进行无水训练，等专业知识达到了一定的水平之后，再从浅水区域开始设定标准进行分段分进度的潜水训练。尝试找到自己所承受的极限，再以小幅度递进的方式增加下潜的成绩，这样能够保证相对平稳安全地完成挑战。在潜水时，还要注意保护生态环境，不乱丢废弃物，不乱捕乱采水下生物等。

二、浮潜

在马尔代夫、印度尼西亚、牙买加、百慕大群岛等地，人们充分利用本地海底旅游资源开展潜水旅游，对于第一次接触潜水的游客来说，浮潜是最好的选择，学习相对简单的潜水技巧，便可以感受到潜水的新奇，即使是不会游泳的人，也可以尝试。

水中的世界逍遥自在。想象一下当你徐徐潜入清凉明澈的水中，阳光被水折射成无数星光，在眼前不断地闪烁、耀动。五彩的鱼儿亲昵地依偎在身边，你会欣喜自己置身于一个美妙的新奇世界，尽情欣赏五颜六色、千姿百态的海底生物。

（一）浮潜的概况

浮潜是利用面镜、呼吸管及蛙鞋在水面浮游的活动。

浮潜活动的起源可以追溯至远古时期，人们在潮间带觅食求猎谋生的行为，也可以说是人类接触海洋的一种活动。屏气潜水最主要的问题是水下不能呼吸。人在水下口衔一根空心管子通出水面，能大大延长在水下的停招时间。这就是民间最简单的呼吸管潜水，在早期常被用于水下采集等活动。明朝著作《天工开物》中描述"没人采珠"："舟中以长绳系没人腰，携篮投水……拾蚌篮中""没人以锡造弯环空管，对掩口鼻，令舒透呼吸于中……气逼则撼绳，其上即提引之"，这也是一种呼吸管潜水的作业方式。

在古代的军事行动中，呼吸管潜水还被用于帮助士兵接近敌方要塞而不被察觉。但是，呼吸管潜水的深度只能达到1m左右，再深，人体的呼吸肌将无法对抗静水压而不能进行正常呼吸。浮潜技能也是荒岛生存训练中的最基本技能。

浮潜融合了多项技巧，如漂浮、下潜、上升、排水、换气、呼吸、自救与器材选择使用等。浮潜欣赏水底的景色，应注意活动范围，出于安全考虑，不应离岸太远，对海洋生物只可远观，不能近距离触碰，适合初次接触潜水或水性不佳的人群。

（二）浮潜的装备

浮潜初学者在短时间内掌握一定技巧就可以使用浮潜装备，即浮潜三镜、呼吸管、脚蹼。由于通过呼吸管呼吸避免了游泳技术中最难掌握的换气呼吸问题，所以比起学会游泳要容易得多。

1.潜水面镜

若尝试在水中睁开眼睛，能看见的只是一片模糊的景象，这是因为水的密度比空气大，光线到了水中会产生折射，影响了人眼正常的视距调节功能，视觉成像变得模糊。面镜使眼前保留了空腔，水的折射效应被削弱，人眼的视距调节功能得以恢复，视觉成像变得清晰。

面镜与泳镜最大的不同在于前者不仅罩着眼睛还罩着鼻子，这是因为潜水时需要平衡鼻腔内的压力，防止挤压，所以泳镜不能用于潜水。面镜的样式很多，有单片镜片、两片镜片和多片镜片等，通常两片镜片的款式可配上矫正视力的镜片。

选择面镜最重要的就是舒适度以及密封性，此外，要确保在面镜外可捏住鼻子。

2. 呼吸管

当在水面休息、浮游或脸在水中向下看时，可以通过呼吸管呼吸。当水面有风浪时，可以控制呼吸管的管口高度（通常高于波浪）来避免水涌进嘴里。

呼吸管分全干式、半干式、湿式三种。其中，全干式和半干式呼吸管均有阻浪功能，但呼吸相对有阻碍，适合新手使用；湿式呼吸管较通畅，但难度较大，相对较专业。试用时，可以将咬嘴放在嘴唇与牙齿之间，将管身靠在耳前，咬嘴应舒适，不会擦伤嘴部或造成下颌疲劳。

3. 脚蹼

脚蹼俗称蛙鞋，宽大的面积能提供强大的动力，使得双手能解放出来从事其他作业。

脚蹼主要分为可调节型和套脚型两种。套脚型脚蹼一般用于温暖水域或浮潜。可调节型脚蹼要与潜水靴一起使用。大而坚硬的脚蹼推进力大，但容易疲劳和抽筋（适合腿部力量大的人）；小而柔软的脚蹼推进力小。选择脚蹼要根据体型、体力和潜水的环境，最重要的是舒适。

4. 其他装备

（1）手套：浮潜过程中手会经常触及礁石或生物，手套可提供足够的保护。

（2）潜水鞋：海胆等带刺生物或尖的礁石容易伤及足部，潜水鞋可保护脚部免受伤害。

（3）潜水衣：可保护身体免受日光照射而晒伤，也可在下潜超过 3 m 水温变冷的情况下保持体温，还可避免被水流推动与礁石或其他硬物产生摩擦而受伤。

（三）浮潜的技术

在浮潜练习前，必须先进行面镜的排水检测，以避免呛水的潜在危险。要选择合适的脚蹼，避免因使用不当而发生抽筋。浮潜的技术比较简单，包括下水、潜水、踢水及上浮等方面。

1. 下水

浮潜的下水方式，可分为迈步法、前滚法、背滚法和坐姿入水四种，其中迈步法和背滚法同样适用于深潜。无论取何种方法入水，都须用手扶住潜水镜，以防落水时被水冲开。

1）迈步法

迈步法适用于在岩石、水泥地面及其他安全平稳之处的下水。跳水时以步行方式向前迈出。落水后，立即合并双脚，以减缓水的冲力。所有下水法中，此法最为常用。

2）前滚法

身体呈圆形弯曲，并以脚做支撑滚入水中，如翻跟斗中的前滚翻。做此动作技术水平应娴熟，且入水前须留意水中是否有危险之物。当前，采用此法入水的人已越来越少。

3）背滚法

如从小船上入水，采用背滚法最安全。具体方法是：背对大海坐于船边，往后一仰顺势入水，再翻转身体。但入水时不要回转程度过大，以防头部撞击水面而受伤。

4）坐姿入水

坐姿入水是最简单的入水方法，特别适合初学者。当潜水者从游泳池边、离水面高度较低的甲板或码头入水时，可采用此法。潜水者坐在水边，双脚垂向水面或垂入水中，身体旋向一侧，双手撑住一侧平台，稍用力支撑身体，同时向双手支撑的那一侧转身，进入水中。坐姿入水时不会产生太大的撞击力。

2.潜水

1）足先式潜水法

采用迈步法双脚入水后，快速合拢，利用上身重量将身体直立压入水中。待全身入水后，便可通过双手拨水，随意改变在水中的方位。此法有利于维持方向感，方便平衡耳压，也易于与同伴保持联系和操作装备等。

2）镰刀式潜水法

适宜于背滚入水后采用。首先将身体俯卧平摆在水面上，待呼吸调匀后，立即将腰90°弯曲，使上半身进入水中，两腿顺势抬起伸直，并借此让身体下沉，两手同时向后拨水帮助前进。

3.踢水

潜水者能在水里自在悠游，靠的是脚蹼正确的踢水技术。脚蹼应在下水前才穿，在陆上提前穿脚蹼会导致行走及站立不稳，易发生危险。穿时要将脚或脚蹼弄湿，须穿到底。踢水方法与自由泳基本相同：先将双脚伸直，然后以大腿带动小腿摆动拍打，打腿动作幅度大、频率慢。眼睛要注意向四周观察，特别是要注意自己的位置和前方的障碍物。

4.上浮

浮潜虽涉水不深，为适应水压的变化，也应注意缓缓上升，不可过分急躁。同时，为防止头部遭到意外之物的撞击，须一手向上伸直浮起，身体做360°旋转，随时留意上浮水面四周，有无船只经过等情况。

5.呼吸技术

呼吸时要慢而深且持续。呼吸管进水的概率非常大，若配戴的角度不对或稍有大波浪都会使呼吸管进水。一旦感觉有水进入呼吸管，应小心吸气，并用力把呼吸管的水吹出去；如果有残留水，可采用"喝粥式"的方法，慢慢吸一口气，再用力吹出。连续2~3次后即可畅通。

知识小贴士

面镜进水处理方法：

• 检查面镜配戴的位置是否正确。

• 检查面镜和脸之间是否有头发或异物夹在中间。

• 控制鼻子吐气轻缓持久。

三、水肺潜水

水肺潜水又称自携式水下呼吸器潜水，是目前休闲潜水的主要方式。水肺潜水需要通过专业的潜水训练，利用潜水器材，潜入海底，近距离欣赏瑰丽的海洋世界。

由于水肺潜水具有轻便、灵活等特点，因此，在水下捕捞、开采、检修、科学研究及军事行动等潜水活动中被广泛采用。水肺潜水能够真正帮助人们实现水中探险、运动、娱乐、冒险的目的，已成为休闲、娱乐领域的重要项目。

（二）水肺潜水的技术

1.下潜前检查

在临下潜前，潜水者应最后一次检查装具：

（1）进行呼吸检查，呼吸阻力应该很小，也无任何漏水迹象。

（2）潜伴相互检查装具有无漏气，特别注意各个接头处（气瓶阀与供气调节器、供气调节器和咬嘴的连接处）。

（3）潜伴相互检查系带有无松开或绞缠。

（4）检查面镜是否密封。入水时，面镜可能有少量水进入，可用常规方法拉开面镜下缘使水漏出，或者采用"面镜除水"方法排水。

（5）浮力校正。水肺潜水时应尽量使浮力为中性，如果携带的装具或工具较多，应相应减少压铅重量。

（6）如果潜水者穿干式潜水服，应检查是否漏气，并按所需浮力调节潜水服的充胀程度。

（7）潜水者应利用指南针或其他参照物确定方位。

（8）所有装具检查合格，潜水者向潜水监督报告；潜水者将潜水手表归零，并开始计算水下工作时间。

2. 水面游泳

潜水入水应尽可能靠近水下目标地点。但有时因环境条件限制，需要在水面游泳一段距离。游泳时潜伴彼此要能看到对方，同时也应该能看到其他同伴。潜水者应熟悉周围景物，以免游错方向。使用水肺在水面游泳的唯一也是最重要的要求就是尽可能地从容不迫，保存体力。潜水者应戴好面镜，用呼吸管呼吸。游泳时必须小心，防止咬嘴空气泄漏。

潜水者只需用双脚蹬水或打水前进。由胯关节发力，自然蹬水或打水，脚蹼不能露出水面。可以一边采用仰卧的方式在水面上休息，一边继续打水前进。如浮力背心可用口充气，可先吹入部分气体，有助于水面游泳，但在下潜时，必须先将背心内气体排出。

3. 下潜

潜水者可以游泳下潜，也可以沿入水绳（连接水面和水下作业点的一根行动绳，便于潜水员下潜和上升时控制速度和体位等）下潜。如果水下能见度较低，潜水者下潜时一只手臂应伸向前方，以避开障碍物。

到达预定活动深度时，潜水者必须确定自己相对周围景物的方位，核实活动位置，并对水下条件进行一次检查。如果这些条件与预料的有较大的出入，有可能发生危险，此时应中断潜水。出水后根据实际情况修改潜水计划。

4. 出水

潜水者接近水面时应确保其上方一定范围内无物体，到达水面后，应立即向四周观察，确定支援船、其他潜水人员和附近水面船只等的位置。如果支援船上人员没有发现出水者，潜水者可引燃发光信号（专用于潜水中的报警装置）、打手势或吹口哨，以引起船上人员注意。

等待协助出水时，潜水者可以在水面休息片刻。可以给浮力背心充气，以利于水面漂浮，也可以采用呼吸管进行呼吸。

潜水者浮出水面时，支援船上的工作人员必须不断注视潜水者，特别要警惕有无事故信号和征兆。拉一名潜水者上船时，不得忽视其他尚在水中的潜水人员，只有所有潜水人员安全上船后，潜水才宣告结束。

潜水者可先解下压铅带和呼吸器，递给船上人员后再上船。如果船边有舷梯，潜水者脱下脚跳，再沿梯子上船；如果没有舷梯，用脚蹼踏水可产生较大推力，有助于上船。如果船很小，可以根据船型和水面的气候条件，从船舷或船艄上船。当潜水者攀登小艇或小筏时，艇上其他人员应坐下，以免落水。

（三）水肺潜水的安全

由于水下环境会使潜水者面临行动困难、水下低温使体热快速丧失、心肺功能变化等不利情况，因此水肺潜水要遵守必要的安全规则，确保自己最大限度地"自由"活动。

（1）选择伙伴，绝对不要独自潜水。两人同行的原则是两人从入水到上岸都必须在一起，不得个人自行上岸。两人经常保持联系，落单时应保持镇静，浮上几米，寻找同伴；找不到时就浮出水面，注意观察气泡，超过 10 min，仍无同伴的踪迹，应回到入水地点。

（2）一旦落单，请在原地等候同伴，不妨仔细看看四周的生物，让自己放松。如果没有人来，在较浅水域，可以抬头看看水面是否安全，确认安全后充气上浮，等待救援；如入水较深，则做好 5 m 安全停留后，确认水面安全，充气上浮。

（3）随时注意钢瓶气压，及时给同伴信号，每 10m 检查残压计余量。

（4）下潜时候禁止往下看，上升禁止向上看。脖子用力会造成下降的时候很难平衡耳压，上升的时候会阻碍血液回到脑部，中枢神经可能得到错误的信号，造成心跳加快，也不利于保持身体的流线型。

（5）上升的动作频率必须保持均匀且稳定，上升到快接近水面时，不要加快动作频率，要保持冷静。减轻运动强度可节约氧气、降低心率。尤其是在水底掉头时，更需耐心、冷静并减少动作。

（6）疲劳、酒后、感冒时不要潜水。

（7）如果有任何的不适、恐慌等，应马上通知潜导，上浮至安全区间或者中止潜水。

（8）绝对不要去触碰或者逗引海洋生物，并保持安全距离，特别是可能有危险的生物。若无必要，不可猎杀水中动物。

知识小贴士

潜水运动两条重要原则：

• 不要单独进行训练。

• 不要同缺乏经验的人一同训练。

四、蹼泳

（一）蹼泳的概况

蹼泳指利用腰腹摆动前进的泳术，可以穿戴简易的装具——脚蹼、眼镜或面罩、简易呼吸管，借助自身的力量在水面前进，其泳姿就像海豚，具有良好的观赏性，因此有"水中美人鱼"之称。

蹼泳产生于20世纪60年代，在现代潜水运动的基础上发展起来，是一个在游泳池中进行的、有趣味的、别具一格的、有锻炼价值的、年轻的体育竞赛项目，不仅泳姿新颖，速度快，而且在运动形式、技术特点、生理负荷和能量消耗等方面都有别于传统游泳运动。70年代后期，开展蹼泳项目的国家越来越多，从而被列入世界运动会正式比赛项目。1986年底，为了适应今后开展活动和国际比赛的需要，中国将游泳池竞速潜水比赛名称统一改为"蹼泳竞赛"，大体分为水面跳泳、水下屏气游泳和水下带空气呼吸器的潜泳三类。

（二）蹼泳的技术

专业的蹼泳运动使用的脚蹼，比较短，但蹼面宽大，推水作用面积大，两只脚套在一只脚蹼里。因此跳泳使用的是单跳蝶泳腿部技术，即两只脚并拢，同时打水的技术。

1.身体卧水姿势

蹼泳时身体卧水姿势的特点是"低、展、稳"。为了减少水波阻力对游进速度的影响，身体卧水位置稍沉入水中。为了减小阻力，身体要充分伸展，形成一种较好的流线型。为了减少身体起伏时产生的投影面积，减小流体阻力，游进时身体的躯干上部要平稳，上下起伏变化小。

单蹼泳腿部技术是采用海豚式，即身体卧水姿势要随着腰、腿部的打水动作而相应变化。身体纵轴与水平线的变化角度一般在相对稳定的范围，即仰角最大时约为 10°，俯角最大时约为 8°。

2.手臂技术

在单蹼泳中，前进动力主要靠腰、腿摆动提供，手臂相对作用要小。手臂技术分为划水技术和伸展臂技术。

（1）划水技术：划水在空中移臂时肘关节要稍微弯曲。手臂移动的路线比较直，动作频率也较快。

（2）伸展臂技术：手臂并拢伸直，双手掌面朝下，其中一手掌面搭在另一手背上，上手掌的大拇指扣在下手掌内侧，双手掌紧贴，双手臂向前伸直，紧夹在头部两侧，游进时，双手臂伸展，起着保持和稳定身体平衡的作用。

手臂的划水动作能量消耗大，一般在比赛的最后冲刺阶段或者在中长距离比赛，才采用划水技术，较多的是采用伸展臂技术。

3.腰、腿部技术

（1）打水技术：以身体横轴为中心，躯干绕横轴有节奏的摆动（海豚式）。由大腿带动小腿做上下的鞭状打动。当大腿带动小腿上提至髋关节充分伸展约达 200° 时，大腿开始做下压动作，屈膝使小腿继续上提动作，当膝关节屈约 135° 时，小腿开始做下压动作，带动脚蹼向下打水。大腿带动小腿下压打动使腕关节屈成约 160° 时，大腿开始做上提动作，小腿继续做向下的打动，当小腿完成下压打水路程的 2/3 时，开始提臀，膝关节加速踢伸，提高小腿下压打动速度和脚蹼的打水作用力。然后，臀部随塌腰前移下压，大腿带动小腿，直腿前移向上提，接着大腿随臀部做下压动作，开始下一次的打水动作。

（2）打水动作频率和幅度：打水动作频率和幅度对游进速度产生影响。一般来讲，打水动作快，动作幅度大，游进的速度就快，成绩就好。但是，追求动作频率快，往往导致动作幅度变小，而动作幅度大时，也会减慢动作频率。因此，只有正确把握动作频率和幅度的关系，才能很好地提高游速。

打水动作的频率根据距离不同有所变化：一般短距离项目动作周期为95~115次/min；中距离项目动作周期为75~95次/min；长距离项目动作周期为65~85次/min。打水动作幅度：脚蹼末端上下振动幅度约为45 cm；踝关节以下振动幅度约为30 cm；膝关节上下振动幅度约为25 cm。

4. 腿、臂配合技术

单蹼泳的腰、腿部在产生推进力时，发挥较大的作用，手臂参与划水动作时，产生推进力较小。腿、臂配合技术为2:2，即一次配合的周期中，打2次腿，划2次手臂。手臂划水多采用后交叉的形式进行。

当左手入水时，右手划水至腹下，双腿完成第一次打水动作；当右手入水时，左手划水至腹下方，双腿完成第二次打水动作。

5. 呼吸技术

呼吸在蹼泳中也是一个重要的技术环节。合理的呼吸节奏有利于人体内气体的交换，使身体的各种机能和素质水平得到充分发挥，从而提高运动能力。

在单跳泳的伸展技术中要注意呼吸节奏的配合，当腿部向下打时呼气，向上提时吸气。但在比赛中，为了加强呼吸的深度，往往是进行多次的打腿，才做一个呼气和吸气的配合。

6. 出发技术

出发技术由站立姿势、准备动作、起跳蹬台、腾空和入水、滑行和开始做第一次动作5个技术环节组成。

（1）站立姿势：前脚掌踏在出发台的前沿，脚趾部在出发台的前沿外，双蹼泳时两脚之间的距离约与酸关节同宽（单蹼不受此限），脚蹼自然垂下，双眼视前方10~15 m处的水面，双手在身体两侧自然下垂。

（2）准备动作：身体前倾，重心降低，两膝屈成150°~160°，号宽关节屈成约100°，头部自然前屈，双眼视前下方1~2 m处水面，稍微含胸收腹。因受运动器材重量的影响。准备动作与游泳出发不同，身体重心应该稍高些，避免蹬离台时身体过早地落入水中。

（3）起跳蹬台：当身体重心离支撑点随着膝关节和褪关节角度前移而前倾40°~45°时，开始用力蹬腿起跳，蹬跳动作要求不仅蹬跳的力量要大，而且蹬跳速度要快，当腿部蹬跳离台时，身体重心离支撑点前倾角度为30°~35°。起跳时，两臂要配合摆动，一般是先稍向后摆，再向前摆，前摆时要用力，当臂伸摆到 150°~160° 时制动，这样能增大腿部的蹬伸力量。

（4）腾空和入水：腾空时双臂前伸，将头部紧夹在中间，双眼视水面，头部、两臂应主动向下移动，腰肌要适当紧张，使两足、腿抬起和向上移至与头、躯干平衡或稍高的位置，并充分伸直，形成流线型入水，入水时，身体与水面成 15°~20°，入水的顺序为手臂、头、躯干、大腿、小腿、脚。

（5）滑行和开始做第一次动作：入水后，手臂和头掌握好滑行的方向，双臂仍然前伸，身体充分伸展，利用身体入水的惯性向前滑行。当滑行结束时，紧接着开始做第一次打腿动作。

7. 转身技术

转身技术动作有两种：一是滚翻式转身技术；二是摆动式转身技术。滚翻式转身速度快，较适合蹼泳，目前比赛中普遍采用滚翻式转身技术。

滚翻式转身技术要领：游近池壁时，不减速，到了适合的转身距离后，迅速将手收回胸前，低头、含胸、收腹、提臀、屈髋、屈膝收腿，成团身的姿势，借助游进、提臀的惯性作用，身体沿横轴将双脚和脚践从水面上向池壁方向做 180° 的翻转，同时，也沿纵轴旋转 90° 或小于 90°。屈膝用前脚掌部接触池壁，脚掌接触池壁时稍斜，身体呈侧卧或仰卧姿势，然后迅速蹬腿，同时双臂前伸呈游进中的姿势，双腿蹬离池壁后，以侧卧姿势进行第一次打腿动作，并逐渐将身体转成俯卧游进的姿势。

知识小贴士

蹼泳滚翻式转身技术：

• 转身前要保持原有速度，不要抬头。

• 滚翻动作要快，摆腿迅速，蹬壁要及时、有力、连贯。

• 转身后的滑行时，身体要保持一定的紧张度，形成良好的流线型，减少阻力。

（三）蹼泳的比赛

蹼泳比赛是在游泳池内进行，游泳池长 50 m，水深 1.8~2.3 m。比赛池水要保持平静，水质清澈，使运动员能看清池底和水下标志线。

1. 蹼泳比赛类型

跳泳以比赛模式来分，主要有三大类，包括水面蹼泳、闭气潜泳及器泳。

（1）水面蹼泳：运动员全程在水面前进，并利用呼吸管进行换气，赛程分为 50 m、100 m、200 m、400 m 及 1 500 m 等。

（2）屏气潜泳：无任何呼吸器材，亦不准露出水面，需要闭气潜入水中一口气游完全程，赛程为 50 m。运动员不得全身潜入水中，出发或转身后。

（2）屏气潜泳比赛装具包括脚蹼及眼镜。比赛规定禁止使用呼吸管，运动员必须在水下游完全程，身体和装具任何部分不得露出水面。运动员到达终点时，必须用身体的一部分在水下触及终点池壁。触壁时，手可伸出水面。进行 40 m 或 25 m 比赛时，采用自动计时装置，运动员头部过终点线出水时计取成绩。

（3）器泳比赛装具有脚蹼、眼镜和压缩空气呼吸器。比赛规定运动员在比赛中只能呼吸气瓶中的压缩空气。在比赛全程，运动员和装具都必须保持在水下，只在转身时允许运动员身体和装具的任何部分露出水面。运动员到达终点时，必须用身体的任何一部分在水下触及终点池壁。采用自动计时装置，触壁时，手可伸出水面。

第二节 天然水域游泳

天然水域游泳，即在江、河、湖、海等自然水域中进行的游泳运动。作为有记载的最早的人类活动之一。到江河湖海里游泳，可以充分领略大自然的美好风光，不仅能对人体的神经系统、心血管系统、呼吸系统和体温的调节起到良好的促进作用，而且对锻炼人勇敢顽强的精神和坚韧不拔的意志具有特殊的意义。尤其是青少年，经常到大江、大海中去锻炼，能培养不畏艰险、不怕困难的好品质。

天然水域游泳的比赛、活动类型多，内容也非常丰富，其竞技性、大众性、休闲性、观赏性和实用性等都吸引着人们的积极参与和挑战。

一、天然水域游渡

（一）天然水域游渡的概况

天然水域的游渡一般是在江、河、湖、海等天然水域中，进行长时间、长距离的游泳活动，如游渡海峡、横渡江河湖泊、沿江河漂流等。国际上比较著名的天然水域游渡活动有横渡英吉利海峡、环游美国纽约哈得孙河；在我国有抢渡长江、环游鼓浪屿、横跨海峡和抢渡西双版纳澜沧江等。

天然水域的游渡活动给人的体力、毅力、意志力等带来巨大挑战，它的独特魅力使得这一活动成为满足人们挑战自然、战胜自我这一更高层次精神需求的时尚运动。世界上 150 km 以内的，人类有可能横渡的海峡约有 200 多个，有资料可查的、被成功横渡过的海峡有 60 多个。在天然水域的游渡特别是横渡挑战中，国内涌现出张健、李文华、李立达、刘军、宫晓宇、张楠楠等英雄式人物，推动着天然水域游渡运动的发展。

（二）天然水域游渡的组织指导

由于天然水域的环境复杂，情况多变，一般持续游泳的时间比较长，体力消耗也较大，所以参加者必须坚持体能锻炼，保证身体健康的前提下才能有组织地参加天然水域的游渡活动。

（1）到江河湖海去游泳，除了在专门的湖边、海滩的游泳锻炼、健身、娱乐场所外，也可以有组织地进行渡江、渡海和长游活动。但是，不要单独到没有开辟的天然水域去游泳。

（2）到江河湖海去游泳，要充分做好安全救护工作。首先，要培养或选掘游泳技术好、责任心强的人员，担任安全救护工作。其次，要准备好救护器具，如救生圈、救生船以及必要的救生药品，如氧气袋、强心针等。救护人员要时刻跟随游泳者。

（3）到江河湖海去游泳，要加强对游泳者组织纪律的宣传，要求听从指挥、强调集体行动。同时，要进行在江河湖海里游泳的安全教育。

（4）到江河湖海去游泳，要详细了解准备游泳的水域情况，如：水的深浅、清浊、温度、密度、流速、涨退潮的时间以及水底有无淤泥、乱石、木桩、暗礁、漩涡、锋利物、丛生的水草和伤人的水下生物等。在游泳区域内要有明显的标志线，并且标明深水区、浅水区、安全区、危险区等。在下水和上岸的位置都要在事先有明确的规定。

（5）如果组织横渡和长游，一定要增加救护人员，并且要对参加横渡或长游者先进行培训，提高他们的游泳技术，经过测定后才可以进行，在进行过程中，可把参加者分成若干小组，每组 3~4 人为宜，每组都应选一名游泳技术好、责任心强的人员担任组长。

（6）组织横渡活动时，一定要严格测试水流的速度，选择便于下水和上岸、没有锋利物、坡度较平的水域作为起、终点。起点设在上游，终点设在下游，根据水流的速度确定起、终点的距离。下水时体力较好，应先做斜向逆水游，然后再顺水流游向对岸，达到终点。

（三）天然水域游渡的注意事项

到天然水域游泳，不仅能很好地培养人们勇敢顽强的意志品质，还可以充分领略大自然的美好风光，但天然水域条件复杂，常会遇到一些特殊情况，需要引起足够的重视。

1. 潮汐

到海滨或江边游泳，应事先了解当地的潮汐情况，掌握水流运动规律。潮汐是因月亮引力而引起的海水周期性涨落变化，分为涨潮、平潮、退潮、低潮。在一天内（约 24 h 50 min）有两次涨潮和两次退潮。潮汐的涨落变化因季节和地形的不同而有所不同。一般来说，下江或海游泳的最佳时间是平潮前后的 2~4 h 平潮的时间，可用农历日期乘以 0.8 来估算。在退潮时不宜下海游泳，以免被海水卷离海岸。

2. 波浪

在江河湖海游泳常会遇到波浪。波浪有两种，一种是涌浪，另一种是风浪。涌浪波顶圆。

3. 暗流、暗礁

暗流一般出现在两条河流的交汇处，它的流动是不规则的。有暗流的地方，水面上有些翻滚，水流迂回曲折或有些逆流，身体感觉水忽凉忽热。游泳时遇到暗流，不要潜泳，而应在水面上游，并向水流规则的水面游去。对于暗礁，应尽早发现，及时避开。到海滨游泳，下水前应观察好周围情况，不要在有暗礁的地带活动；在江河中游泳，要注意观察前方水情。在暗礁前水流一般会突然变向，出现漩涡，水面有浪花涌动，可根据这些特征来识别暗礁，及时避让，以免撞到暗礁上而出现生命危险。

4. 船只、木排、竹排

江河中常有船只、木排、竹排来往或停靠岸边，应尽量避免到这种水域去游泳。

若在游泳中遇到船只、木排、竹排过往，应及早避开，以免被撞伤或卷入水底。

5.雷电

夏天遇雷雨天，不宜下水游泳。若在游泳中遇到雷雨时，应迅速上岸，寻找安全地点躲避，千万不能躲在大树下。在空旷地遇到闪电时，不要互相拉着跑，应分散并下蹲，尽量减少身体高度和缩小身体面积，以免雷击。

天然水域游渡时还会碰到淤泥、水草、晒伤、脱水、低温及水中生物伤害等，都需要考虑和做好应急措施，保证安全。

二、公开水域游泳比赛

根据国际游泳联合会的竞赛规则规定，在江、河、湖、海等天然水域中举行的比赛称为公开水域游泳比赛，包括公开水域长距离比赛、横渡江河比赛和游渡海峡比赛。国际泳联经常开展的公开水域游泳比赛有 5 km、10 km、25 km 等不同的距离的项目。2008 年，北京奥运会开始将男、女公开水域 10 km 游泳列为比赛项目。

我国的群众性天然水域游泳虽然开展得较为普及，但是公开水域比赛起步较晚，2006 年，国家体育总局将公开水域 10 km 设为我国的竞技体育正式比赛项目。目前，我国每年举行的全国性重大公开水域游泳比赛主要有全国马拉松游泳冠军赛及锦标赛、全国成人公开水域游泳锦标赛及地方性的赛事等。

（二）公开水域游泳比赛的基本技术

公开水域游泳比赛是在江、河、湖、海进行的长距离游泳竞技项目，与游泳池进行的游泳比赛项目截然不同。它要求运动员要有良好的游泳技术、强壮的体能、坚强的意志和训练有素的"野战"能力。

公开水域游泳比赛的实战技术是以爬泳为主，仰泳、蛙泳为辅。在公开水域游泳中受自然条件影响大，如海浪、水流、风力等都将影响运动员的前进速度。因此，与一般的爬泳不同，公开水域游泳的爬泳技术可分为途中游技术、抬头看目标技术、对抗性游技术。仰泳和蛙泳只是在运动员比赛途中进行能量补给时才会采用。

1.途中游技术

要求运动员头部位置略高于一般爬泳技术，眼睛看向前进方向，自身位置平稳。

采用两臂中交叉或中前交叉划水，两次或四次打腿技术。

2. 抬头看目标游技术

公开水域游泳目标非常重要，一旦游歪方向再游回正确位置就是几十米或几百米的误差，所以游进中自始至终都要看准目标游。在游进中可阶段性地采用抬头式爬泳技术，确定自己游进的方向。抬头游时，头部要保持不动，两眼注视前方，看准方向，身体位置起伏要小，减少阻力，发现方向偏差及时纠正。

3. 对抗性游技术

公开水域游泳比赛不同于游泳池的比赛。在游泳池中的比赛是一人一条泳道。而公开水域游泳比赛是一群人一起在水中"搏斗"，为了在游进中能抢占有利位置，运动员之间的拖、拉、压、打在所难免。虽然拖、拉、压、打在比赛中是犯规动作，但有时裁判员无法观察到而没有判罚。为了能在"野战"中保护自己，并让裁判员及时观察到干扰运动员的犯规行为，在保证自己不犯规的前提下，及时采用对抗性游技术，保护自己游进途中不受他人干扰。

对抗性游技术类似水球比赛中运动员拼抢球及控球的爬泳技术。头抬高，动作周期短，频率快，打腿动作猛、水花大，以威猛快速动作甩开对手，并以肢体运作"语言"告诉裁判员有人干扰，以提醒裁判员的注意。

4. 补给游技术

公开水域游泳比赛在 5 km 以上的比赛项目会给运动员安排途中补给。途中补给方式分为运动员自行补给和人工补给两种。要求运动员在游进中以最快捷的方式得到补给，达到补充能量的目的。

（1）运动员自行补给技术：运动员补给时从爬泳姿势转变为仰泳姿势，而后抽出随身携带的"能量棒"快速吸食，另一只手不停地继续划水，补给结束后，转变为爬泳姿势继续前进。整个补给动作过程在游进中一气呵成。

（2）人工补给技术：公开水域游泳比赛举办单位会给参赛运动员在比赛途中提供能量补给，在比赛场地搭建补给浮台。当运动员通过补给浮台时，由运动员指定的人员给运动员提供补给。当运动员游近补给浮台时，补给员要快速将事先准备好的补给饮品杯通过长杆传递给运动员。运动员由爬泳姿势转变成仰泳时，一手接饮品补给，另一只手继续划水前进（碰、拉传递长杆都属于犯规行为）。补给结束，快速转换成爬泳姿势前进。整个补给过程需要补给员与运动员之间紧密配合，尽可能缩短补给时间以赢得比赛的胜利。

5.冲浪游技术

在公开水域游泳比赛中，因气候、水文等原因遇到大浪是常事。遇到大浪时运动员首先不能紧张，采用高抬头、快打腿、爬泳六次打腿技术，快速迎浪而上冲过浪区。遇浪时不可低头游或改游蛙泳，如低头游或游蛙泳，大浪就很容易将运动员打回原地停止不前，从而失去战机。所以在通过浪区时，一定要"踏在浪尖"快速游进，千万不可以"穿浪"或游蛙泳。

6.冲刺技术

在高水平的公开水域游泳比赛上，前几名运动员的成绩都非常接近，有的几乎同时到达终点。因此，要求公开水域游泳运动员要有良好的耐力、意志力，还必须要有在终点阶段快速拼搏冲刺的能力来赢得最终胜利。运动员冲刺时采用六次打腿的爬泳技术。如有对手跟随，要想方设法占据有利位置压制对手，控制主动权冲向终点。如果有自动计时装置，要尽快举手拍击自动计时触板。

（三）公开水域游泳比赛的规则要点

公开水域游泳对安全有着特殊的要求。按规则规定：比赛应设有安全检查员，检查起点和终点的水域是否安全，整个赛场范围内有无障碍物；比赛中还要配备救生员、补给员、救生艇，随时救护发生意外的选手；组织者还要在赛前向参赛选手提供比赛当日的潮汐和水流图，标明潮汐变化以及对比赛的影响等。公开水域游泳对水温和水质也有严格的要求。国际游泳联合会规定：公开水域游泳基地的选择必须在水流和潮汐较小的湖水或流动水域中进行；参加公开水域游泳比赛的运动员年龄不得小于 14 周岁，水温不得低于 16 ℃，比赛水域任何部位的深度不得少于 1.4 m；水质及周围环境必须符合安全标准。这类比赛没有严格的游泳泳式要求，运动员可以采用任何泳姿参赛，但多数采用自由泳。比赛时，运动员要站立于出发点或先踩水出发，比赛途中运动员可站立，可中途进食，但绝不能走动或跳跃。同田径项目中的马拉松赛一样，设有"关门时间：当第一个完成比赛的运动员到达终点之后的一定时间内，未能完成比赛的运动员就要退出比赛"。比赛只有最好成绩，而没有纪录。

三、着装游泳实践

着装游泳是游泳者穿着作业服装的情况下，在江、河、湖、海进行游泳的一种技能。它除了具有水中休闲娱乐的功能外，还具有很强的实用性，可以在身上携带各种作业工具或武器装备，如武装泅渡是军人必须掌握的一项军事实用技能，是步兵偷渡和小分队秘密渡河侦察时经常采用的方法，也可以是意外落水后的救护技术。

（一）着装游泳的着装要求

（1）解开领扣，使呼吸畅通自然。把衣、裤的口袋翻出来，并把衣袖、裤腿平整地卷叠到上臂和大腿的适当位置，但不能卷得过紧或过松，用带子结牢，以防途中滑脱。脱掉鞋袜，以减轻游进的阻力和负担。将鞋插入腰带上，鞋底要朝外。

（2）身上的衣服要不兜水、不松散，装备要不妨碍手腿的游进动作，且要取用方便。

（二）着装游泳的游泳姿势

1. 单人着装游泳

由于身上穿着作业服装甚至携带装备，往往采用蛙泳比较多。因为蛙泳时水声较小，不易被人发现；负重能力大，游起来省力；耐久力强，可以长距离游进，游进时可以随时观察情况；碰上情况时，转换踩水方便，便于休息调整。

与正常蛙泳有所不同，因着装游泳在水中所受的阻力较大，容易下沉，手、腿动作受到衣裤的限制，动作幅度较小，所以整个动作应缓慢进行，不可快速游进。

2. 多人着装游泳

当多人进行着装游泳，如大部队的武装泅渡时，采用的游泳姿势一般不限，可以用蛙泳，也可以用侧泳、仰泳、爬泳、踩水等姿势，这要根据不同人的游泳技术、当时的情况、个人的体力等来确定。

（三）着装游泳的注意事项

（1）当人体着装落水时，首先要判断离岸距离远近，如果离岸较远，则可以在水中脱掉衣服，以减轻身体负荷。若是难脱的鞋子或紧身长裤之类，不脱为宜，以免消耗体力。

（2）当人体着装落入正常水温的水中时，凡限制动作的衣物均应脱掉。一般来说，应先脱外衣，其次为鞋袜，最后脱长裤和内衣。切记不要胡乱撕扯身上衣物，以免造成麻烦。

（3）当人体着装落入水温较低的水中时，最好着装保暖。为减少体温下降，身体应保持屈体团身呈"HELP"姿势（操作详见第四章第一节）进行保暖，

（4）如果有能力，也可以利用脱下来的衣裤，长衣袖或裤筒打上结，使空气流入筒中作为浮具辅助游进（操作详见第四章第一节），这样既能节省体力又能增大浮力。

（5）动作不能过快，因为"游泳的阻力与速度的平方成正比"。所以在着装游泳时动作不宜快。

（四）着装游泳的练习步骤

进行着装游泳练习之前，要熟悉掌握蛙泳、侧泳、踩水等技术，并进行以提高耐力和力量为主的游泳练习，然后再进行泅渡的练习。

（1）先学习穿着衣服游泳。

（2）负重游泳的练习。注意负重练习时，要由轻到重；距离由短到长，水深由浅到深。

（3）发展长游的耐久力，逐步提高游速。到江河中练习应先顺水游，然后慢慢过渡到逆水游。

四、铁人三项

（一）铁人三项的概况

铁人三项运动是一种新兴的综合性体育竞赛项目，比赛由天然水域游泳、公路自行车、公路长跑三项按顺序组成，运动员须一鼓作气赛完全程。它能培养运动员战胜自然和挑战人体极限的铁人精神，是体现运动员体能、技术、意志的项目。

鉴于铁人三项运动在世界各地发展迅速，奥运会、友好运动会、泛美运动会、英联邦运动会、世界军体大会、亚运会、我国全国运动会等都将铁人三项列为正式的比赛项目。铁人三项是在 1994 年，被国际奥委会正式列入奥运会大家庭的，2000 年，悉尼奥运会万众瞩目的第一个比赛项目就是女子铁人三项比赛。

小趣闻

铁人三项的由来

1974年2月17日，一群体育官员聚集在夏威夷群岛的一个酒吧里争论：世界上究竟哪一种体育运动项目最具有刺激性、挑战性，最能考验人的意志和体能？最后，美国海军准将约翰·科林斯提出：谁能够一天之内在波涛汹涌的大海里游3.8 km，再环岛骑自行车180 km，最后跑完42.195 km的马拉松全程，中途不得停留，谁就是真正的铁人。

（二）铁人三项的特点

铁人三项运动是将游泳、自行车和长跑三项分别具有悠久历史的运动结合起来创造的一项新型的体育运动，它具有以下特点：

（1）项目综合性：铁人三项是连续一次完成游泳、自行车、长跑的综合型体育运动项目。

（2）灵活多变性：比赛场地可因地制宜、灵活多变，距离可长可短，项目设置可三项可二项，可以有多种形式的设计便于推广，如大学里的"校园铁人三项赛"。

（3）广泛参与性：在竞赛分组上设专业优秀组和业余分龄组，使比赛既有优秀专业运动员的竞争，又满足了广大业余爱好者对挑战极限的喜好。

（4）公平竞争性：铁人三项比赛赛程长，难度大，连续性强，便于排除人为因素的干扰。

（5）体能挑战性：铁人三项是一项耐力与毅力相结合的运动项目，运动员通过比赛，完成对自然和自我的挑战，需要极强的体能和心理素质，因此具有强烈的刺激性与挑战性。

（6）大众欣赏性：比赛在室外进行，风雨无阻，赛场既可设置在海滨城市、风景名胜城市，也可设在山区乡村。

（7）市场商业性：铁人三项运动已被评为当今世界十大最具魅力和最具商业价值的体育运动之一。

（三）铁人三项的比赛距离

随着这项运动的广泛开展，铁人三项运动产生了以下几种距离的比赛：

（1）奥林匹克标准距离（51.5 km）：游泳1.5 km、自行车40 km、长跑10 km。

（2）超长距离（225.195 km）：游泳3.8 km、自行车180 km、长跑

42.195 km。

（3）长距离（148 km）：游泳 3km、自行车 120 km、长跑 25 km。

（4）短距离（25.75 km）：游泳 0.75 km、自行车 20 km、长跑 5 km。

（四）铁人三项的比赛战术

游泳时尽量保持中快速游进，途中跟随合适对手，冲刺要根据赛时条件发挥优势，加速游完赛程。从水里上岸后，运动员要马上转入自行车的赛程。在自行车赛段中，整个赛程必须骑自行车完成，但是如果车胎出了问题，运动员可以带车跑到换胎站换胎。在出发时控制好自行车，保持稳定骑行；途中尾随骑行，借助前车骑行造成的气流带动可节省体力，并根据风向调整位置，在出发、追赶或超车时运用猛冲技术；距终点 30~50 m 处发起冲刺，争取赶前到达。

长跑比赛是铁人三项比赛的最后一项比赛，以奥林匹克标准距离为例，在经过了 1.5 km 的游泳比赛、40 km 的自行车比赛之后，再开始 10 km 的长跑比赛，对于运动员的体能是极大的挑战。因此，铁人三项的佼佼者们，通常更能在长跑比赛中凸显实力。经过了一个多小时的室外比赛，运动员身体水分流失非常严重。因此，工作人员在长跑赛道旁为运动员发放纯净水，但是由于在跑步中不宜多饮水，大部分运动员都是将水倒在身上，进行降温。运动员在长跑赛段中，必须穿鞋和运动服。跑步中为了节省体力，应尽量采用匀速跑，以保持身体大部分时间处于有氧代谢状态。

五、海岛野外生存海上泅渡

海上泅渡是充分利用人的游泳技能或借助其他设备，从岸到岛、从岛到岸、从岛到岛或从船到岸、从岸到船的移动或运输过程。它是海岛野外生存活动中的一个重要项目。海上泅渡极具挑战性，是对泅渡者身体素质和心理素质的考验与挑战。

（一）海上泅渡的基本要求

（1）教师（领队）要加强责任心，切实做好泅渡的组织工作，加强所属人员的管理，严格规章制度。泅渡前，要结合场地、内容对安全救护工作提出要求，下水前、结束后，要及时清查人数。泅渡前，做好充分的准备活动；泅渡结束后，要适当地整理放松。

（2）"四不准"。单独一人不准下水、带伤或身体不适者不准下水、准备活动不充分不准下水、水情不明不准下水。

（3）"四禁止"。禁止采用错误的方式入水、禁止随便潜水、禁止在水中嬉笑打闹、禁止私自脱离队伍。

（4）加强观察。观察应采取陆上、水中或二者结合的方法。主要观察泅渡人员，尤其是重点对象，同时要重点注意容易发生事故的地段、水域及水流交汇处，对整个泅渡海域进行从远到近、从左至右的反复观察。

（5）加强保护。在泅渡过程中，安全保护是一项非常重要的工作，教师（领队）应制定严格、有力的措施，以保证训练的顺利进行。

（二）海上泅渡的分类

按照常规，海上泅渡可分为徒手泅渡、扎筏（护船）泅渡和武装泅渡。

其中徒手泅渡通常不借助任何器械，是充分发挥和利用个人的游泳技能在海上行进的过程。徒手泅渡又分为个人徒手泅渡和集体徒手泅渡。

扎筏（护船）泅渡是指利用泅渡地的竹筒（竿）、草、树枝等扎成的筏子或现成的船、皮艇在海里行进漂流的泅渡方式。现在几乎所有的拓展培训机构，都用这种泅渡方式来凝聚团队，升华团队合作的精神，锻炼坚持到底的决心和毅力。

武装泅渡是军人背负武器等作战装备以游泳为行进方式，到达指定目的地的行进过程，这种训练只有在两栖作战部队及特种部队中开展。

（三）海上泅渡的技术要领

泅渡入水时，随身带有一定重量的装备，所以最好由浅滩下水。如果必须由岸上或船上跳入水中，最好选择"跨步式"入水法。其方法是两腿前后分开，两臂左右平伸，脚先入水。这样可使头部很快地露出水面，以便及时观察辨明方向，保持队形。

入水后，除了常规性的游泳技术外，踩水技术也被广泛地运用。这种实用技术类似于蛙泳的动作，但是身体与水面所构成的角度较大，接近于直立。游泳时，两臂放松伸出，用手掌和两臂在体前向内和向外压水，两腿作蛙泳的蹬夹水动作。蹬夹水时屈膝，小腿和脚向外翻，然后两膝向里扣压，用小腿和脚内侧蹬夹，手臂和腿动作互相配合好，身体即在水中浮起。手和腿的动作几乎同时做出，必须连贯、有节奏，要随手和腿的动作节奏自然地呼吸。

用踩水方法向前游进时，身体略向前倾，腿稍向侧后蹬水，两臂向后压水。向侧游进时，身体向侧倒，手、腿向游进反方向压水与蹬夹水，这样就可以自由地向各个方向移动。熟练后，仅用两腿的蹬踩动作即可使身体浮起。踩水时，头部应始终露在水面上，便于识别方向，两手可以露出水面自由持物。如果能利用漂浮物来泅渡，既可以节省体力，又能保证安全。

（四）海上泅渡的组织

泅渡的组织工作十分重要，需要重点关注以下三个方面：

1. 进行合理编队

海上泅渡时一般都是编队进行，间隔距离要适当，以便互相协助。通常采用三角形队形，人与人之间前后距离约为 2 m，左右间隔约为 3 m。

2. 技术均匀搭配

泅渡时，最好把游泳技术较差的人排在中间，中等技术的排在前面，技术好的人排在后面，这样发生意外事故时，可以由后面人加以照顾和保护，另外也可以派游泳技术好的人在前面领渡。

3. 配备有效保护

在平时练习着装泅渡时，为了确保安全，可设有救护小船进行保护，船上应配有救生员和救护设备，如竹竿、长绳、救生圈等物。

（1）定点保护：在水域中易出现事故的地段，用船只设保护点，对经过此段的人员予以保护。

（2）驾舟保护：驾驶舟船、皮划艇等跟随泅渡队伍予以保护，分别安排在队伍的前方或最后。

（3）跟随保护：泅渡中出现的难点、重点人物，指定专人携带救生器材在水中跟随保护。

第三节　游泳拓展项目

一、花样游泳

（一）花样游泳的概况

花样游泳又被称为"水上芭蕾"，是集游泳、体操、舞蹈于一体的竞技体育项目。它对运动员的身材、泳装、头饰、音乐及动作编排都有较高的要求。它虽然没有激烈的竞赛场面，但通过运动员的肢体在水面上的运动配合以音乐，展现了美与技巧，是一场美轮美奂的听觉与视觉盛宴，是其他游泳运动项目无法相比的。

花样游泳起源于欧洲，1920年，柯蒂斯把跳水和体操两项运动相结合，并加以音乐、舞蹈进行辅助，起初是游泳比赛间歇的娱乐节目。而1934年，在美国芝加哥世界博览会上，一场精彩的花样游泳演出，引起轰动。并于1942年，被美国正式确定为一项比赛项目，1956年，被国际泳联列为竞技项目，1984年，在洛杉矶举行的第23届奥运会上成为正式比赛项目。

花样游泳在我国开展的时间很短，但进步很快，继2008年北京奥运会上夺得了首枚奥运会奖牌以来，连续在2012年伦敦奥运会、2016年里约奥运会都摘得银牌，2018年为中国代表团夺得雅加达亚运会上的第100金。随着一系列新的比赛规则诞生，使得这项运动项目的竞技性越来越突出，运动员们尽力发挥自己多元化的能力，极具观赏性。

（二）花样游泳的特点

1. 艺术性

花样游泳运动员随着优美的音乐整齐划一地展示动作，为我们带来一场精彩绝伦的表演。花样游泳本身就具有高度的艺术性，它将舞蹈动作与游泳完美融合，运动员在特殊的环境中，使舞蹈动作别有韵味。花样游泳的动作是经过事先系统化编排的，它的每个动作都极其优美，连贯性较强，而且与动听的音乐相结合，将力量与技术糅合，具有无与伦比的感染力。

2. 竞技性

自从花样游泳被列为一项奥运比赛项目，它的竞技性就越来越突出了。奥运会对花样游泳的技术要求逐年提高。单人、双人和集体技术自选比赛，需要按照规定的动作、顺序和要求完成比赛，单人展示时间为 2 min、双人展示时间为 2 min 20 s、集体展 75 时间为 2 min 50 s，时间误差不得超过 15 s。技术自选的比赛对内容的选择和形式的要求都非常严格。而且在整个展示过程，不能借助外力，完全凭借运动员的力量完成。

3. 合作性

花样游泳既要求运动员能够整齐划一地做出舞蹈动作，又相互配合，共同展示出独特的动作。在集体项目展示中，无论是有身体接触的衔接动作、需要集体完成的托举；还是没有身体接触，但是需要排面精确、节奏统一完成的同步动作，都要求运动员之间能够高度合作，以良好的动作同步程度和艺术表现力展现给裁判。

（三）花样游泳的规则要点

花样游泳的比赛场地，泳池至少要长 20 m、宽 30 m，在其中长 12 m、宽 12 m 的区域内水深必须达 9m。水的温度应是 26 ℃，允许 1 ℃ 的温差。池水必须清澈、洁净，便于裁判员判断运动员的动作是否正确。

花样游泳仅限女子参加，分设单人、双人、团体（4~8 人）3 项。比赛分为规定动作以及自由自选动作两种。规定动作比赛不需要音乐伴奏；自由自选动作比赛时表演运动员自己创编的动作，配以音乐伴奏。评分方法与体操类似，由裁判员按动作的难度系数、音乐配合、服装设计和表演体态等标准评分。

1. 常规技术动作

常规技术动作的要求较为严格。虽然运动员们可以自由选择音乐伴奏，但她们必须按照规定做出一套动作组合。指定动作每四年由水上芭蕾运动技术委员会重新制定。一名运动员必须在 10 s 内完成常规动作，双人组在 20 s 内完成，团体组要在 2 min 50 s 内完成。

2. 自由表演

八人组和双人组在自由表演中可自选音乐和动作。她们的目标是设计出一套动作。这套动作应包含情绪和速度的变化，以及创新的动作、复杂的组合和组合变化，还应有高难度动作。自由表演时间为：双人组 4 min，八人组 5 min。

3. 水面停留

在所有的动作中，运动员有 10 s 可以浮在水面上。虽然这个动作不被列入打分范围内，但它可以给裁判和观众一个好的印象。

4. 技术价值

技术价值是看运动员在做技术动作时完成的情况。它包括三个部分：执行、协调性、难度。执行指游的方式、推进技巧和形态。运动员在水中应该轻松自如地做动作。裁判还要看运动员的耐力。一个顶尖的运动员从比赛开始到结束，都应该保持高质量的游划方式并很好地运用推进技巧，而她们的花样在比赛结束时，也应该如开始时那般简明而有难度。

协调性方面，裁判员要关注团队之间及团队与音乐的配合情况。八人组或双人组的队员们应该在动作、位置和换位上保持协调。她们无论在水上还是水下都要动作协调一致。

裁判员除了关注运动员的技巧和力量外，还要看运动员在水中的游法、花样的难度。还有一个考虑便是"冒险成分"，即运动员在比赛中要表现一些高难度的技巧。

5. 艺术印象

艺术印象是指对动作组合的整体感觉。评判艺术印象的裁判员观察运动员动作组合的创造性和多样性。他们侧重关注运动员动作的连贯性以及对音乐的表现力。

6. 打分

花样游泳的评分由 5 名或 7 名裁判员进行，比赛最后得分为 0~10 分，精确到 0.1 分。

7. 扣分

在常规表演和自由表演中，运动员如有严重犯规将被扣罚 2 分。比如，一个运动员为了帮自己或队友一把，而触摸到了池底地面。如果是无意接触到池底则不算犯规。轻微的犯规将被扣 1 分，比如超时。

8. 其他

如果一个运动员自动放弃比赛，那么其所在的小组将被取消资格。如果一个运动员在表演过程中故意扰乱对方，其所在小组将被罚 2 分。在常规表演中，所有组合的队员必须同时做出规定动作，除了交叉动作、浮水面动作以及开场动作。背景音乐在水面以上不能超过 90 dB，偶尔的 100 dB 响声是允许的。如果两个组的得分整数部分相同，就以小数点后面的部分来评判。

二、水球

（一）水球的概况

水球是一种在水中进行的集体球类运动，它是结合了游泳、足球、篮球、橄榄球特点的一项竞技体育运动。水球在设有球门的游泳池内进行，类似足球运动，有"水中足球"之称，球员通过传球和带球，将球射入对方球门网窝，以射入对方球门次数多的一方为胜。在比赛过程中，队员不得触池壁或池底，要一直游动或踩水。这项运动要求运动员掌握各项专门的游泳技术，各种控球的技术、战术，并具有良好的身体素质和意志品质。

水球是奥运会历史上最早的集体比赛项目之一，男子水球于1900年第2届巴黎奥运会被列为比赛项目，女子水球于2000年第27届悉尼奥运会被列为比赛项目。

（二）水球比赛的技术与战术

水球运动员在人工游泳池中分两队进行比赛。每队7人，其中守门员1人，后卫、前锋各3人。水球比赛时间为32 min，分4节进行，每节8 min，死球时停表。在这8 min内，运动员不得接触游泳池底和池壁。通过单手传球、接球、运球，最后射门，两队得分多者为胜。水球运动员游泳技术要全面，如潜泳、水中起动、急停、跃起、掷球、抢球、摔抱、拉拽等动作基本都在水下进行，体力消耗极大。

1，水球的技术

（1）游泳技术：水球运动员的专项游泳技术主要为抬头自由泳和踩水。只有采用抬头自由泳技术，才能在水中移动的同时观察场上情况，便于选择机会、位置来进攻或防守，而运动员在水中传球、射球，都需要水中支撑和跳跃，就须依靠踩水完成。

（2）掌握球技术：掌握球技术可分为起球（将球从水中拿起）、传球、运球、射门、持球等。

（3）守门员技术：守门员技术主要为支撑（两脚轮番踩水）、起跳、挡球和站位。

2.水球的战术

1）防守战术

（1）紧逼防守：也就是人盯人防守。

（2）区域防守：即联防，大体有 3-3 站位。

（3）少防多：当本方一名队员严重犯规，根据规则要被罚出场 20 s。此时在以 5 防 6 的情况下，一般采用 3-2 站位。即后排三名队员，前排两名队员保持阵形。

（4）换位防守：当一名队员防守漏人时，需队友及时补位，互相交换自己的防守对手，这种情况常发生在对方进攻时进行的掩护。

2）进攻战术

（1）反击：当对方进攻失误时，防守方截断球后，立即转守为攻，快速游进，以争取多打少，造成 2 打 1、3 打 2 的局面。

（2）阵地进攻：可分为游动进攻、定位中锋进攻。游动进攻的打法是中锋位置不固定，当其切入对方门前得球后，立即向左或右侧移动，吸引对方后卫扑出，空出门前得分区，此时前锋突然快速斜线切入，中锋水球队根据自己灵活移动快的特点，常用这种战术。而中锋定位进攻则须队内有一名超级球星担任中锋角色。这名中锋个人对抗能力强、速度快，常潜伏在对方门前，随时准备接后卫和边锋传来的球再突然冷射得分。他常背对球门和防守队员，接球后转半圈或一圈大力施冷箭，令对方防不胜防。一般身材高大、强悍的欧美球队常用这种战术，尤以俄罗斯队最为典型。

（3）破联防：当对方摆好区域联防阵形时所采用的一种进攻战术，一般用游动进行交叉掩护、阻挡掩护、反身掩护撕开对方防线进行射门。

（三）水球的规则要点

水球比赛东道主队的队员戴深色的游泳帽（一般为蓝色），客队队员戴浅色游泳帽（一般为白色），以区分比赛双方。双方守门员均戴红色帽子。帽子上附有护耳器以防耳朵受伤。

（1）开球前，每个队沿自己的球门线以大约 1m 的间隔列开，水球放在场地中央浮标上。开赛后双方队员向球冲刺以取得控球权，进而寻找进球机会。

（2）除守门员外，任何人不得用双手触球，只能单手控球。

（3）场地中任何位置都可射门，但球员不得用拳击球。

（4）一方控球时间不能超过 35 s，如果 35 s 内没有完成射门或造成对方严重犯规，则由对方发球或掷边线球。

（5）防守队员可以抱住对方持球队员，但持球队员不能将球压入水下。

（6）球体穿过球门线即为得分。得分后，双方队员回到本方半场，由失分一方队员在场地中线的中心点开球。

（7）在水球项目中，还另外设有一个要素——额外人进攻。这适用于一队中有一名或多名队员被罚离场 35 s 的情况，被称为"以多打少""额外进攻"或"6打5"。

（8）水球比赛男子场地是 30 m×20 m，女子是 25 m×17 m，水深在 1.80 m以上的人工游泳池。

三、跳水

（一）跳水的概况

跳水是一项优美的水上运动，也被称为"空中芭蕾"它是从高处用各种姿势跃入水中，或是从跳水器械上起跳，在空中完成一定动作姿势，并以特定动作入水的运动。跳水运动包括实用跳水、表演跳水和竞技跳水。这里主要介绍竞技跳水。

竞技跳水是从不同高度的跳板和跳台上做各种跃、翻腾、转体等入水动作的运动项目。竞技跳水比赛一般设男、女跳板、跳台跳水 4 个项目，比赛时根据每个人的助跑、起跳、空中技巧、入水动作的正确性和熟练程度评定成绩。这项运动对发展灵敏素质和培养勇敢、果断的意志品质有很大作用。

现代跳水比赛起源于德国，是伴随着游泳技能的发展而产生的一项运动。跳水在 1904 年第 3 届圣路易斯奥运会上就成为奥运会比赛项目，从 1908 年开始，跳水比赛开始同时包括跳板和跳台比赛，1928 年起，跳水比赛的项目基本固定下来，包括男女的 10 m 台和 3 m 板比赛。在这之前，1912 年、1920 年和 1924 年这三届奥运会曾经有过男子的高空跳水项目，此外，早期奥运会的跳水项目，板与台的高度也并不固定。

在 2000 年奥运会上，男女各有两个新项目进入奥运会跳水比赛，这就是跳台和跳板的双人比赛。这些项目各有两名运动员参加，他们同时离开跳板或跳台，同时入水，根据比赛规则要求，两名选手所做的可以是相同的动作，也可不同。

（二）跳水动作的美感

奥运会的竞技跳水分为跳板跳水和跳台跳水，比赛设 1 m、3 m 跳板项目和

5 m、10 m跳台项目。运动员在跳台（板）起跳到入水的全部时间为1.4~1.7 s，因此，跳水亦被称为是"一秒钟的艺术"。

1. 起跳

起跳有走板起跳和立定起跳两种方式。衡量起跳好坏的标准是起跳高度和最佳起跳角度，最佳起跳角度应是左右不偏。

2. 翻腾和转体的连接

这个环节是从运动员双脚离板开始。要注意运动员身体重心是否平衡，手臂、上身、髋关节、大小腿是否准确到位，瞬间蓄力是否饱满。

3. 空中姿态

看运动员在腾空中是否挺胸收腹，双肩放松，两脚绷直，抱膝紧，两膝夹紧。

4. 打开

运动员在空中快速翻腾中，要在最佳点迅速打开身体，为入水做好准备。打开的时机要恰到好处，打开过早或过晚都会造成动作失误，甚至会造成运动损伤。

5. 控制

控制包括控制入水时机和入水角度，把身体调整到垂直状态。

6. 入水

入水指"压水花"，水花越小就越成功。入水时，头部与身体应呈一线，手部先于腿部着水。

四、水下曲棍球

（一）水下曲棍球的概况

它的出现源自蹼泳运动的开展，始于澳大利亚，最开始在欧美流行。目前，在加拿大、美国、英国、荷兰和新西兰等国家，参与这项活动的人逐渐增多。现在，热衷于这一运动的人士正在寻求有关体育团体的承认，甚至要求将其列为奥运会的竞赛项目。

起初由于潜水员在水下长时间进行作业、训练单调又枯燥，为了增加潜水员们的乐趣，所以创造了这一别开生面的体育运动项目。一名优秀的水下曲棍球运动员，在某种程度上来说也是一名很好的潜水员。

（二）水下曲棍球的装备

1. 比赛场地

水下曲棍球的比赛是在游泳池中进行。比赛场地须长 25 m、宽 12 m、水深 2~4 m。池底和水面设端线和边线。池底两端端线中间各设一个宽 3 m、高 1.8 m，形状与水球球门相类似的球门。

2. 比赛用球

水下曲棍球的比赛用球是一扁圆形铅饼，外面包一层塑胶，以保证球能沉到池底。球的直径为 8 cm，厚 3 cm，重 1 500 g。

3. 比赛球棍

球棍形似扳手，木制，长 25~30 cm，宽 9~12 cm，厚 17.5 mm 以上。

4. 比赛着装

运动员在比赛时，头上要戴有号码的彩色帽子，一是保护耳朵，二是便于辨认。手上要戴手套，以保护手指及关节。脚上要穿蛙鞋，便于潜水。运动员身着紧身泳衣，同时还要配备呼吸臂和潜水镜等用品，以便长时间在水下活动。全场比赛为 30 min，以进球多者为优胜。比赛时，运动员可以随时浮出水面呼吸。竞赛规程规定，为了使每个运动员在水下能够看清东西，每位队员都要戴与呼吸皮管相连的面罩。

（三）水下曲棍球的规则要点

（1）比赛分两队进行，每队 6 名队员出场比赛。

（2）比赛开始前，两队队员手持球杆排列在游泳池两端，裁判员号令一下，运动员便立即争相游向池中央击球。每场比赛 30 min，分上下相等的两半时进行。运动员手持球杆在水下屏气传球、带球、射门，只有换气时，才能浮出水面，体力消耗甚大。

（3）运动员用手或身体传球、带球、射门以及故意侵入、阻拦对方进攻等均为犯规行为，由对方在犯规地点罚任意球。比赛时，运动员身体不能接触，否则就算犯规，被罚出场两分钟，严重者罚出场后，直至终场前不得再进场。在整个比赛过程中，共有裁判员 3 名，其中两名在水下。水下裁判员戴压缩空气呼吸器，用水下音响信号表示判决。

（4）比赛时，参赛队不分男女，可同场混合比赛。比赛中，通常一队有 1 名主攻球员、1 名守门员，其他 4 名运动员可自由移动，伺机攻防。攻入对方球门球数多者为胜。

水下曲棍球运动的最大不足在于观赏性较弱。由于是在水下进行的，尽管对于参与者来说，赏心悦目的身姿、娴熟的技艺、激烈的对抗，都让人兴奋；但是对于观众而言，那些精彩的场面却欣赏不到，唯一能够看到的只是运动员浮在水面进行换气的一刹那，所以这种比赛对观众来说是枯燥无味的。

水下曲棍球的"亲兄第"——水下橄榄球

水下橄榄球是一种新兴的潜水竞技项目。与水球有些相似，不同的是，运动员要穿戴潜水简易器具在水下进行比赛。比赛场地是长 17 m、宽 12 m、水深 3.5~5 m 的游泳池。全场比赛时间为 30 min，上下半场各赛 15 min 双方各出场 6 名队员。比赛中进攻队员充分利用水下技能和长时间屏气进行传球、带球等，摆脱对方防守，将球塞入篮筐。

防守队员可以拉、抱、推持球进攻队员，但不得敲击其头部和身体要害，或拉掉对方装具等。守门员可以用躯体覆盖住球筐，但头、臂、腿或躯体的任何一部分都不得进入球筐。比赛在水下进行，只有罚球或换气方可露出水面。严重犯规时，裁判将判罚犯规队员出场 2 min，不得有其他队员替补。水下橄榄球运动目前在欧洲和美洲一些国家较为普及。

五、水上拓展项目

有了娴熟的游泳技能与安全的实用救生做保障，人们就能享受水上拓展项目的快乐。水上拓展项目主要是依托于水域场地内所建的水上设施而开展的拓展训练项目。作为团队拓展训练中的重要组成部分，水上拓展项目主要分为水上单体项目和水上组合项目两种。所有水上拓展项目都需要借助一定器材，在水环境中模拟真实的场景。

在体验水上拓展项目过程中，人们不仅可以达到强身健体、宣泄情感的锻炼目的，也可以达成挑战自我、磨炼意志、融炼团队的培训目标，还可以通过接近大自然，亲近水，来适应水环境，克服对水的恐惧，起到提高水感、强化游泳技能、愉悦身心的休闲作用。

（一）水上相依

1. 项目简介

合两人之力，从水上的两根钢索的一端走到另一端，再返回来。

2. 项目目的

（1）信任队员，了解互助的意义。

（2）懂得阶段性目标对于最终目标的重要性。

（3）学会鼓励，不断战胜自我，培养坚韧的信念。

（4）克服对水的恐惧。

3. 操作方法

两名队员采取面对面搭肩或手拉手的方式，向前进的方向同步行进。

4. 安全控制

（1）时刻关注队员动态，如有问题，及时提出并立即调整。

（2）队员相互要给予适当的激励。

（3）必要时采取统一口令进行同步行进。

（4）注意力集中，避免分心。一旦落水，要及时救助。

（二）水上漂

一个人快速通过由水上浮漂制作成的桥。

2. 项目目的

（1）敢于挑战，提高心理素质，实现突破自我。

（2）培养自我控制能力。

（3）提高水上平衡运动能力。

3. 操作方法

队员双脚交替踏浮桶而行，在保持平衡的情况下，快速到达彼岸。

4. 安全控制

（1）同时过桥人员不得超过 1 人，更不能相向而行。

（2）尽量不要采取跑的方式通过，避免速度过快而发生意外。

（3）注意力集中，防止滑倒。一旦落水，要及时救助。

（三）水上独木桥

队员依次攀上水上圆木，以团队形式从圆木一端走到圆木另一端。

2. 项目目的

（1）加强心理素质，实现突破自我。

（2）培养团队快速通过的协作能力。

（3）提高水上协调、平衡运动能力。

3. 操作方法

采用团队成员前后搭肩的一路纵队形式，踩着圆木快速走过去。

4. 安全控制

（1）过桥时要控制团队人数，避免出现拥挤现象和超过圆木的承重限度的情况。

（2）过桥时队员前后之间的距离要适中，一般搭肩后以 60 cm 左右为宜，既方便脚步移动，又能避免不慎落水时因距离过近撞击到前后队员而发生意外。

（3）必要时采取统一口令进行集体的同步行进。

（4）注意力集中，防止踩空。一旦落水，要及时救助。

（四）沼泽跳跃

1. 项目简介

队员利用空中绳索不间断地荡到对岸。

（1）挑战自我，提高心理素质。

（2）锻炼手臂力量和身体的协调性。

（3）提高水上运动自我控制能力。

3. 操作方法

依此操作。

4. 安全控制

（1）荡绳的长度、水上圆台的间距能够根据队员情况进行适时调整。

（2）强调队员要依靠绳子用"荡"的技术来进行，而不能用"跳"的动作来完成。

（3）手臂力量弱或协调性较差的队员，必要时可以先在陆上学习荡绳动作，掌握技能后再到水中进行实践操作。

（4）动作果断，避免拉伤。一旦落水，要及时救助。

（五）乘风破浪

1. 项目简介

队员依次通过由水上跷跷板制成的桥。

2. 项目目的

（1）挑战自我，提高心理素质。

（2）锻炼身体的协调性。

（3）提高水上运动平衡控制能力。

3. 操作方法

队员脚踏前后晃动的跷跷板，身体保持平衡，从跷跷板一端走到跷跷板另一端。

4. 安全控制

（1）不能相向而行；控制同时过桥的人员数量，避免拥挤。

（2）不能采取跑的方式通过，避免速度过快而发生意外。

（3）注意力集中，防止滑倒。一旦落水，要及时救助。

（六）手脚吊桥

1. 项目简介

手脚吊桥分为手吊桥和脚吊桥两部分。队员手脚配合，依次通过水上手吊桥到达对岸，再由脚吊桥原路返回。

2. 项目目的

（1）挑战自我，提高战胜困难的心理素质。

（2）锻炼上肢、下肢力量和身体的协调性。

（3）提高水上运动自我控制能力。

3. 操作方法

队员通过手吊桥时双手交替扶握吊环，双脚踩在下方钢索上进行前移；通过脚吊桥时双脚踩着吊环，双手扶着连接吊环两侧的绳索进行前移。前移时队员需要手脚配合，不断变换身体姿势，抵达对岸。

4. 安全控制

（1）手吊球、脚吊球的吊环间距能够根据队员情况进行适时调整。

（2）队员操作时始终要保证至少有一只手是握住吊环或扶住绳索，这样能够保持身体平衡，避免掉落水中。

（3）上肢、下肢力量弱或协调差的队员，必要时可以先在陆上进行模拟练习，掌握技能后再到水中进行实践操作。

（4）能够坚持又要避免拉伤。一旦落水，要及时救助。

（七）水上荡木桥

队员通过水上荡木桥，从岸的一边到对岸，再由对岸返回。

1. 项目目的

（1）挑战自我，提高战胜困难的决心。

（2）锻炼手臂力量和身体的协调性。

（3）提高水上运动自我控制。

2. 操作方法

队员手抓住绳索，脚踩绳索下方连接的荡木，利用惯性抓住下一个，如此反复到达终点。

3. 安全控制

（1）身体摆动要适中。摆动过大容易失控掉入水中，摆动过小则抓不住下一个荡木。

（2）在相邻荡木的更换行进时，两手分别抓住两个荡木的绳索后再进行移脚，这样能够保持平衡避免落水。

（3）手臂力量弱、协调性较差或耐力较弱的队员，必要时可以先在陆上进行模拟练习，掌握技能后再到水中进行实践操作。

（4）能够坚持又要避免拉伤。一旦落水，要及时救助。

（八）水上梅花桩

1. 项目简介

模拟武术中的梅花桩，队员脚踩水上梅花桩，依次通过各个木桩，到达对岸。

2. 项目目的

（1）实现自我突破，培养勇往直前的良好心理素质。

（2）培养团队快速通过的协作能力。

（3）提高水上协调平衡运动能力。

3. 操作方法

团队的所有成员手拉手，左右脚依次前行，从高低不一、距离不等的梅花桩上通过。

4. 安全控制

（1）过水上梅花桩时要控制团队人数，避免出现拥挤现象。

（2）时刻关注队员动态，如有问题，及时提出并立即调整。

（3）队员相互要给予适当的激励。

（4）必要时采取统一口令进行集体的同步行进。

（5）注意力集中，防止踩空。一旦落水，要及时救助。

（九）海上溜索

队员利用海面上的绳索（钢丝），迅速通过水面。

1. 项目目的

（1）挑战自我，提高战胜困难的心理素质。

（2）锻炼手臂力量和身体的协调性。

（3）提高挑战体能极限的水上运动能力。

2. 操作方法

队员手持海面上的绳索（钢丝），利用手脚的协调能力，从一端攀爬到另一端直到对岸。

3. 安全控制

（1）溜索时移动不要太快，避免脱手掉落。

（2）身体高于水面的溜索时，可以将脚踝挂于绳索（钢丝）上，更方便安全地向前行进。

（3）身体触及水中的溜索时，可以采用仰泳姿势，借助水的浮力更为轻松地行进。

（4）溜索时，腰间系一条绳索与海面上的绳索（钢丝）连接，更能起到移动的保护作用。

（5）能够坚持又要避免拉伤。一旦落水，要及时救助。

（十）搭板过河

1. 项目简介

团队利用三块木板快速穿越只有两条钢索架设的桥面，到达河对岸。

2. 项目目的

（1）合理规划，培养良好的沟通能力。

（2）同心协力，培养团队协作精神。

（3）提高水上快速反应的运动能力。

3. 操作方法

队员从桥一端出发，将一块板搭在钢索上，站到板上；将另一块板搭在前方钢索上，站到该板上；再搭另一板，如此交替移动木板和站立位置，不断变换身体姿势，保持重心稳定，直到对岸。

4. 安全控制

（1）团队人员控制在4~6人。

（2）行进过程中不可剧烈晃动，保持平衡。

（3）行进过程中特别是搭板时，重心尽量降低，并且相互有扶持，避免失衡落水。

（4）移板过程中，务必相互要提醒，避免被板碰到受伤或掉落水中。

（5）队员相互要给予适当的激励。

（6）合作中，严禁嬉戏打闹。一旦落水，要及时救助。

（十一）水中拔河

1. 项目简介

将地面拔河运动放在水中进行。

2. 项目目的

（1）培养勇于拼搏的集体主义精神。

（2）锻炼手臂力量和身体的协调性。

（3）提高水感和游泳技术水平。

3. 操作方法

比赛中水深为1.2~1.5 m的水域进行。分为人数相等的两队，每队10~15人，在水面设置三条标志线判定成绩,队员不得越线;队员穿游泳衣、裤,赤脚参加比赛。比赛开始,两队利用水中站立、水中行走或游泳姿势奋力前行,设法将对方拉过中线者为胜。

4. 安全控制

（1）水中拔河比赛应从静止状态开始,队员要有较强的组织纪律性。

（2）水中拔河比赛要在水底平坦、水流缓慢的水域进行。

（3）允许队员戴手套,避免拔河绳磨破手掌。

（4）必要时,采取统一口令进行同步行进。

（5）拔河时,严禁嬉戏打闹,防止溺水事件的发生。

（十二）海岛战

1. 项目简介

在水面设置两个半径为 1.5 m 的圆形漂浮物,模拟岛屿。双方队员抢占到对方"岛屿"用时少者为胜。

2. 项目目的

（1）培养团队协作的集体主义精神。

（2）锻炼快速反应的身体素质能力。

（3）提高游泳技术水平和水上平衡协调运动能力。

3. 操作方法

比赛在水深 L8m 以上的水域进行。比赛开始前,双方都坐在各自的"岛屿"上。发令开始后,双方都游向对方的"岛屿",以全部队员登上对方"岛屿",并全部坐稳后,计时结束,用时少的队伍获胜。双方队员人数相等,每队 4~8 人,穿游泳衣、短裤,赤脚参加比赛。

4. 安全控制

（1）队员要有较强的组织纪律性,遵守比赛规则。

（2）争夺"岛屿"中允许队员推、拉对方队员,但禁止出现打、挠、掐等粗暴动作。

（3）双方队员向对方"岛屿"游进途中,不得出现故意阻挡和拉扯对方的行为。

（4）比赛时,严禁嬉戏打闹,防止溺水事件的发生。

第九章　游泳运动促进不同人群健康关系的研究

第一节　游泳运动与促进婴幼儿、儿童、青少年健康关系的研究

一、游泳对婴幼儿健康的促进作用

1. 能尽快适应"内""外"世界的不同

胎儿在宫内全身泡在羊水中，不用肺呼吸，而出生后开始启用各种感觉器官感觉世界的变化，需要一个过程，所以婴儿出生后，让其保持一段时间与水的接触，可以使他们更快地完成过渡。

2. 能刺激脑神经发育

水环境的刺激可以更好地促进大脑对外界环境的反应能力，使脑神经发育又快又好。

3. 能增强新生儿肠胃消化系统的吸收功能，使体重增加的速度加快

4. 由于水的浮力作用，减弱了自身重力对血管循环的影响，为新生儿的心脏工作减轻了负担

5. 通过开展幼儿游泳活动不断促进幼儿身体素养的提升

幼儿在游泳中能有足够的时间与水接触、在水中活动。水的压力可以不断地刺激、按摩幼儿的身体，使他们体内各种循环得到提速，长期下去，他们的身高和体重得到了明显的增加；幼儿在水中前行时因为水的阻力且这个阻力是全方位的、全面的，这进一步促进了幼儿反应能力、协调能力等的发展。

6. 通过开展幼儿游泳活动不断磨炼幼儿意志品顶

现今的孩子普遍存在意志力不强的共性，究其原因主要在于他们很少有机会克服困难，而游泳活动能很好地解决这个问题。游泳活动有别于其他活动，幼儿在进入泳池之后，他们在平衡、呼吸和体温等方面的变化很明显，对于幼儿来说

在水中停留一会儿都是一个克服困难的过程，每学习一个新技能也都需要他们"拿出"顽强的意志力。水中游戏、防溺水、最基本的水上救护等等的渗透，也需要幼儿表现出果断、勇敢等意志品质。

7. 通过开展幼儿游泳活动帮助他们发展自救能力

通过游泳活动能让幼儿逐步形成安全意识，比如不去河边玩耍，平时不在没有家长陪同的情况下游泳等。我们可以在教学过程中，让幼儿模拟学习发生溺水事件时的简单处理方法，教给他们如何给别人予以正确的帮助，教给他们自己万一落水时如何自救等。

8. 通过开展幼儿游泳活动构建和谐的师幼（亲子）关系与氛围

幼儿有一种天性，就是"好水"，同时他们喜欢与"大人"一起在水中嬉戏。我们在园内开展游泳活动得到了家长的支持，一般我们会定期邀请幼儿的父母来园一起进行活动，或者执教其他课程的老师和他们一起开展游泳活动，这样，从心理上拉近了幼儿与家长、教师之间的距离，构建和谐的情感。

第二节　游泳运动与促进中老年健康关系的研究

一、游泳对心脏病、高血压等患者作用的分析

游泳时，人体处于平卧姿势，在水的压力作用下，肢体的血液易于流回心脏，加之游泳时心跳频率加快，心血输出量大大增加。长期从事游泳锻炼，心脏体积呈现明显的运动性增大，收缩更加有力，安静时心率徐缓。在水中皮肤受到冷刺激后，血管急剧收缩，使大量外周血液进入内脏和深部组织，使内脏器官血管扩张。之后，皮肤血管又随之扩张，大量血液又从内脏流入体表，这一张一缩，能使全身血管得到锻炼，医学上称这种现象为"血管体操"。经常游泳的人能增强血管的弹性，不仅能使供应心脏的血管分支增加，供应心肌营养的冠状动脉的血流量增多，也能使血液里的脂肪酶增加，加快胆固醇的有效分解，从而降低胆固醇的含量和在血管壁的沉积。

二、游泳对肺病、支气管炎等患者作用的分析

经常参加游泳锻炼能使肺的容量增大，肺活量增强。由于水的密度比空气大820倍，人在游泳时要承受10公斤左右的压力。因此，要求呼吸肌用力克服水的压力，使呼吸深而有力，肺活量加大。据有关资料介绍，参加游泳锻炼的中老年人最大吸氧量比不参加游泳锻炼的同龄中老年人要大30%-35%，经常游泳的60岁-70岁的老年人，吸氧水平相当于一般40岁-50岁的中年人的水平，使吸氧功能年轻了20岁。支气管炎是中老年人最常见的一种慢性疾病，随着机体的逐渐变老，呼吸系统机能也在下降。经常参加游泳锻炼的人，能改善和增强呼吸肌的收缩强度和耐力，提高呼吸者的预防能力，增强了身体免疫功能。这是因为，当人一接触泳池里的凉水刺激时，就会不由自主地急吸气，接着呼吸暂停数秒钟，然后转为深呼吸，随后均匀的呼吸。呼吸长而有力，这样就使那些平时得不到充分利用的肺泡也活动起来，发挥了功能性作用，从而吸进更多的氧气和空气中的阴离子，呼出更多的二氧化碳，提高了呼吸器官的功能，对肺部气管疾病起到了物理治疗作用，使病情得到改善。所以说，中老年人游泳，可以延缓呼吸器官机能的减退，有助于预防和治疗慢性支气管炎。

三、游泳对骨质疏松、颈椎病等患者作用的分析

骨量是随年龄的增长而发生变化的，随着年龄的增长，骨量持续增长约在35岁-40岁达到顶峰，当骨量经历相对稳定的时期后，再随着年龄的增长，骨量就会流失，造成骨质疏松。目前尚无安全、有效的方法使骨量丢失的骨骼恢复正常，因此对于骨质疏松的预防是很必要的。我们知道游泳运动是一项全身性运动，它能通过全身骨骼肌活动和水对骨产生的机械压力，刺激骨细胞活性，对成年后的骨骼则能够促进再生，进而促进骨形成、骨强度增加以及骨量积累，减缓随年龄增长而发生的骨丢失。另外，游泳能使萎缩的肌纤维增多、变粗和肌力增强，还能提高动作的灵活性、速度和耐力，还能改善四肢血液循环和机体新陈代谢，对减轻中老年人骨组织增生、关节炎、颈椎病及肩周炎很有效。

四、游泳对心理健康作用的分析

（1）中老年人在游泳运动过程中，身体的感官机能处于兴奋状态，从而提高了神经中枢系统的灵活性和思维的敏捷性，延缓了脑神经的衰老。通过参加游泳比赛，能让中老年人在比赛中体验到满足、兴奋、喜悦、激动、遗憾等强烈鲜明、丰富多样的情感，对于疲劳的大脑和紊乱的情绪都能起到积极有益的调节作用。另外，在赛场上的拼搏进取，不仅向人们展示了健康的体魄，也使他们产生了成功感和荣誉感，有效地消除了老年人焦虑、抑郁等不良的心理问题。

（2）由于年龄的老化和离退休后比较单调的生活方式，容易使中老年人产生诸如偏执等一系列心理问题。通过参加游泳运动，不仅能很好地消除心理上的积郁，同时在人际关系方面也有很高的社会价值。中老年人通过游泳运动，可以结识新朋友，扩大自己的交际范围，在游泳协会这个大集体中，由于共同的兴趣，大家彼此之间能够相互帮助、相互鼓励，充分体会到团队之间的友谊。

（3）如果经常游泳接触水，水的温度与水的特性可以使中老年人缓解紧张神经、放松情绪、感觉舒服，这项运动可以使中老年人的精神状态良好、业余文化生活丰富，并可以激发中老年人积极参加体育运动的良好愿望和对美好生活的追求。

游泳是一项运动负荷小、运动损伤小的有氧运动，是适合中老年人从事的体育项目。我们应鼓励更多的中老年人参与到游泳运动中来。

第三节　游泳运动与促进女子健康关系的研究

1、补钙护肤

室外游泳时，太阳光直接照射身体。体内的 7- 脱氢胆固醇会转变成能促进钙磷代谢的维生素 D，维生素 D 还可以防止缺钙和佝偻病发生，有利于人体。经常去室外游泳，与新鲜空气、水、阳光的接触频率增大，还能保护皮肤，预防皮肤病。

2、抵御寒冷

在冷水刺激下的体表毛细血管收缩，和运动时皮肤毛细血管因缺氧而造成的反射性的血管扩张，是经常参加游泳锻炼的人反复经受过的，这样可以大增强神经系统支配皮肤血管收缩和舒张的灵活性，也就在极大程度上加强了人体适应温度变化和抵御寒冷的能力。

3、增强心肺

和一般人比起来，长期进行游泳锻炼的人的心肺功能较好。这是因为心脏血液回流速度，由于水流对处于水平状态的人体的按摩作用而大大提高，全身性的运动加强了对心脑的输血量，这对于心血管系统疾病的预防和治疗有好处。另外，游泳时，呼吸肌负担大大加重，12-15千克的水压压迫着整个脑腔，有助于肺活量的增加。

4、塑体美型

游泳能全面均衡地锻炼全身的肌肉。人在水中为了克服水的阻力，需要消耗一定的热量，所以游泳可以使多余的脂肪，渐渐减少，并有效地锻炼人体的胸背和四肢肌肉。游泳可称得上是一种水上健美操，可以使人保持健美的身材。

5、锻炼脊椎

游泳对脊椎有好处，特别是患了脊椎病（包括腰椎、颈椎）的人，做其他运动时，由于人体自身的重量，脊椎都需要承受一定的压力，而游泳则因为水的浮力承托，加上运动时人体有如卧姿，让脊椎在无重压状态下运动，有利于恢复原位。所以许多医生会建议脊椎病患者适当参加游泳，辅助康复。

6、改善分泌

游泳还能够起到改善内分泌失调的作用，让人减少焦虑、心态更为平和，皮肤也更加光滑美丽，这些都让女性在性生活中更有魅力。因此，研究者建议，有条件的女性，最好每周游泳至少一次，每次40分钟。夫妻共同锻炼更有助于增加感情，让性爱更和谐。

7、增加性能

发表在英国《每日邮报》上的一项研究发现，一些游泳好手即使到了60—80岁高龄，性生活仍然像30岁左右一样活跃。游泳对性爱的好处在女性身上体现得更为明显。蛙泳与蝶泳被认为是最适合女性的性爱运动。尤其是蛙泳，在两腿的一张一合中，锻炼了女性的腿部肌肉、盆底肌肉以及腹肌。而这几组肌肉是女性在性生活中用到的最重要的肌肉，尤其是耻骨尾骨肌，通过它的适当收缩和放松，女性才能获得更为完美的性生活，也更容易获得高潮。

第四节 游泳运动与促进患者恢复健康关系的研究

一、防治关节炎

包括风湿性、类风湿性、外伤性等类型的关节炎，均很适合参加游泳体疗。关节炎患者在水中游泳，水会对人体关节产生一种机械应力，起到良好的按摩作用，使僵硬的关节得到放松；同时，在游泳时膝关节、踝关节等不必像跑步或走步时要连续不停地用力，从而使各个关节均能获得放松和休息，有助于炎症的消退和功能的康复。

二、防治哮喘病

在水中游泳时，因水面及附近的空气中，几乎没有什么灰尘和其他导致呼吸器官过敏的物质，所以是哮喘病人最适宜的自然环境，加之经常游泳锻炼可以增加肺活量，改善肺的呼吸功能，对防治哮喘病颇有裨益。

三、防治静脉曲张

游泳时由于下肢在水中不断的屈曲、蹬伸或打水动作，可以增大腿部肌肉的张力，使静脉血管得到按摩，促进静脉血液的回流，消除瘀血肿胀，从而起到治疗或预防静脉曲张的作用。

四、防治失眠或神经衰弱症

尤其是脑力劳动者，因用脑过度而体力活动不足所致的失眠或神经衰弱症，通过游泳锻炼，可收到立竿见影的效果。

由于游泳是全身性运动，加速全身吐故纳新，促使大脑神经、血液循环、呼吸、消化和排泄等系统及内脏器官的功能得到改善和提高，特别是可以调整中枢神经系统的兴奋与抑制，使之恢复平衡，因而可以较快地使失眠者或神经衰弱患者，获得较佳的疗效。

第十章　不同群体游泳指导及注意事项

不同年龄群体学习游泳具有明显的生理和心理差别，因此，在指导不同群体游泳时应采用区别对待的教学方法和手段，避免"一刀切"的教学组织方式，方可取得较好的教学效果。本章针对不同年龄的群体生理和心理特点，介绍其指导内容，并对各年龄群体学习游泳时的注意事项进行介绍，以期对游泳爱好者及游泳社会指导员在进行指导游泳教学时提供参考。

第一节　婴、幼儿游泳指导及注意事项

婴、幼儿的年龄从 0~6 岁，其中 0~3 岁婴、幼儿学习游泳主要是熟悉水性为主要内容，3~6 岁可以进行游泳技术学习。其目的是促进婴、幼儿的生长发育，游泳时身体在水中是水平状态，四肢关节和脊柱在运动中不会受到来自地面力的直接冲击，这样不仅不易受伤而且有利于骨骼系统的灵活性和柔韧的发展，更好地促进骨骼发育生长；婴、幼儿游泳时水波、水压力对皮肤的拍击又能对外周血管起到按摩作用，可以使心脏得到更好的锻炼；水对胸廓的压力使得肺活量增加，对胸廓的发育有良好的促进作用。在这个年龄阶段，孩子的智力、体力与心理有着很大差别。因此，在指导婴、幼儿游泳时，应该根据不同年龄阶段婴、幼儿的特点区别对待。婴、幼儿游泳教学应该从淋浴开始，这是他们熟悉水性的第一步练习，水和周境的温度、声音和亮度要使孩子感到舒适、安全，舒适的游泳环境可增加婴、幼儿的兴趣，对进行游泳训练是至关重要的。

一、婴儿游泳指导

0~1 岁婴儿游泳指导主要以辅助练习和诱导性练习为内容，包括婴儿池边游泳练习与水中游泳练习。

（一）池边练习：包括拍手、拍身、踢水、浇水等内容

（1）拍手：家长抱着婴儿坐在池边，随着指导人员的动作，帮助婴儿在水上、水中击掌。

（2）拍身：家长抱着婴儿坐在池边，随着指导人员的动作，帮助婴儿在水上、水中拍打身体。

（3）踢水：家长抱着婴儿坐在池边，双手握住婴儿的双脚，随着指导人员的动作，帮助婴儿在水中踢水。

（4）浇水：家长与婴儿坐在池边，家长或指导人员用小水壶向婴儿头上浇水。

（二）水中练习：水中练习包括婴儿游泳操、水中漂浮、水中移动等内容

婴儿游泳操的练习必须在经过专门培训的指导员的指导下进行，如果操作不规范，不注意操作部位、手法、力度，可能导致婴儿关节、皮肤、韧带的损伤。

1. 婴儿游泳操

（1）肩关节运动：指导员双手握住婴儿的上臂，按节拍，前后摆动上臂，小角度地做圆周和外展、内收运动，注意不要牵拉。

（2）肘关节运动：指导员双手握着婴儿的前臂，做肘关节的屈、伸运动，在做伸展运动时伸展幅度应大于 90°；然后指导员双手拇指放于婴儿肘关节窝中部，其余四指包绕肘关节进行轻柔按摩。

（3）腕关节运动：指导员双手握住婴儿的腕关节，拇指放在婴儿手掌根，食指及中指放在其手背腕关节处，有节律地做屈、伸运动。

（4）髋关节运动：指导员双手握住婴儿大腿，按节拍上下摆动大腿约 40°，然后做外展、内收运动。

（5）膝关节运动：指导员双手握住婴儿小腿做膝关节的屈、伸运动。

（6）踝关节运动：指导员食指及中指放在婴儿足跟部前后，拇指放在对侧，使其踝关节有节律地屈、伸，然后指导员双手拇指与其他四指前后握住婴儿大、小腿，上下左右轻柔按摩。

（7）放松运动：指导员双手在水里按节拍摆动，让水产生波浪，婴儿在监护人的保护下自由活动。

2.水中漂浮

一手托住婴儿的下颌，使其俯卧在水中，嘴巴和鼻子露出水面，一手在水中拖住胸部做向前、向后的滑行移动，但要注意保护，随时可以托起婴儿。

3.水中移动

托住婴儿肋部让孩子头在水上，身体直立于水中，在水中左右移动。

4.抓"鱼"游戏

在水面上放一些孩子平时喜欢的充气玩具，离孩子一定距离，让孩子自己去取，在孩子欲伸手抓玩具时，可给予一些帮助，要使其抓到所喜欢的玩具。注意佩戴游泳圈进行保护。

二、婴儿游泳指导注意事项

虽然具有在水中屏息的游泳能力，但是指导员和家长必须清楚认识到，如果缺乏正确的指导和必要的安全措施，婴儿游泳仍然具有一定的危险性。为确保婴儿的游泳安全和身体健康，指导员和家长应掌握正确指导婴儿游泳的方法，以及游泳时的安全措施。

（1）婴儿学习游泳前必须经过体格检查，曾患过疾病的婴儿，必须经过医生的认可，方可参加游泳。

（2）婴儿每次下水学习游泳时，必须是一对一的，即每一名婴儿，应该有一位经过专业培训的指导员或家长负责教学和活动。

（3）在每次游泳前，应做好辅助器材的准备工作。辅助器材包括泡沫塑料制作的浮具，一些能在水上漂浮的、色彩鲜明的儿童玩具。

（4）如去专门的泳池游泳，指导员或家长应与婴儿同时更衣，带尿布的婴儿，应穿上塑料防水裤，防止粪便渗漏到池水中。

（5）18个月以内的婴儿，应在浮具帮助下游泳，浮具应佩戴于婴儿的胸、背、肩等部位。下水后，婴儿的头部应向上，面部出水，身体保持直立姿势。

（6）开始游泳时，应由指导员或家长把住婴儿的腹部或背部进行练习，然后逐渐减少帮助。帮助时，最好托住婴儿的背部，使婴儿面部露出水，也可在正面拉住婴儿的两臂，使其头部抬出水面练习游泳。

（7）婴儿离开浮具漂浮时，指导员或家长的双手，应处于随时能够托住婴儿的位置。

（8）婴儿每次游泳的时间不宜过长，开始学习阶段，10分钟即应出水，以后据情况，适当延长至15~20分钟，每天游泳不超过两次，起水时，应让孩子感觉舒服、愉快。

（9）应选择适当的时间让新生宝宝游泳，勿在宝宝生病、饥饿、哭闹或进食一小时内游泳。

（10）婴儿出水上岸后，指导员或家长应该用大浴巾包裹他的身体，然后，迅速擦干全身，穿上衣服，衣服可稍稍多穿一些，以利保暖。

（11）婴儿游泳时，池水必须保持清洁，水温最初应在34~35 ℃，最低温度不得低于32 ℃，室内温度要求夏季保持在22~24 ℃，冬季保持在26~28 ℃。

（12）婴儿游泳后，指导员或家长应观察其身体反应，有不适或生病，适当减少游泳时间或暂中止游泳。注意孩子生病及有外伤时不能游泳。

（13）新生儿要一人一桶水，家庭用的游泳用品亦应定期消毒，2个月以上的婴儿不必每次换水。不要用家庭的浴缸或浴盆给孩子游泳。

三、幼儿游泳指导

幼儿分两个年龄阶段：即1~3岁和3~6岁，这两个年龄阶段的孩子，从心理和生理方面有着明显的区别，因此，对幼儿游泳教学指导的内容应区别对待。

（一）1~3岁幼儿游泳指导

1~3岁幼儿刚开始学习游泳，主要内容是熟悉水性和消除怕水心理。首先要有一个适应水性的过程。由指导员或家长抱着下水，头露出水面，体会水对身体的压力。在池内可以放一些玩具以提高幼儿的兴趣，通过4~5次下水，基本上不怕水了。然后可以抱着幼儿在水中向不同的方向移动，往脸上、头上泼水，进一步消除幼儿的怕水心理。完全不怕水了，就可以做以下水中熟悉水性的练习：

（1）水中辅助行走：拉着幼儿的双手或单手，在齐胸深的水中做向前、后、左、右的行走。

（2）水中诱导行走：让幼儿面对池壁，两手扶池壁左右行走，逐渐过渡到脱离池壁的行走。指导员或家长与其保持1米左右的距离，引导幼儿向前走。

（3）钻水线练习：池中间拉一条水线，让幼儿走到水线处，钻过水线继续向前走，反复练习。

（4）辅助滑行：托住幼儿的颈后部，身体仰卧，在有帮助的状态下做水中滑行；让他俯卧，托住下颌或腋下，帮助滑行，滑行的速度由慢到快。

（5）憋气、呼气练习：让幼儿深吸一口气，把头部没入水中，做憋气练习，憋气时间由短到长。熟练后，可以做水中呼气练习，在水面上深吸一口气，头部入水后，用嘴用力呼气，直至把气全部吐完，头部才露出水面。此练习要反复多做。

（6）水中浮体站立练习：在齐胸深的水中，深吸一口气，低头、收腿、两臂紧抱两膝，使身体团成球形，背部向上，这样身体会慢慢地浮出水面。待憋不住气时，抬头、张臂，一腿向前跨一步，站稳于水中。注意保护，千万不要让孩子喝水、呛水现象出现，以免形成心理障碍。

（7）浮具漂浮滑行练习：让幼儿戴上背浮，手握浮板，使其两腿伸直，让其深吸一口气后憋气，指导员或家长手握其足跟，用力推出，使其在水面上滑行。滑行后，让其在水面上漂浮一段时间，让他自由玩耍，增加兴趣，这样反复练习。

（二）3-6 岁幼儿游泳的指导

此阶段幼儿处在吸收性思维发展的敏感期，也是肌肉和身体各器官生长发育的关键期，心理上也表现出对外界事物产生兴趣。并且此阶段幼儿对语言的理解和模仿动作的能力都有很大的提高，他们的游泳教学可以从熟悉水性直接过渡到游泳技术教学。熟悉水性内容见 1~3 岁幼儿指导，可适当增加内容难度，但不宜过大，游泳技术教学内容以蛙泳、自由泳腿部技术为主，也可进行蛙泳、自由泳比较系统的游泳教学，教学过程应由浅入深、循序渐进。

（1）有浮具蛙泳腿部动作练习：戴背浮并手持浮板进行蛙泳蹬腿练习，练习时随时纠正幼儿腿部错误动作，以免错误动作定型，练习合格标准应每蹬一次腿，有明显的漂浮滑行，能够连续蹬 25 米，动作基本正确，可进行以下内容学习。

（2）有浮具蛙泳腿部加呼吸配合练习：戴背浮并手持浮板进行蛙泳蹬腿和呼吸配合练习，练习时可多次蹬腿配合一次呼吸，逐渐过渡到一次腿一次呼吸配合，练习合格标准能够配合连贯 5 次以上，水面换气停留时间少于 3 秒为宜。当达到上述标准，可先取下背浮，手持浮板进行以上内容练习。

（3）有浮具蛙泳完整技术配合练习：戴背浮进行蛙泳蹬完整技术配合练习，练习配合技术时可多次腿接一次手臂动作和一次呼吸，逐渐过渡到一次腿、一次臂和一次呼吸的完整配合。

（4）徒手完整技术练习：达到上述标准，进行徒手完整技术配合练习，练习时应加强安全保护，指导员应站在幼儿前面1米左右的距离，伴随幼儿向前游进，给予幼儿安全感，并在第一次取背浮时，应进行一对一辅导，练习合格标准能够独立游25米。

（5）有浮具自由泳腿部动作练习：戴背浮并手持浮板进行自由泳打水练习，练习时随时纠正幼儿腿部错误动作，以免错误动作定型，练习合格标准应打水连贯，以大腿带动小腿形成鞭打效果为宜，达标距离为练习15米以上，进行以下内容练习。

（6）有浮具自由泳打水加呼吸配合练习：戴背浮并手持浮板进行自由泳打水和呼吸配合练习，练习时可多次打水配合一次呼吸，逐渐过渡到4次或6次腿一次呼吸配合，练习合格标准为呼吸和打腿配合连贯，身体基本保持水平，水面换气上体无明显抬起为宜。当达到上述标准，可先取下背浮，手持浮板进行以上内容练习。

（7）有浮具自由泳完整技术配合练习：戴背浮进行自由泳完整技术配合练习，练习配合技术时可多次腿接两次手臂动作和一次呼吸，逐渐过渡到四或六次腿、二次臂和一次呼吸的完整配合。

（8）徒手完整技术练习：达到上述标准，进行徒手完整技术配合练习，练习时应加强安全保护，指导员应站在幼儿前面1米左右的距离，伴随幼儿向前游进，给予幼儿安全感，并在第一次取背浮时，应进行一对一辅导，练习标准节奏正确，能够独立游15米以上。

以上学习内容应以一种泳姿巩固以后，再学习另一泳姿，以免出现技术干扰。

（三）幼儿游泳指导注意事项

（1）下水前，组织陆地娱乐性的徒手操，内容结合幼儿的心理特点和生理特点，应动作活泼，形式多样。

（2）做动作应慢而夸张，重复多做几遍，让幼儿看清楚，并且印象深刻。

（3）幼儿在练习中经常出现打闹或交谈，此时，指导员或家长可用声音或夸张的动作，吸引其注意力，不要粗暴地打断他们的交流。

（4）多用语言鼓励幼儿，尽量让幼儿自己独立完成，成功一次后，应立即鼓励，使其技能得到巩固提高。

（5）对怕水的幼儿千万不可操之过急，严禁将其投入水中，应与其耐心交谈，用鼓励的语言，帮其消除恐惧感。有时可让其坐在池边观看他人练习或自由玩耍一段时间后再练习，可收到较好的效果。对调皮的孩子不要过多批评，可适当多安排一些练习，转换其注意力，这可加快学习的进程。

（6）严禁在沐浴室与池边跑动，防止滑倒跌伤。

（7）水温最好在 30~32 ℃，至少不应低于 30 ℃，室温不应低于 25 ℃。

（8）教学课应有两名指导员同时授课，在幼儿上厕所或出现其他问题时既可保证练习，又有助于提高安全性。必要时，助理指导员应在指导员的指示下完成各种辅助性工作。

第二节　儿童游泳指导及注意事项

大多数人是在儿童时期学习游泳的。因为儿童处于身体发育的阶段，学游泳，不仅能提高身体健康水平，促进身体的发育，更重要的是通过游泳学习，不仅可以掌握一种生存技能，还有可能成为优秀游泳运动员，为国争光。儿童游泳教学阶段的主要任务是培养儿童对游泳的兴趣，熟悉水性，学习四种泳式及出发转身的基本技术，发展柔韧性、协调性，提高身体素质，为系统训练做好准备。

一、儿童游泳指导

儿童阶段是学习游泳的最佳时期，接受能力、模仿能力和组织性强易于组织管理，抓住这些特点，教学效果事半功倍。

（一）儿童心理特点

初学游泳的儿童在游泳教学过程中表现出了强烈的心理活动特点，指导员了解这些心理特点，就能因势利导，加速游泳教学进程，提高教学质量。儿童的心理活动与成人一样，主要受"内因"和"外因"的影响。

（1）内因：儿童天真活泼、喜欢运动、尊敬师长、善于结交、互比高低、好学，有很强的活动能力和很好的模仿能力。

（2）外因：竞技比赛激烈的竞争场面、运动员的成就和人能够在水中游泳的现实，都会增加儿童的欲望和自信心。在集体的影响下，也会产生责任感和荣誉感。

（3）儿童游泳教学过程中的感知特点：感觉和知觉是认识世界的源泉，是思维发展的直接基础。儿童感知的特点是视觉、听觉发育早，但感觉事物的目的性还不明确，无意识性和情绪性很大。主要表现形式是模仿性强，兴趣短暂，活泼好动。随着年龄增长，思维能力逐步提高，

（二）儿童游泳指导方法

（1）示范直观教法：示范是游泳最基本的直观教学方法。儿童的技术训练可以说是一种"模仿与重复反映"，为此，示范动作要规范，重点突出。示范要配合讲解、提示，使儿童的注意力集中在重点动作上，把对所学动作的理解与直观形象尽可能联系在一起。采用正、误对比的示范方法，可以使正确的动作概念得到强化。

（2）图像直观教法：图片、模型、幻灯等是图像直观教学的主要手段，采用这些方法，可以使儿童获得那些限于条件、不能直接感知的技术细节、技术特点。如看游泳录像，利用图片分析技术，使儿童清晰地感知游泳动作的方向、路线、用力的时间等本质及内在联系。

（3）语言直观教法：教学语言应"儿童化"。要简练、生动、形象、具体、口诀化，便于记忆理解。

（4）无意注意教法：运用直观、生动、形式新颖的教学方法最容易引起儿童的注意。在练习时，通过注意方法手段的兴趣性及完成方式的变化，来提供儿童的注意，要带有情绪色彩，根据游泳教学特点，可以组织一些竞赛游戏和有竞争力的活动，吸引儿童的注意力。

（5）有意注意教法：明确学习目的和任务是贯彻有意注意的主要方法，严格控制儿童的注意力，难度不要太大，太大会使儿童失去信心，不要过于简单，过分简单，容易引起儿童不认真，只有恰如其分，注意力才会大大增强。疲劳是分散注意力的一个主要方面，一个人疲劳时，难以控制注意力，因此对教学训练任务不能过多，负担量不能过大。

（6）强化刺激的教法：记忆是人对经历过的事能够记住，并在以后再现、回忆或在重新呈现时能够再认识的过程。它包括识记、保持、再认识或再现三方面，儿童的记忆特点是形象的记忆和具体事实的记忆，方式是机械记忆，随着年龄增

长逐步过渡到抽象记忆和辨证记忆。强化刺激的方法是复习巩固的主要方法。在儿童学习游泳的过程中因技术不稳定，因此根据学游泳的规律，抓住重点，反复练习，起到巩固提高的目的。

（7）启发式教法：思维是人脑对客观事物间接概括的反映。儿童思维发展的特点是由具体到抽象，从不完善到完善。在教学过程中，要善于启发、发展他们的思维能力，在讲技术动作时要多提问，对技术动作要点予以强化。

（8）想象教法：想象是在原有感性认识的基础上创造出新形象的心理过程。儿童时期是具体形象思维特别活跃的阶段，少年时期的创造性想象逐步突出。利用儿童富于想象的特点，从小引导他们向英雄人物学习，要有正确的学习游泳动机，要有远大的理想抱负，树立为国争光的理想，引导他们把理想与实干结合起来，一步一个脚印，踏实地刻苦学习、训练，走上成功之路。

二、儿童游泳指导注意事项

在儿童游泳教学的启蒙阶段，教学中最具典型性的问题就是儿童在学习游程中的怕水心理。对于这种普遍的心理活动，必须采取有针对性的教学方法，消除怕水心理，尤其是个别人的行为可以影响整堂课的教学效果和教学进度，教员对此要有足够的认识，要在教法上下功夫，要让儿童在愉快的环境中，消除这种不良的心理因素。

（1）教学步骤的安排要严格遵循由易到难的原则，每一个动作都要分解成几个部分，由最低难度开始，逐步增加练习难度，如果有一半的儿童不能完成这个练习，就说明这个练习的难度太大，或降低难度，或增加一个过渡练习。

（2）运用相似技术教学原理安排教学，对于紧接着的两个教学手段，最好有一个部分的动作是相似的，这样难度不明显，有利于动作的掌握和巩固，动作之间互相渗透是安排教学手段的原则。

（3）模仿练习是学习动作、改进技术的最好手段。可以利用陆上模仿练习学习游术，明确概念和动作要点。在改进技术时可采用陆上模仿与水上练习交替进行的方法，陆上练习的感觉有助于水上技术的掌握。

（4）辅助器材的使用。无论是深水还是浅水教学，使用辅助器材是提高教学质量，减轻指导员劳动强度的好方法。在深水教学中辅助器材是必不可少的。常用的辅助器材有浮背、浮带、浮袖、打水板等，浮背、浮带用于儿童，浮袖常用于幼儿。辅助器材的使用有助于消除怕水心理，常常在熟悉水性阶段大量使用，随着怕水心理的消除，辅助器材使用的种类减少，仅使用打水板。在改进动作时，还可以使用辅助器材，因为降低难度，有利于正确动作的掌握和巩固。

（5）对于对水有过度反映的儿童不要给予过多的照顾，因为现在的独生子女非常习惯别人的照顾，这时应采取冷处理，并用有趣的练习来吸引他们，用学得好的人来激励他们，而不要采用过激手段。

（6）在练习的组织形式上，要把学习有困难的儿童放在自己教学位置附近或比较显眼的位置上，一方面可以给他们一些学习的压力，另外还可以防止发生意外。

（7）每堂课结束前，安排一定时间的个别辅导，对于学习有困难的儿童实施有针对地教学指导。

（8）精讲多练，数量是质量的基础，正确技术的培养需要多练。儿童时期新陈代谢旺盛，恢复快，除了必要的休息外，应安排满练习时间。但要注意各种手段的交叉安排，如陆上和水上，打腿和划手练习。

第三节　中老年游泳指导及注意事项

一、中老年人参加游泳活动的意义与作用

中老年人一般是指40岁以上的成年人。从40岁开始，人体衰老的速度明显快。年龄的增加引起人的各器官的老化是自然现象，体能下降、骨密度降低及老年性疾病也开始出现。人类无法永葆青春，但是可以通过人类自己的锻炼延缓老化的速度，加上改善生活的环境，加上合理的膳食和休息，可达到强身健体、祛病之功效。然而，随着人们生活水平的不断提高，饮食结构也起了变化，蛋白质、脂肪过多的摄取，工作节奏加快引起情绪的紧张，这些都是导致肥胖、量血压、糖尿病等中老年人多发病的原因，阻碍着中老年人的健康。游泳锻炼可减肥，降低体重，从而相对减小心脏负荷，稳定血压，降低血糖，这些均对冠心病的康复有利。游泳可以使心理和身体都尽量保持年轻，减轻更年期的不适，提高更年期生活质量，延缓老化，它是帮助顺利度过更年期的一项很好的活动，患有轻度高血压病、

心脏病、糖尿病以及更年期综合征、颈椎、腰椎、关节疼痛等疾病的中老年人都可参加游泳练习，并可以在练习中取得良好的效果。因此，为了满足人们强身健体、休闲娱乐的要求，为了有效地防止疾病，增进健康，保持体力，中老年人根据自己的年龄与身体状况，适当参加游泳等体育活动是十分重要的。

二、中老年人游泳指导

中老年人参加游泳活动的目的主要是为了满足个人的兴趣或病后的康复，为了增进健康。中老年人参加游泳锻炼时，必须根据年龄和身体状况，科学、系统地安排练习内容。开始学习游泳的中老年人，应由熟悉水性开始，练习时安排一定的休息与适当的水中游戏有益于掌握练习的节奏和消除怕水心理。对会游的人适当地制订游泳计划，以达到改进游泳技术和增加游泳距离的目的。提高心脏、血液循环系统机能的效果主要取决于对锻炼的时间与距离的合理控制。中老年人体质水平、健康状况、素质水平和游泳技术之间差异较大，练习的频率和距离难以统一要求，建议每周进行游泳锻炼 2~4 次，每次锻炼 30~50 分钟。

中老年人在进行游泳活动时，游泳的距离、强度都应科学地严格控制。在游泳练习中要随时，掌握自己的身体反应和变化。测试心率是最容易掌握的方法，机体活动时心率的变化最容易反映出运动负荷及强度对人体的影响。测试心率可以测手腕的动脉，也可以用食指按颈动脉，记录 10 秒的脉搏次数，以此来检查运动负荷及强度的大小。体虚弱者最好不要超过适宜的运动强度，妇女则应根据自己的具体情况低于以上要求的强度为宜。

三、中老年人进行游泳活动的注意事项

（1）初学游泳的中老年人，参加游泳锻炼前，一定要进行身体检查，体检合格者才能加练习。

（2）初学游泳及 70 岁以上的老年人，为保证安全，最好有人陪伴或参加游泳学习班练习。

（3）游泳前要认真地做好陆上准备活动，使身体各部器官都得到活动，特别是各关节的活动一定要充分，使身体感到有暖意。

（4）进入游泳馆后，由于馆内与室外温差较大，应注意防止头晕及休克，不

要下水。游泳场所地面湿滑，应注意缓慢行动，预防滑倒。身体有汗时应该擦干后，再下水游泳。

（5）下水游泳时游速要由慢到快，慢慢提高运动强度。游泳时一定要量力而行，每次一般以 30~50 分钟为宜。

（6）游泳完毕上岸时要及时擦干身体，不要在风口处停留，以免感冒。

（7）在自然水域游泳时一定要了解水的深度、水下情况、涨落潮的时间，最好在缓流河的上游。

（8）最好每次按规定的时间进行游泳锻炼，形成规律。

（9）冬季游泳时为防止散热过多，应尽力减少上、下水次数，上岸后应立即擦干身上的水，穿上拖鞋、浴衣或披上浴巾保暖。

（10）中老年人游泳练习场地，最好选择平底的浅水池。水温一般为 32 ℃左右，气温不低于 25 ℃。

第四节　残疾人游泳指导及注意事项

一、残疾人游泳活动的意义

残疾人是一个特殊的群体。他们人数众多，据统计，我国总人口数的 1/5 是残疾人。各方面的残疾，不仅给他们的身心健康带来了巨大的影响，也给他们的生活和工作带来许多不便。

残疾不仅使人在生理机能上受到损伤，而且也会影响其心理健康。致残后，孤独和自卑是普遍存在的一种情感体验，在社会上常常会受到嫌弃与歧视等不平等待遇，缺少与人交流的机会，严重地干扰着他们的情绪。全社会关心和帮助残疾人，使他们走出自我封闭的世界，融入社会大家庭中，是体现社会文明进步的重要言行之一。从 20 世纪 80 年代以来，我国大力支持和发展残疾人教育事业，参与各项体育活动的残疾人越来越多。残疾人的各类体育竞赛也深受全社会的关注。以特殊奥林匹克运动会为首的各项残疾人世界性体育赛事正在蓬勃开展，残疾人游泳比赛也被列入正式比赛，在国际视障、残疾（肢体）、聋人、脑瘫、史托克曼德佛轮椅、智障等竞赛中都有游泳比赛项目。通过参加游泳活动，使他们从病房和家庭中解放出来，走向社会，享受与健全人同等的待遇，并在体育活动中达到身体与心理障碍的康复目的。因此，指导残疾人进行游泳锻炼，有着极为重要的意义。

（一）增强体质

竞赛场上残疾运动员生龙活虎的形象给我们留下了深刻的印象，游泳锻炼不仅使他们表现出自己的体育特长，而且同传统的治疗方法结合起来还可以促进身体的康复。当肢体受到损伤时，基本上不再参加体育活动，平时的体力活动往往也会因动作不便而减少。因此，人体的运动系统及相关系统的功能也会因此而降低。内脏功能的减退，运动能力的下降，还会使人心理上受到劣性刺激，而造成情绪低落。经常参加游泳锻炼，充分利用水环境中阻力、浮力等特性，对机体进行合理锻炼，不仅可以避免残疾部分的肌肉萎缩和神经坏死，还能使机能由于其他部分的功能增强而得到相应补偿。

（二）促进心理康复

经常参加游泳锻炼，对于改善人的情绪，提高奋发向上的勇气有益。通过游泳锻炼，可以促进残疾人与社会的接触，克服自卑，树立生活与工作的信心，脱离由于残疾造成的封闭状况，使他们能充分地与社会广泛接触，参与集体活动，融入社会之中，并在社会活动中，获得满足感与自尊感，找到自己在社会中的地位与价值。所以，参加游泳锻炼也是形成残疾人与现实社会衔接的纽带，对于治疗因残疾而造成的心理创伤有着极为重要的意义。

（三）展示潜能，感染社会

在残疾人游泳比赛中，给人们留下许多令人赞叹的回忆。竞赛场上他们用自己顽强的意志、充沛的体能与高超的技艺，赢得广大观众的掌声。残疾人在赛场上不仅能充分展示自己的天赋与潜能，同时，还能感染社会，许多人都会因他们的表现而激励自身。另外，通过体育赛场上的展示，又促进了全社会对残疾人的关注与爱护。

（四）为残疾人提供较合适的运动项目

在现实生活中，残疾人的身体活动与健全人比，相对较少，但是，通过游泳锻炼会对其身体健康带来很大益处。残疾人无论身体残疾的部位、残疾的程度以及性别、年龄有何差别，都可以通过游泳锻炼达到强身健体、愉悦身心或恢复并提高残存技能的效果。这种效果的实现或者说残疾人参加游泳运动的目的、作用和意义尤为重要。

（五）利用水环境的特殊性提高肢体机能

残疾人可以通过水的浮力、阻力、压力和水温的特殊作用来促进形态功能、身体活动技能和心理恢复功能，也就是说可以对全身各器官系统功能的改善起到积极的功效。因为，游泳是全身肌肉参与运动的活动项目，它不仅仅是对身体的局部，而是对全身产生作用。在水的特殊环境下，残疾人利用水的浮力来减轻陆地重力对关节及韧带所带来的负担；利用水的压力增强心肺功能，增强血管弹性；利用水的阻力来改善提高肌肉力量；利用水温改善神经系统的调节功能。总之，消除或减轻功能障碍，提高残疾肢体的利用能力，游泳锻炼是不可取代的运动项目。

（六）为残疾人员提供社会活动场所

除残疾人竞技游泳外，游泳场馆广泛地接纳残疾人进行游泳锻炼，其本身已经超出正常人参加游泳锻炼的意义。广大的残疾游泳爱好者，能够和正常人一样通过游泳锻炼，参加比赛，参与各种形式的娱乐体育活动，与他人相识和相互交流，会使残疾人的身体和心理障碍得到改善，进而达到提高生活质量，丰富生活内容的效果，其意义不言而喻。

二、残疾人游泳指导

（一）残疾人游泳指导的特点

针对残疾人的游泳教学是运用在水中练习原理和手段，根据致残原因和残疾人功能的情况，选用科学的方法，制定切合实际的运动量，来为他们治疗疾病与创伤，使他们在生活、劳动能力和心理状态方面都得到良好的恢复。

其特点如下：

（1）对生理上、体形上或活动功能上有缺陷或障碍的人进行游泳教学时，应注意选择活动形式和运动量。

（2）要充分调动他们的主观能动性，以残疾人自我锻炼和自我治疗为主，以利于提高身体对各种功能的调节和控制能力，矫正体形的缺陷。

（3）充分利用水的特殊环境作用，增加残疾人全身肌肉的活动量，促进全身各器官系统功能的改善，加快功能的恢复，消除或减轻功能障碍。

（二）指导员指导残疾人游泳注意事项

指导员，即为教学者。教者为师，师者的魅力在于学术和人格。特别是对残疾人的游泳教学，首先要有善心和爱心，还要有责任心和信心，要掌握丰富的相关科学知识、指导方法和内容。在听取医生等专家意见的基础上，制订科学合理的计划，力求通过对残疾人的游泳教学和水中锻炼，使残疾人在身体强健的同时得到身心的愉悦。

（1）安全性

无论是残疾人还是健全人，在参加游泳活动时必须要把安全放在首位。在水中无论水深水浅，残疾人一旦跌倒无法自主站立，或是不小心呛水，都会有发生危及生命事故的可能。特别是对身体有残疾的人来说，他们不仅缺乏运动实践，更缺少在水中的运动体验，尤其是初次参加游泳活动的残疾人，一定要在指导人员的监督或陪同人员的协助下，安全地入水和出水，同时要使他们掌握保障安全和遇到意外时的呼救方法。

（2）主观能动性

组织和指导残疾人开展游泳活动，要充分调动他们的主观能动性，必须以残疾人自我锻炼和自我治疗意识为主，提高身体对各种功能的调节和控制能力，从而积极有效地参加游泳活动。

（3）技能性

由于人在水中会受到重力与浮力、重心与浮心等作用的影响，残疾人不能同正常人一样，可以充分利用四肢的活动来获得身体的平衡。有些残疾人可能缺少肢体或肌肉力量，不能够自如地控制肢体的活动，在水中的平衡能力受到了限制。所以，对于这类人群应该把指导的重点放在水中控制身体平衡的能力上。指导人员要根据生物力学和流体力学的原理，运用心理学和教育心理学等多方面的理论知识，对残疾人的游泳活动技术和教学手段进行详细分析与研究，选择并制定适合他们特点的学习和锻炼内容。

（4）个体差异性

由于残疾人的致残原因和残疾程度各有不同，因此要用不同的水中活动方法，给予有针对性的教学指导。

（三）残疾入水中指导方式

由于各类残疾人残疾的肢体程度不同，因此要用不同的水中活动方法，予以指导，残疾入水中指导方式有以下几种：

（1）辅助运动

利用水的浮力，可以有效地减轻身体重量对肢体的负荷体和躯体在水中运动时，浮力将对运动起辅助作用。可使在陆上不易活动的肢体在水中得到充分的锻炼。

（2）支托运动

当肢体浮在水面做水平运动时，肢体由于受到向上的浮力支托，其重力作用被抵消，所以肢体做水平方向的活动容易得多，这不仅有利肢体的活动，而且能使关节和肌肉的活动范围达到最大的程度。

（3）抗阻运动

当肢体运动的方向与浮力方向相反时，浮力就成为肢体的一个阻力，这时肌肉的活动就相当于抗阻运动，改变运动速度或利用不同器具增大肢体的面积，能产生抗阻运动的最佳效果。

（4）呼吸运动

利用水环境的特点，进行水面上与水中一般性、专门性呼吸运动练习。

为了更好地指导残疾人的游泳活动，要根据生物力学和流体力学的原理，运用心理学和教育心理学，来选择他们的活动形式及学习一些比较容易学会的游泳技术。

三、残疾人游泳注意事项

（1）学习各种动作，要从陆上模仿练习开始。

（2）指导员在组织教学时，自己要先下水，要始终与参加锻炼者在一起。

（3）练习的开始阶段一定要在指导员或家属的协助下安全入水，以免发生意外事故。

（4）一个指导员每次指导残疾人练习的人数不宜过多，一般最多在 5~8 人。特殊情况，可采用单人教学。

（5）明确锻炼者活动的范围，要充分利用辅助器具，并要教会锻炼者正确使用辅助器具的方法。

（6）在对听力障碍者的教学中，应先做动作，然后再讲解，或辅助打手势。合理使用触觉有益于学习者掌握动作。

（7）在对盲人教学中，应注意利用声音提示、身体接触、给练习者做向导等方法。

（8）在对脑瘫患者教学中，应注意提高其反应、抓握动作、控制平衡与移动速度等方面的能力。练习环境的水温与室温，应稍高于普通人练习环境的标准。

第五节　孕妇游泳指导及注意事项

孕妇游泳是一个新的理念。孕妇有哪些特征，游泳会对孕妇产生什么影响，孕妇游泳需要注意哪些事项等问题均在研究和探讨之中。

一、孕期精神和心理特征

怀孕初期，由于内分泌系统出现紊乱，造成孕妇失眠、不安、呕吐、疲劳、尿频及乳房胀痛等症状和情绪变化。

怀孕中期，内分泌逐渐稳定，胎盘成熟，孕妇及胎儿强烈的生存感，会使其心理状态变得安稳。

临近预产期，子宫变大，身体不能活动自如，易产生尿频、腰痛等症状及焦虑急躁情绪；同时也会产生"出生的小孩会不会异常，会不会顺利地出生，能否忍受助产时的疼痛"等想法。

怀孕期间，对于孕后失去工作机会、终日待在家里、外出受到限制、不能进行孕前自己所喜欢的体育运动等因素，所产生的闭塞感而使其变得忧心忡忡。

孕妇游泳能够消除上述种种焦虑和不安的情绪，同时也营造一种与其他孕妇一起谈论相同话题的环境，这将有利于消除"手麻、白带增多、腰痛、尿频"等现象的担心。因此，为孕妇创造这种氛围是非常健康的，提供这种环境是非常必要的。另外，到了怀孕后期，身体在水中受浮力的影响会感觉到体重很轻，又容易活动。这样坚持游泳运动后，会增强对体能方面的自信和做能做的事情所产生的充实感，对于减轻不安情绪和创造自身生活的积极态度是非常有益的。

二、孕妇游泳的益处

孕妇参加游泳活动对母体和胎儿都有益处，能增加心率、心血输出量、肾和子宫的血流量及肺的换气量。孕妇参加游泳活动，使腰腹部、腿部的肌肉得到锻炼，增强体质，有利于正常的分娩。孕妇参加游泳活动的益处有以下几个方面：

（一）保持及增强肌肉力量

游泳时主要使用的肌肉，如背阔肌、臀大肌是孕妇支撑身体姿势变化所必需的。腹肌、上肢肌肉群、横隔膜对于呼吸机能的增强，胸大肌对于乳腺的发育都是十分有益的。

（二）改善关节活动范围

分娩的时候能关节必须充分打开，为了改善髋关节活动的限制，可采用水中禅坐的练习内容。

（三）缓解腰部疼痛

沉重的妊娠子宫受到水浮力的支持，能够减轻支撑妊娠子宫的腰肌和背肌的负担，从而缓解或消除孕期常有的腰背痛症状。

（四）改善血液循环

游泳时，全身肌肉都参加了活动，再加上水对皮肤和血管的"按摩"，促使血液循环旺盛，既增强孕妇体质，又有利于胎儿发育，并可减少胎儿对直肠的压迫，并促使骨盆内血液回流，消除瘀血现象，有利于防止便秘、下肢水肿和静脉曲张。

（五）增加肺活量及助产

肺活量的增加，让产妇分娩时能长时间憋气用力，缩短产程。孕妇在水中体位的变化，有利于纠正胎位异常，促进顺产。

（六）减轻妊娠反应及利于胎儿发育

经常游泳，减轻妊娠反应，减少孕期头痛，对胎儿神经系统的发育也有良好的影响；缓和某些孕期综合征，如腰背疼痛、痔疮和下肢水肿等压迫症状；防止妊娠中毒症；室外游泳可兼收日光浴之益。阳光中的紫外线，不仅有杀菌作用，还可使皮下脱氢胆固醇转变为维生素 D3，这种维生素可促进钙、磷的吸收，有利于胎儿骨骼发育；可逐渐消耗体内过剩热量，孕妇体温升高对胎儿是有害的，运动时虽然感到体温不算太高，但是胎儿没有体温调节机制，如果身体不降温，就可能伤及胎儿，游泳运动不会使体温升高太多。

（七）缓解紧张情绪

经常游泳，可调节神经系统功能，促进血液循环，使孕妇会更加适应分娩，可改善情绪，能够减少由于紧张而引起的许多不适的情绪。

（八）有利瘦身及体型恢复

游泳耗能较多，可以在比较短的时间去掉孕妇身体上过多的脂肪，经常游泳还可帮助孕妇保持健美的体形，尤其对分娩后的体形恢复大有好处。

三、孕妇游泳指导

仰泳、自由泳是比较适合孕妇游泳的泳姿，并且效果比较明显。

（1）游泳前要测量一下血压、体重、脉搏、体温，确定身体状况有无异常，接着冲个温水浴，由脚开始往上冲淋浴、适应水、入水。

（2）水中齐胸深的地方做准备活动，进行身体各部位热身练习，促进血液循环，以免发生扭伤等情况。

（3）自由泳和仰泳腿部打水练习，先分别练习，后进行自由泳和仰泳打水变化练习，练习时注意体位的变换衔接。

（4）自由泳和仰泳完整技术练习，注意练习过程中紧张与放松的转换。

（5）水中打坐，全身放松，调整呼吸，在放松状态下憋气。

注意：对于不会游泳的孕妇以水中健身操、水中行走、水中打坐内容为主，可适当在水中学习自由泳和仰泳的腿部动作，学习过程中注意安全保护。

四、孕妇游泳的注意事项

作为特殊人群之一的孕妇也算是游泳场所的"高危人群"，稍不注意可能导致意外发生。因此为了安全起见，还应注意以下几点：

（一）要做到安全第一

在游泳之前，除了需要掌握一般的游泳知识之外，要听医生的建议和指导。对待游泳要因人而异，不可勉强。怀孕前不会游泳的人要慎重对待游泳。去游泳时，最好结伴而行。游泳时应有人在旁或在岸上监护。

（二）严格控制游泳时间

游泳时间以 30~60 分钟为宜。游泳时间过长，不仅皮肤表面的角质层容易被水软化，还容易导致病毒和细菌的侵入，而且孕妇容易产生头昏的现象。游泳的频率，应该根据个人的习惯、身体状况和季节确定。游泳时，要选择子宫不紧张的时间（上午 10:00 至下午 2:00）。

（三）孕妇游泳要注意水温及水质

孕妇游泳时一般要求水温在 29~31 ℃，水温低于 28 ℃会刺激子宫收缩，易引起早产或流产，水温高于 32 ℃容易疲劳。孕妇游泳对水质要求较高，游泳池的水必须经过严格消毒，如果某些细菌含量超标，就有可能引发妇科炎症，一旦用药治疗，还有可能对胎儿发育造成不良影响。

（四）泳中自我保护

下水前先做一下热身，下水时戴上泳镜，还要防止别人踢到腹中的宝宝；入水时千万不可纵身跳水，要防止池内人多拥挤腹部受碰撞；不宜蛙泳，也不要潜入水中，潜水可能给腹部造成过分的冲击，而孕妇在整个孕期都应避免从事挤压和振动腹部的运动。游泳时运动要稳健和缓。

（五）禁游

妊娠未满 4 个月或有流产、早产死胎史、阴道出血、腹部疼痛，或患心脏妊娠中毒症、慢性高血压、耳鼻喉方面疾病的孕妇，都不适合游泳。怀孕 7 个月以后的孕妇，也不再适合游泳，因为此时腹部迅速增大，体重明显增加，行动也会变得迟缓和吃力起来，在游泳池活动难免会发生意外。

参考文献

[1] 陈烁宇. 陆上训练对于游泳转身的影响 [J]. 健与美，2022（10）：3.

[2] 韩品天，殷昕炜. 游泳运动员竞技能力影响因素及训练策略探讨 [J]. 文体用品与科技，2022（7）：13-15.

[3] 布伦特S拉什尔，彭华. 关于青春发育前期儿童游泳教学与训练基本原则 [J]. 游泳，2022（1）：5.

[4] 王烨，陈祚，杨昕宇. 高强度游泳训练后放松游积极性恢复效果的实验研究 [J]. 文体用品与科技，2022（17）：2.

[5] 田质全，董峰，李东斌. 运动训练新理论与新方法研究 [J]. 未来与发展，2022，46（5）：4.

[6] 何海滨. 表象训练理论在游泳运动中的应用实践研究 [J]. 当代体育科技，2022，12（10）：4.

[7] 李翔. 青少年游泳运动员体能训练内容与方法研究 [J]. 运动 - 休闲：大众体育，2022（9）：3.

[8] 马勤. 大学游泳体能训练的原则和方法探析 [J]. 冰雪体育创新研究，2022（11）：3.

[9] 贺帅，项群. 训练理论下跳水运动员起跳技术的运动学分析 [J]. 新体育·运动与科技，2023（2）：3.

[10] 陈鑫. 基于心率监控在青少年游泳训练和比赛中应用的研究 [J]. 健与美，2022（11）：3.

[11] 李乐，孙青. 游泳训练与青少年的身心发展浅谈 [J]. 文体用品与科技，2022（6）：3.

[12] 张正. 游泳教学的技巧与技能训练方法探索 [J]. 中国科技期刊数据库 科研，2022（7）：4.

[13] 刘强. 现代信息技术在游泳训练中的运用 [J]. 文体用品与科技，2023（9）：3.

[14] 蔡鹏飞，周鑫."三从一大"训练原则在游泳专项中的运用 [J].体育视野，2022（7）：3.

[15] 迟爱光.青少年游泳运动员训练的新理论 [J].游泳，2023（1）：1.

[16] 何海滨.青少年游泳运动员体能训练内容与方法研究 [J].当代体育科技，2022，12（11）：51-53.

[17] 周君一，王建，房超.运用科学信息技术做好游泳训练与服务 [J].文体用品与科技，2022（15）：190-192.

[18] 杨莉.游泳运动技术优化与创新理论探讨[J].当代体育科技，2022，12（8）：45-48.

[19] 裴珈跃.游泳运动员体能训练方法的优化进阶路径研究 [J].当代体育科技，2023，13（7）：4.

[20] 邓羚，段静彧.浅谈游泳运动中专项体能的训练价值[J].健与美，2023（1）：3.

[21] 张业琳子，李小娟.竞技健美操训练理论与实践创新研究 [J].冰雪体育创新研究，2023（3）：4.

[22] 庞佳颖.行动导向法在游泳教学训练中的应用研究 [J].当代体育科技，2023，13（2）：4.

[23] 顾晓朦.游泳运动员陆上体能与核心力量训练方法研究 [J].拳击与格斗，2023（5）：3.

[24] 金让希.游泳运动员竞技能力影响因素及训练策略探讨 [J].文体用品与科技，2023（7）：3.

[25] 李德京.青少年游泳训练时趣味训练的要点分析 [J].运动 - 休闲：大众体育，2023（4）：3.